身份犯论

——基于犯罪形态视野的考察

SHENFENFANLUN

JIYU FANZUI XINGTAI SHIYE DE KAOCHA

吴飞飞／著

中国检察出版社

图书在版编目（CIP）数据

身份犯论/吴飞飞著 . —北京：中国检察出版社，2014.7
ISBN 978 - 7 - 5102 - 1200 - 0

Ⅰ.①身… Ⅱ.①吴… Ⅲ.①刑事犯罪 - 研究 Ⅳ.①D914.04

中国版本图书馆 CIP 数据核字（2014）第 094233 号

身份犯论

吴飞飞著

出版发行：	中国检察出版社	
社　　址：	北京市石景山区香山南路 111 号 （100144）	
网　　址：	中国检察出版社（www. zgjccbs. com）	
电　　话：	(010)68658769(编辑)　68650015(发行)　68636518(门市)	
经　　销：	新华书店	
印　　刷：	保定市中画美凯印刷有限公司	
开　　本：	A5	
印　　张：	8.375 印张	
字　　数：	220 千字	
版　　次：	2014 年 7 月第一版　　2014 年 7 月第一次印刷	
书　　号：	ISBN 978 - 7 - 5102 - 1200 - 0	
定　　价：	30.00 元	

序

"身份犯"不是一个法律概念，不同场域中"身份犯"可能有不同指称：有时指刑法总论中的一种犯罪类型形态，与目的犯、结果犯和既遂犯等理论形态地位相当；有时指分则中的某一个具体罪名，如贪污罪、受贿罪和滥用职权罪等；有时则指实施了某一犯罪的具有一定身份的行为人；等等。但是无论怎样，我认为对身份犯的研究至少应当立足于两个进路：一是将身份犯作为刑法总论中的犯罪形态理论进行研究，挖掘该理论形态的基本原理用以指导立法和司法实践；另一则是对刑法分则中的具体身份犯罪名进行研究，以求在司法实务中准确定罪量刑。当然这两个进路是互为补充和相互促进的——基本原理的探究可以消除不同身份犯罪名认定中可能出现的不协调甚至冲突；个罪罪名的探讨能够丰富和检验基本原理的正当与妥适。

身份犯作为刑法总论诸理论中的一员，长期以来一直受到学界的普遍关注，相关的研究成果也很多，包括以身份犯为题的博士论文也出现了几篇，然而，这些对身份犯理论的专题研究似乎并没有太大的进展，且不说与刑法理论较为发达的德日等大陆法系刑法中的身份犯理论研究尚有差距，即使是在我国学者间仍旧存在诸多争议甚至分歧很大。以学界经常研究的"有身份者同无身份者共同实施犯罪"问题为例，学者间的观点五花八门，不一而足。这种现象非但对司法实践的开展没有益处，就是对理论研究本身而言也值得反思。当然，这里我并不主张理论研究应该千篇一律或者不能争鸣，只是认为学者在提出不同见解的同时至少应当在一个共同的平台之上，或者对一些前提性的问题有了深入研究之后方可为之，否则只能是自说自话，导致乱象丛生而无法形成真正的理论争鸣。具体到身份犯理论，关系到身份犯的处罚根据、犯罪构成、共同犯罪以及刑罚等问题都值得研究，应当对这些基本问题有了相对深入的探讨，并能够使得这些相关理论之间互相契合达到理论内部的逻辑自洽，进而提出对身份犯某些个别问题的主张和见解，唯其如此，争鸣才更能有的放矢并很好地指导司法实践。

就关注身份犯个罪的基本问题这一研究进路而言也应当为我们所重视。刑法中的身份犯罪名约占分则罪名数量的三分之一，每一个罪名从犯罪构成到刑罚量定无不值得研究。我从 20 世纪 80 年代开始，曾重点关注国家工作人员职务犯罪问题的研究，出版过《国家工作人员职务犯罪研究》一书。在对国家工作人员实施的职务犯罪这一类身份犯进行研究的过程中，我深切地感觉到相关具体罪名在司法实践中认定上的困难，这其中有立法本身规定的不协调，当然更涉及相关身份犯基本原理研究的不够充分。因此，对身份犯个罪进行深入研究也应当是学界和司法实务部门重点关注的领域。

吴飞飞同志撰写的《身份犯论》更多地是关注身份犯的原理研究，这就是我前面谈到的第一个研究进路。我认为这本书至少有两个亮点：一是该书并没有像以往对某一犯罪形态理论研究的传统套路，即从犯罪构成、停止形态、共犯形态到刑罚论等依次套用式研究，而是专门就与身份犯理论紧密相关的基本问题展开讨论，包括身份犯的定位、处罚根据、基本类型、正犯论和共犯论等。这种研究可能表现为体系上不够完整，但是其更具有针对性，而且论者在相关问题的研究上都能较好地运用刑法基本原理以求相关论点之间的协调与逻辑自洽。二是该书的研究尤为关注我国的理论和司法实际现状，而不是一味地将国外先进理论"拿来"和引进，例如，作者主张由于我国目前《刑法》中罪名设定的不够严谨，不能纯粹从罪名的角度区分不纯正身份犯；在日本较为受到关注和争议的"共谋共同正犯"理论并不能简单地引入我国刑法理论；在我国目前法律传统较为缺失、刑法理论研究不够发达、司法从业人员的法律素养有待提高的大背景下，对正犯的判断宜采取形式的客观说——按照分工分类法区别了正犯与狭义共犯后，再通过作用分类法对各共犯人进行准确量刑，等等主张都较有新意且具有很强的实践价值。

当然，本书的个别观点仍有待学者的进一步研究和检验，如身份犯的处罚根据、纯正身份犯和不纯正身份犯的分界以及身份犯共同正犯的判定等，但至少作者能够在关注身份犯理论自足的前提下提出相关的主张和见解。因此，我觉得即使个别主张未必完全站得住脚，但这种努力是值得肯定的。

吴飞飞同志在博士毕业后即到了国家检察官学院就职，令我欣慰的是，在学院对检察官培训的教学工作以及到实务部门挂职锻炼中，他仍旧重点关注身份犯的相关理论和实务问题，还开设"贪污贿赂犯罪司法疑难问题研究"等专题课程，向全国检察官讲授；在北京师范大学刑事法律科学研究院从事博士后研究期间，他将"滥用职权罪司法疑难问题"作为博士后报告的题目，所有这些课程讲授和研究都与他这本书的研究是一脉相承的。作为吴飞飞同志的指导教师，我很希望他能够持续地对这一问题进行研究，并最终更好地服务司法实践。

是为序。

二〇一四年三月

前　言

　　身份犯理论并非刑法理论研究诸领域中的"新成员"，我国最早的刑法教科书中即存在身份犯概念的身影，直到最近更有相关论著的问世。但即便如此，也绝不能说身份犯理论之中毫无问题，更不能说有关身份犯的诸问题已达成共识——在以德国与日本为代表的大陆法系中，关于身份犯的共犯问题，有着长期的立法演变以及伴随其演变而来的理论探讨。[1] 相反我国大陆学者对身份犯问题的研究则稍显不足，即使存在个别研讨（实际上有关身份犯的相关文章数量为数不少）也是自说自话，要么对身份犯的具体罪名单打独斗式研究，要么仅局限于身份犯个别问题的说明，这种零星式的研究方式既不利于身份犯理论自身的发展和完善，也可能导致对相关问题得出矛盾结论。

　　因此，身份犯这一"老面孔"实有系统研究的必要：将身份犯理论作为一个体系完整、内在规律的体系存在，找到这一体系的规律性，用以指导身份犯相关问题的解决。这是本书写作的初衷，也是归宿。不敢说本书的论述能够达到这一目的几许，但至少是从系统论角度对身份犯问题的有益探索。

　　在展开论述之前，尚有几点需要交代。

　　1. 本书所研究的身份犯仅指自然人犯罪，并不包括单位犯罪。有学者曾建议将单位这种"特殊"主体也作为身份犯主体身份之一，[2] 也有学者认为应当把单位与自然人统一起来，重新

---

① 周啸天：《德日身份犯的立法梳理及其启示》，载《中国刑事法杂志》2013年第7期。
② 杨辉忠：《身份犯研究》，吉林大学2006年博士学位论文，第242~246页。

界定一般主体与特殊主体的概念。据此，所谓一般主体，是指具有一般犯罪主体所要求的构成条件的人，所谓特殊主体，是指除了具有一般犯罪主体所要求的构成条件外，还必须具有某些犯罪所要求的特殊身份作为其构成条件的人。[①] 笔者认为，单位犯罪在构成上与自然人犯罪差异较大，且单位犯罪自身尚且有很多问题需要克服（甚至于单位犯罪的存在理由都存疑问），因此再将单位犯罪放置身份犯中可能会导致本已不堪复杂的身份犯理论更雪上加霜，无益于问题的深化。

2. 身份犯理论不是对分则具体罪名的单个研究，但又脱离不了分则对身份犯个罪的具体规定。因为身份犯固然是一个整体性的概念，但是其理论价值只能通过分则一个个具体的罪名加以体现。也就是说身份犯理论与分则中具体身份犯罪名二者是统一的，下文所称身份犯大多时候意指理论本身，有时也指称分则所规定的具体身份犯罪。

3. 本书并没有像研究其他犯罪形态那样将总论的相关问题进行依次套用，[②] 而是仅对身份犯理论所面临的特殊问题进行探讨（其他诸问题同于一般犯罪对待），正如我国台湾学者认为："在刑法理论上，探讨身分犯之成立与处罚之相关议题，可再细分为三个范畴予以探讨：（1）刑法分则上各种身分犯之成立要件，亦即探讨身分犯之直接与单独正犯应如何成立之问题。（2）间接正犯与身分犯之关系，亦即探讨身分犯之间接正犯能否成立及如何成立之问题。（3）共犯与身分犯之关系，亦即探讨身分犯之广义共犯（包括共同正犯、教唆犯和帮助犯——笔者注）能否成立以及如何成立之问题。"[③] 这里的第（1）项是身份犯个罪研究领域，后两项则应当作为身份犯理论总体上需要着重加以探

---

① 何秉松主编：《刑法教科书》，中国法制出版社 1997 年版，第 239～240 页。
② 一般在研究某一犯罪形态的时候为了体现完整性而将总论的诸理论进行顺次说明：从犯罪论——刑罚论；从构成要件（包括错误）、停止形态、共犯形态至刑罚制度等。
③ 甘添贵等：《共犯与身分》，学林文化事业有限公司 2001 年版，第 270 页。

讨的。"特别犯中身份犯规定，在刑法中，已是一个棘手问题，再将之与参与问题结合，更是复杂，故而吾人称其为'棘手问题之最'。"① 因此，本书在第三章至第五章重点研究了身份犯的（广义的）"参与"问题。而在研究这些重大问题之前还应当对身份犯的一些本体性问题进行说明，这是研究之前提也是根本——如果什么是身份犯都没有达成一致，何谈其"参与"问题的研究？故此，本书第一章即对身份犯的定位、概念以及处罚根据等这些本体问题进行探讨；接下来的第二章关于身份犯基本类型的纯正与不纯正身份犯是后面研究身份犯"参与"问题的两条主线，由于二者在构成上的差异而导致他们在"参与"问题上结论有别。

4. 我国刑法总则中并无德日以及我国台湾地区"刑法"有关身份犯共犯条款的规定②，这对于身份犯理论的研究而言既是机遇更是挑战：因为没有法律条文的硬性规定就不存在对条文的争议理解（德日学者对刑法中"共犯与身份"条款的争论非常激烈），这在一定意义上避免了许多不必要的争论；同时也给刑法学者提出了挑战，因为毕竟在司法实践中面临着这些问题，需要在理论上得出妥适之结论而指导实务之进行。当然，从法律发展的角度，首先在理论上进行充分论证并得出相对理性的结论，

---

① 柯耀程：《变动中的刑法思想》，中国政法大学出版社 2003 年版，第 350 页。

② 德国刑法第 28 条（特定的个人特征）第 1 款规定："正犯的刑罚取决于特定的个人特征。共犯（教唆犯或帮助犯）缺少此等特征的，依第 49 条第 1 款减轻处罚。"第 2 款规定："法定刑因行为人的特定的个人特征而加重、减轻或免除的，其规定只适用于具有此等特征的行为人（正犯或共犯）"，第 29 条规定："数人共同犯罪的，各依自己的罪责受处罚，而对他人的处罚如何，对其无影响。"日本刑法第 65 条是身份犯共犯条款，其第 1 款规定："对于因犯罪人身份而构成的犯罪行为进行加功的人，虽不具有这种身份的，也是共犯。"第 2 款规定："因身份而特别加重或者减轻刑罚时，对于没有这种身份的人，判处通常的刑罚。"我国台湾地区"刑法"第 31 条也作了类似于日本刑法的规定："因身分或其他特定关系成立之罪，其共同实行、教唆或帮助者，虽无特定关系，仍以正犯或共犯论。但得减轻其刑。因身分或其他特定关系致刑有重轻或免除者，其无特定关系之人，科以通常之刑。"

而最终仍要诉诸立法规定，这是必然趋势。

5. 两对概念的用法需要澄清：对于身份犯中身份的表达有两种，即"身份"和"身分"，从纯粹语言学角度以及用于习惯而言（如居民身份证而非身分证等），二者存在细微差别。但是在刑法理论中对身份犯进行表述的时候是将二者不做区分的，可以混用；另外，对身份犯的基本类型的纯正身份犯与不纯正身份犯之称谓也存在类似情况，有学者表述为真正身份犯与不真正身份犯。本书对于两对概念进行相应取舍分别表述为"身份"和"（不）纯正"身份犯（不真正身份犯给人感觉其并不是身份犯），但是涉及引用学者观点时为了保证准确性并没有对引用部分不同学者的说法进行修改。

最后，本书将身份犯作为对犯罪进行类型化研究的犯罪形态理论之一种，这是后文对身份犯相关问题展开论述的前提和主线，特此说明。

摘　要

　　身份犯理论是整个刑法理论研究诸领域中略带传统甚至有些陈旧的课题。然而，即便如此，有关身份犯的相关问题并没有完全解决，个别问题的争论还相当激烈。因此，身份犯这一"老面孔"实有系统研究的必要：将身份犯理论作为一个体系完整、内在规律的体系存在，找到这一体系的规律性，用以指导身份犯相关问题的解决。这是本书写作的初衷也是归宿。

　　第一章身份犯本体论是对身份犯的体系定位、概念特征、处罚根据以及学理分类等相关前提性、基础性的问题进行探讨。身份犯特指犯罪类型而非犯罪人类型。应当纯化身份犯的概念（理论）：身份犯是指刑法分则性规范所规定的，以行为人具有一定身份决定犯罪成立与否，或者身份不决定犯罪的成立与否而影响刑罚轻重的犯罪。"刑法分则性规范所规定"的"犯罪类型"是身份犯的特征所在。刑法分则缘何将有些犯罪主体构成限定在只能是具有某种特定身份的一部分人实施；又缘何在有特定身份者与无特定身份者都可以实施某一犯罪行为时只对于有特定身份者进行加重或减轻处罚，对于这些问题的回答便是对身份犯的处罚根据之探究。本书主张身份法益侵害说，该说在纯正身份犯和不纯正身份犯两种基本类型中有不同体现。根据普适性与实用性原则本书将身份犯分成不同种类，以此进一步深化对身份犯问题的认识。

　　第二章是对作为身份犯基本类型的纯正身份犯与不纯正身份犯的研究。无论是刑法理论较为发达的大陆法系刑法国家（地区）抑或是我国，不论是在理论研究或司法实践中，将身份犯理论区分为纯正身份犯与不纯正身份犯，并以二者为主线对身份犯进行考察是较为通行的做法。因此，本部分通过对这两种基本类型进行还正性剖析，欲求为后文身份犯相关问题的展开研究提供前提性支撑。划分纯正身份犯与不纯正身份犯应当从实质的角度，并以个罪在构成上的特征为切入点进行。纯正身份犯其主体特定身份具有创设刑罚之意义，其存在决定犯罪的成立与否，包括积极身份犯与消极身份犯两种；不纯正身分犯，在法律特征上存在一个基本构成要件之犯罪与其相伴，而一般人均得成为该基本构成要件之犯罪的行为主体，从这一意义上而言，不纯正身份犯之主体特定身份可以称为"主体的超过要素"。不纯正身份犯又存在同罪异罚型和异罪异罚型两种。

第三章是对作为身份犯正犯种类之一的单独正犯的探讨。单独正犯包括直接正犯和间接正犯两类。无论哪种单独正犯类型都离不开作为正犯判断核心的"实行行为"概念的探讨。基于对实行行为所具有的犯罪个别化机能的考察，本书进行了实行行为的中国语境分析。同时纯正身份犯与不纯正身份犯的实行行为各有特色，应当将这种特色应用到对身份犯相关问题的解决上。间接正犯问题本已复杂不堪，再引入身份犯理论中就更为难解。本书通过对间接正犯理论的全新认识，具体分析了身份犯是否可以构成以及如何通过间接正犯方式实施的诸种情形。

第四章重点论述了作为正犯种类之一的身份犯的共同正犯问题。从我国目前的司法现状来看，共同正犯理论在我国刑法以作用分类法为主的共犯人种类中应有一席之地。另外，通过对大陆法系国家（地区）与我国刑法理论的发展脉络、理论传统以及现实考察，本书主张作为正犯与共犯区分标准的新形式的客观说。据此，正犯与实行犯两个概念除了用语习惯与部分功能略有不同外，实则同一。在这样一种分析进路下，本书认为无身份者不能构成纯正身份犯的共同正犯，如果有身份者同无身份者共同完成纯正身份犯的相应行为的，应当坚持部分犯罪共同说基础上的"双向"想象竞合犯原理进行处罚。基于对不纯正身份犯实行行为特殊性的把握，如果有身份者和无身份者共同完成某一不纯正身份犯行为的，应当采取分别定罪科刑说。

　　本书最后一章是对身份犯的狭义共犯问题的探究。无身份者可以构成纯正身份犯的共犯并不违反共犯的处罚根据理论。作为积极身份犯而言，无身份者参与犯罪的完成应当区分不同情形结合身份犯与间接正犯理论进行相应判断。消极身份犯基于其构成上的特殊性在共犯问题上应当特别考察：有消极身份者教唆、帮助无消极身份者实施消极身份犯，该有消极身份者应当作为共犯对待；而无消极身份者教唆、帮助有消极身份者实施消极身份犯，通过法益保护原理该无消极身份者不能构成犯罪。不纯正身份犯的共犯问题研究同样离不开对不纯正身份犯构成上的特殊性的关照。对于有身份者同无身份者相互参与实施同罪异罚型不纯正身份犯时不涉及罪名认定上的困难，可以直接适用较为简单；反之，对于异罪异罚型不纯正身份犯而言，无论是无身份者教唆、帮助有身份者完成犯罪抑或相反，都应当采取分别定罪说的结论，做到罚当其罪，不枉不纵。

　　关键词：身份犯　本体　基本类型　正犯　共犯

Abstract

The crime of status is the traditional and dated question in the criminal law theory. But the related problem is still severity discussed in the scholar. So it's necessary to study the question on the crime of status. The aim of this paper is to find the rule of crime about status so that to resolve the related questions.

Chapter one is the orientation, conception, character, base of punishment and kinds in the theory of crime of status. These questions are also the premise and based question about the theory of crime about status. The crime of status is specially indicated delicate kind but not the offender kind. The conception of crime about status should purification: the status of crime is the crime that the statuses decide the criminal constitutes or affect punishment stated by criminal material crime in criminal law. The impress of crime about status is "stated by criminal material crime in criminal law" and delicate kind. The base of punishment in the crime of status is to resolve the question that reason of the status in the criminal constructive elements and the affected factors in the punishment. This paper claims the theory of violation the status advantage in criminal law, and the theory is different in the pure and impure crime of status. By way of understanding more crime of status, this paper provides the kinds of crime of status based on the principal of universality and practicability.

Chapter two studies two essential crime of status: pure and impure crime of status. It's familiar to distinguish pure and impure kinds of the crime of status in that not only continent law and theory but also china and practice. So this part plants to discuses these two kinds of crime in order to provide the basic for the afterward study. The dividing standard of pure and impure crime of status should find from essential angle and the criminal constitutive character of material crime. The status in pure crime of status can create the punishment and decide whether the crime come into existence. It concludes two kinds: positive and negative status. Impure crime of status has a basal constructive element in the legislative character, and the ordinary people can accord with this basal criminal constructive element. So the status in impure crime of status can entitle "principal overrun part". The impure crime of status divides two kinds: different punishment in the same crime and different punishment in the different crime.

Chapter three studies the sole perpetrator of status about crime. The sole perpetrators conclude direct and indirect perpetrator. The studying of these two crimes can't break away from "behavior" that the key element of judging perpetrator. This paper discusses the behavior in Chinese penal law on the base of individual function of behavior. The character of status in pure and impure status of crimes is different, so we should notice that in solving the material question. The problem of indirect perpetrator is very complex especially induct into the theory of status in crime. This paper analysis whether the crime of status and how to form indirect perpetrator on the base of bran – new understand about the theory of indirect perpetrator.

Chapter four stresses discuss the corporate perpetrator of the crime of status. The theory of corporate perpetrator has important station in Chinese criminal law that based on function in accomplice from justice. This paper adopts the new external theory via reviewing the developed skeleton, exoteric tradition and practice in continent and Chinese criminal theory. So the idea of perpetrator and actor is uniform except parasitological habit and partial function. So the paper thinks that non – status can't make of common perpetrator in the pure status crime. We should persevere in the principal of bidirectional fanciful criminal combine on base of partial common crime if the people of non – status and status complete pure status crime together. We should conviction and punish to non – status and status respective on base of the particularity of actor in the impure status crime if the people of non – status and status complete impure status crime together.

The last chapter discusses the abettor and assistor of status crime. It's possible that non – status can make of the accomplice of pure status crime based on the theory of accomplice. We should distinguish different thing when judge non – status participate in completing positive status crime based on the theory of status crime and indirect perpetrator. The negative status crime should be especially reviewed in accomplice: the status can make of accomplice when he abet and assist non – status; the non – status can't make of accomplice when he abet and assist status base on the principle of protecting legal behalf. The discussion can't deviate the particularity of impure status crime in criminal constructive. When status and non – status participate in the crime of different punishment in the same imputation, the conviction is very easy. When status and non – status participate in the crime of different punishment in the same imputation, we should convict respectively not only when non – status abet and assist status but also status abet and assist non – status in order to convict and punish reasonable.

Key words：status crime　ontology　basic type　perpetrator　complicity

目　录

第一章　身份犯本体论

第一节　身份犯的体系定位

身份犯的体系定位问题要解决的就是应当在什么样的意义上来使用身份犯这一概念：是将身份犯仅仅作为基于分则部分个罪某一共通属性而将其一体研究的犯罪形态理论；抑或对于身份犯的定位不止于此，还认为身份犯亦包括所有有身份者实施的犯罪之和。前者笔者概括为将身份犯定位在有关犯罪类型的理论，即仅仅系对刑法分则一部分犯罪的类型化研究；而后者却将身份犯看成是犯罪人①的类型理论，即身份犯是一种"身份"与"犯（罪）"的简单叠加。

一、摇摆不定的传统观点

在刑法理论较为发达的大陆法系国家，刑法学者一般都认为身份犯是刑法分则中一类犯罪的统称，认为刑法分则规定的所有犯罪可以分成两大类：一为身份犯（或称特别犯）；与之相对应

---

① 从严格意义上说，该种主张不能说是犯罪人的类型。因为犯罪人一般是指其行为触犯了法律应受刑罚处罚的人，比如累犯、惯犯、主犯或自首犯，等等。参见杨春洗等主编：《刑事法学大辞书》，南京大学出版社 1990 年版，第 135 页。落脚点在行为人本身。这里笔者为了论证上的需要，所言的"犯罪人"类型区别于一般概念，意在体现持身份犯概念泛化观点的学者将总则的部分身份与分则犯罪的结合也视为身份犯之一种，该种所谓的身份犯之是否存在以主体"身份"具备与否为转移；不是以犯罪本身之特性来判断身份犯，更加侧重于主体的"身份"有无。

的便是一般犯（或称常人犯）。进一步说身份犯理论所涵摄的具体犯罪只能在分则中寻找。

而我国学者对此一问题的理解却尤为模糊。通论观点尽管也在关于身份犯的定义中认为身份犯是以主体具有特定身份作为构成要件或者刑罚加重、减轻根据的犯罪；身份犯也包括真正身份犯和不真正身份犯。进而认为真正身份犯是指行为人是否具备特殊身份是决定犯罪是否成立的决定性要素之一；而不真正身份犯则意味着身份的存在与否不影响犯罪的成立但决定犯罪人的刑罚加重或者减轻。所有这些形式上的定义都与大陆法系学者的认识无异。① 但是学者在论及身份犯具体种类的时候却一般都认为总则中的未成年人犯罪、聋哑人或者盲人犯罪以及限制刑事责任能力的精神病人实施的犯罪等都属于不真正身份犯的种类之一。② 这无疑仅仅重视了身份犯的"身份"要素，认为身份犯是由总则和分则共同来规定的，以行为人是否具备身份为转移，而不单单是指称分则犯罪中某一类犯罪，更加接近于身份犯是一种犯罪人类型的理论。

二、本书的主张——身份犯概念（理论）之纯化

如上所描述的有关身份犯传统理论一方面认为身份犯是一种"犯罪类型"理论，形式上承认身份犯是刑法分则中某一类犯罪的总称；一方面又主张过于重视身份有无的犯罪人类型理论，实

---

① 这种概念上的同一也仅仅是形式上的一致，具体到内容上的表述就相差甚远了。从大陆法系学者和我国学者关于身份犯的认识就可见一斑。当然，由于背景、习惯等因素我们不应当一味求得不同国家的刑法理论上之概念从表述到内容完全一样，但是对于刑法中的个别范畴进行比较研究的时候，至少要明知不同范畴的相通性和同一范畴的差异性。只有这样才能在同一语境下进行研究，而绝不是概念相同我们就一味不加区别的拿来使用。对于刑法中的其他理论进行研究的时候也应当如此。

② 杜国强：《身份犯研究》，武汉大学出版社 2005 年版，第 168～170 页；徐振华：《身分犯略论》，载于中国人民大学法学院刑法专业组编写：《刑事法专论》（上卷），中国方正出版社 1998 年版，第 650～651 页，还有很多刑法教科书或者论文等也是这么认为。

质上肯定了身份犯是由总则和分则共同规定的。这种摇摆不定的认识无益甚至有害于身份犯理论的深入研究。

第一，国内学者关于身份犯的理解使得我们关于身份犯的理论与大陆法系刑法理论之间不存在比较研究的基础。[①] 具体到有关不纯正身份犯的研究，大陆法系学者也认为不纯正身份犯是指身份的存在不影响犯罪的成立但是决定刑罚轻重的犯罪类型，只不过其前提是身份犯系属分则中与常人犯相对应之一种犯罪类型。国内学者仅仅将这种概念进行了形式化的移植，而并没有重视前提之差异：聋哑人相对于一般人来说当然也是一种特殊的身份，聋哑人也好，其他人也罢只要具备了犯罪主体的其他条件（刑事责任年龄、刑事责任能力等一般主体构成要件）实施杀人行为的依照分则相关规定都构成杀人罪，只是聋哑人可以从轻处罚。但这是不是意味着分则规定的杀人罪也是（不纯正）身份犯呢？如果是这样，岂不是分则所有的罪名都是身份犯罪吗？这无疑消解了身份犯的概念。有些学者也注意到了这一问题，遂提出不能说这样的犯罪是身份犯，而只能说由这些人实施的犯罪属于身份犯。[②] 这种理解是将身份犯原指分则表述罪名类型的静态概念作为以行为人身份决定身份犯存否的动态范畴来理解。这种理解仅仅可以说是迎合传统观点对于身份犯理解不周延的权宜之计，并无实质性的发现。

第二，该种摇摆不定的态度也会导致国内关于身份犯理论自身的研究受到阻碍。研究身份犯的理论宗旨无非是为了将某些犯罪（名）作为对象，找出其共通性及其内在规定性，进而用来指导解决具体的身份犯个罪的相关问题。正是秉承这一宗旨，我们的研究思路应当是先划分出欲研究对象的范围，分析出所有身

①　当然正如前文注释所言，在比较研究的同时绝不是一定要研究对象完全一致，但是对于称谓相同的概念我们至少应当在一个层面上进行理解，否则可能南辕北辙。

②　杜国强：《身份犯研究》，武汉大学出版社 2005 年版，第 6 页；狄世深：《刑法中身份论》，北京大学出版社 2005 年版，第 177 页。

份犯罪所具有的共同本质（这是身份犯研究的根基），在此基础上才能进一步研究身份犯的共犯等相关问题。而如果像上述学者所言将身份犯视为一个动态的范畴，则身份犯理论的很多问题无从解决。最为直接的就是有关身份犯的处罚根据无法达成共识：分则个罪的处罚根据大致存在义务违反说与法益侵害说的争论，身份犯作为分则中一部分犯罪的总和，因而其处罚根据的探讨也应当在这一背景之下进行（当然，基于身份犯的特殊性其本身的处罚根据也应当区别于一般犯罪，详见后文）；而如上所言的未成年人以及聋哑人等实施犯罪的从轻处罚更多地是考虑了刑事政策的因素，是基于刑罚个别化的需要。前者更多的是对犯罪行为的分析和抽象；后者则考虑的是犯罪人的个人因素（身份）。由此可见将二者统统作为一个整体进行研究并期望得到一个具有内在规定性的以之为指导解决身份犯相关问题的结论几无可能，尽管找到了，那么这种过于泛化的结论之理论价值能有多大，不无疑问。

基于如上的理由以及目前关于身份犯理论过于泛化的传统观点，笔者提出应当纯化身份犯的概念（理论）：身份犯应当系指刑法分则（严格来说是分则性规范）所规定某一部分罪名的统称，这一部分犯罪（名）的共同特点就是实施主体除了须具备刑事责任年龄、刑事责任能力等一般主体要素而外，还须具备身份要素。另外我们还应当认识到，身份犯概念不单单是一个法律概念，也是学者们为了研究的方便将分则规定的个罪进行一体研究的理论；其并不能取代对于每一个具体身份犯罪的个别研究。

第二节 身份犯的概念和特征

一、身份犯的身份

诚如前文所言，身份犯包含的具体犯罪存在于分则所规定的罪名之中，这是判断某一犯罪是否身份犯罪的大前提。此外，我们更应当注重刑法规定的该罪名之犯罪构成的主体要件中是否包含特定身份要素，分则犯罪之主体没有特殊身份要求的显然不能作为身份犯罪。因此，身份的判断对于身份犯罪的辨识尤为重要。

（一）身份犯的身份之概念

总的来说，理论上对于身份的认识和使用较为混乱。究其根源，笔者认为，主要是对于一般意义上的身份、刑法中的身份以及身份犯的身份三者的概念区分、存在场域以及相互关系没有真正把握所致，另外对于身份的存在范围也有不同主张。

1. 一般意义上的身份包含刑法中的身份

一般而言，所谓身份无非是指人的出身、地位或资格。[①] 按照这种理解，所有生活在社会生活中的人从某种角度而言都具有一定的身份，没有身份的人是不存在的。"人是一切社会关系的总和"，一个人无时无刻不生活在不同的社会关系中，或多或少地与自己以外的事物打交道。那么，作为社会关系的一方主体其必然具有一定的身份，这种身份可能有别于任何人，也可能与他人（一部分人）相同。例如有的人可能是百万富翁，有的人可能一文不名；有的人可能是教师，有的人可能是农民；有的人可能是老人，有的人可能是未成年人；等等，所有这些能够说明有

---

① 《辞海》，上海辞书出版社1980年版，第270页。

关人的出身、地位或者资格的特征都可以谓之身份。

由此可见，一般意义上的身份所指称的范围是相当广泛的。而这些所谓的身份有些可能与犯罪和刑罚直接相关，有些可能与定罪和量刑无涉。例如，无论是百万富翁抑或穷光蛋，只要实施了刑法所规定的杀人行为，在其他方面基本相同的情况下应当判处相同的刑罚，至少不会因为行为人的经济状况（也可以视为一种身份）而异其刑罚。而有一些行为人所具有的身份特征却能够影响到行为人的定罪或者量刑。例如，只有国家机关工作人员非法剥夺公民宗教信仰自由，情节严重的行为才能构成非法剥夺公民宗教信仰自由罪；尽管非国家机关工作人员也可能实施剥夺公民宗教信仰自由的行为，但无论如何不能够单独构成该罪，一般公民干涉他人的宗教信仰自由而触犯刑律的，应根据具体情节，以其他犯罪论处。另外，如果同样是实施了秘密窃取他人相同数额财物的行为，如果是 16 周岁至 18 周岁之间的未成年人实施的犯罪就应当比照一般人从轻、减轻处罚。

因此，如上所述，只有那些能够对行为人的定罪或者量刑产生一定影响的身份，才应当进入刑法研究的视野而谓之刑法中的身份；否则，只能作为一般意义上的身份。进一步说，刑法中的身份应当属于一般意义上身份之一部分，我们理解刑法中的身份只能在一般意义上的身份的范围内进行而不是超出甚至背离。

基于这样一种理解，并从认识论①的角度，刑法中的身份应当具备普通所言的身份之全部特征。也即其至少应当具有人身性——身份作为社会关系之一方主体的人所具有的特质，当然这里的人可以是行为人也可以是行为所作用的对象人；还应当具有客观性——只有人所具有的这种特质表现于外，并能被他人所客观化的认知，我们才能明了该身份的存在。因此所谓的目的等主观的要素系存在于人的内心，并无这种客观性，而不宜作为刑法

---

① 事物的子项应当完全具备其所属类型的总的特征，而且还应当有超出。否则子项与该类型便为同一或者该子项不应当成为类型中的一种。

中的身份之一种。

2. 身份犯的身份属于但不等于刑法中的身份

身份犯的身份和刑法中的身份尽管都可以谓之"身份",但是二者的内涵是否相同,有何差异?学界对于这一问题的回答并不令人满意。这也直接导致了对身份犯理论的研究几乎停滞①的现状。

传统观点一般是将二者混而用之的。即不予区分所谓的刑法中的身份和身份犯的身份概念,仅模糊且笼统地称为"身份"。例如,有学者认为刑法中的身份,指行为人所具有的影响定罪量刑的特定资格或人身状况。并对刑法中的身份进行分类时得出构成身份(真正身份犯的身份)与加减身份(不真正身份犯的身份)的结论。②"所谓犯罪主体的特殊身份,是指刑法所规定的影响行为人刑事责任有无以及大小的行为人人身方面特定的资格、地位或状态。……在中外刑法理论上,通常还将以特殊身份作为主体构成要件或者刑罚加减根据的犯罪称为身份犯。"③"另一类犯罪主体不但要求行为人应是有责任能力的自然人,而且行为人还必须具备法定的特殊身份,对这类犯罪的主体,中国刑法理论称之为犯罪的特殊主体或特殊犯罪主体,在中外刑法理论上,也往往称要求特殊主体即犯罪人具备特殊身份的犯罪为

<hr>

① 谓之停滞似乎有些言过其实,但是国内刑法关于身份犯的研究总的说来没有大陆法系国家刑法研究中产生的观点对立、纷争迭起的"乱象",至少从有关不纯正身份犯的相关理论就可以看出。日本学者关于不纯正身份犯的共犯如何定罪和科刑的问题一直争论不息,直到现在仍没有权威结论。而国内学者关于不纯正身份犯的研讨几乎口径一致。是因为日本学者所遇到的难题我们都解决了么?这样的话,他们提出的种种学说岂不是白费口水。笔者认为,道理绝非如此简单,日本学者所遇到的问题我国也应当同样存在,只是类似一些过于"精细"的问题在我们的较为粗疏的理论体系内化为了"无"。关于我国刑法学的"不精确"与大陆法系刑法的"过分"、"精确",请参见陈兴良、周光权:《刑法学的现代展开》,中国人民大学出版社2006年版,第736~737页。

② 马克昌主编:《犯罪通论》,武汉大学出版社1999年版,第579~580页。

③ 高铭暄、马克昌主编:《刑法学》(上册),中国法制出版社1999年版,第185页。

身份犯。"① 目前几乎所有有关身份犯以及身份犯的身份之论述都是站在传统观点的这一认识基础上的。

总的来说，国内的传统观点与大陆法系刑法中关于身份犯、纯正身份犯以及不纯正身份犯的概念表述几乎无差，但是所指称的内涵却相去甚远。大陆法系刑法一般是在有关"共同犯罪与身份"的部分探讨身份犯，或者将身份作为构成要件的一个要素而划分为一般犯和特别犯（身份犯）。但是，无论如何他们的共同前提都是首先将身份犯作为一种犯罪类型，即分则中有一部分犯罪（名）不能由一般人构成，其主体仅局限于有身份之人。当然，有关未成年人、累犯等身份要素是作为刑罚论的部分要考虑的。"减轻责任年龄、累犯加重、自首减轻、自白之减轻或免除其刑等，系专属于刑罚论之问题，而与犯罪论无直接之关联，然第 31 条之'共犯与身分'规定则同时关系犯罪之成立（犯罪论）与处罚（刑罚论），因此与犯罪成立无关之要件实无法该当于'身分或其他特定关系'。"② 国内学者似乎并没有充分注意到大陆法系刑法学者在探讨身份犯时的前提预设和特定内涵，而只顾及了概念上的一致表述（仅仅是形式上的一致）。

新近观点尽管承认二者的区别，但是其具体结论也不尽如人意。例如一部分学者认为，刑法中的身份范围大于身份犯的身份。但是该类学者对于身份犯的身份理解不无差池。有学者认为刑法中的身分，是指法律明文规定的对定罪量刑具有影响的一定的个人要素。分为主体身分和对象身分，主体身分是犯罪主体所具有的身分，对象身分是犯罪对象所具有的身分。我国刑法规定的某些犯罪，除了要求犯罪主体是达到法定责任年龄、具有责任能力的自然人以外，还要求犯罪主体具有一定的身分。这种法律要求具有一定身分的犯罪主体，称为特殊主体，而由这种特殊主

---

① 高铭暄主编：《刑法学原理》（第一卷），中国人民大学出版社 1993 年版，第 702 页。

② 甘添贵等：《共犯与身分》，学林文化事业有限公司 2001 年版，第 39 页。

体构成的犯罪，则称为身分犯。[①] 刑法中的身份是指刑法中对定罪、量刑具有影响的个人人身方面的客观要素。它具体包括行为人的身份、刑事被害人的身份和行为对象人的身份三种。而身份犯的身份仅仅属于行为人的身份之一部分。该类学者对于真正身份犯的身份基本没有什么异议，只不过在论述不真正身份犯时与通论观点基本相同，认为未成年人、聋哑人等也是（不真正）身份犯的身份之一种。[②]

该类学者对于刑法中的身份做出了较为全面的认识，身份作为附着于人身的一身专属特性事由，无论是行为人还是行为所作用其上的对象人，都可能具备不同的身份进而影响到犯罪是否成立以及刑事责任的大小等，我们不能忽视这些相关的影响行为人定罪量刑身份的存在。所以认为刑法中的身份应当在更广的意义上使用，而身份犯的身份仅属其中之一部分的观点是成立的。但是学者对于身份犯的身份本身的理解有所偏差。正如笔者前文所言，身份犯应当定位在其系一种对犯罪类型的划分，系刑法分则对部分犯罪的主体做出特殊要求而得出的对一部分犯罪的统称。所以论者所言未成年人等位居总则的能够影响行为人刑事责任的身份同样应当属于"刑法中的身份"要研究的问题，而不是放在（不纯正）身份犯理论中讨论。

还有部分学者甚至直接否认刑法中的身份的概念，认为刑法中所要研究的就是身份犯的身份，其他的个人因素不是身份。构成刑法中的身份，并不是泛泛而指的，而应当是与刑法规定的具体的犯罪紧密联系的，是就具体犯罪而言主体的特定资格。有一些能够影响定罪量刑的因素，如未成年人、精神病人等，与具体的犯罪不具有联系，因为所有的个罪都会由于这些主体因素而对

---

① 陈兴良：《论身分在定罪量刑中的意义》，载《法学研究》1986 年第 6 期，第 69 页。

② 狄世深：《刑法中身份论》，北京大学出版社 2005 年版，第 50 页、第 177～179 页；杜国强：《身份犯研究》，武汉大学出版社 2005 年版，第 52～53、第 80～81 页。

定罪或者量刑产生影响，这类个人因素也不是身份。[①]

这种观点尤为重视身份犯的身份与刑法中的其他身份之不同，更加强化了身份犯的犯罪类型地位，这种认识是可取的。但是其否认未成年人等的身份也能够影响行为人刑事责任的特质，而将其排除身份的范围又有些过于绝对。我们固然应当区分开身份犯的身份与其他能够影响刑事责任的身份之间的差别，但是也不应当完全否认刑法中能够影响行为人刑事责任的其他身份的存在，非但如此，对于后者应当予以重视。

事实上，对于刑法中的身份与身份犯的身份这样两个概念的辨析，其前提直接涉及如何对身份犯本身的理论定位。因为毕竟身份犯的身份只能存在于有关的身份犯罪之中，身份犯个罪以刑法分则是否要求构成某罪，需要行为主体具备特定身份为决定性要素。因此身份犯的身份与身份犯个罪的确定殊途同归。身份是身份犯之行为人所必须具备的特定资格或其他特定关系，不具有特定身份的人不能成为身份犯的主体；身份犯是法律规定由一定身份的人实施才能完成的犯罪。由此可见，身份是身份犯的构成要件之一，无身份则无身份犯。[②] 同理，划定了身份犯的范围也相应地明确了身份的存在。

学者关于身份犯的身份与刑法中的身份之所以得出了种种纠缠不清的结论，原因之一便是无论是哪种身份我国刑法都没有明确规定，导致学者无所适从；另外，将两种身份都称之为"身份"也导致了理论研究中不注意相互区分。相对而言，俄罗斯刑法中区分犯罪的专门主体和犯罪人的个性（或个人身份）两个概念的做法较为值得肯定。

所谓的专门主体，就是指除了具有一般主体的一般特征以外，还具有法律规定的补充特征，且只有这些特征的存在才能依

---

① 邓宇琼：《共同犯罪与身份若干问题研究》，载《中国刑事法杂志》2003 年第 2 期，第 27 页。

② 康均心：《刑法中身份散论》，载《现代法学》1995 年第 4 期，第 15 页。

据刑法的某些条款产生刑事责任的犯罪主体。在一般情况下，专门主体的特殊性是其成立犯罪的必要条件，但在特殊情况下，专门主体的特殊性只是加重刑事责任的一个情节。① 而刑法中的犯罪人个人身份——这是实施犯罪的人所具有的、反映他通过刑法手段得到改造的可能性的、具有社会意义的属性。考虑犯罪人的个人身份主要意味着考虑该人在实施犯罪前的具有社会意义的行为，并在一定范围内还要考虑它在犯罪后的行为。此外，一个人某些虽不反映其社会危害性，但根据人道原则和公正原则在责任和刑罚个别化时应予以考虑的属性（残废、疾病、妊娠、家庭状况等）也具有社会意义。②

可见俄罗斯刑法理论中所谓的专门主体就类似于我国学者认为的身份犯的身份；而犯罪人的个性近似于我们所言的刑法中的身份。由于作为法律规定的部分犯罪构成补充特征的专门主体与其他的犯罪人个性的身份所执行的功能、发挥作用的领域不同而将二者分别论之。这样就不至于使二者混淆以保证相应理论研究的顺利展开。这里我们不妨依旧保留身份犯的身份概念，而将刑法中影响行为人刑事责任的其他身份概括为刑法中的其他个人要素。身份犯的身份是研究身份犯相关理论时要着重研究的问题；而刑法中的其他个人要素则是应当放在刑罚论部分考虑的因素。

此外德国刑法典第 28 条有关共同犯罪中包含特定的个人特征（近似于我们研究的身份犯的身份）时如何处理共同犯罪人的刑事责任，而在第 29 条有"共犯自我责任原则"之规定，基于此规定德国多数见解皆将"责任要素"（至少总则之责任要素）排除于该刑法第 28 条之外。③ 可以看出德国学者也是将两种功能不同的身份分开来进行探讨的。

---

① 赵微：《俄罗斯联邦刑法》，法律出版社 2003 年版，第 52 页。
② ［俄］н.ф. 库兹涅佐娃、и.м. 佳日科娃主编：《俄罗斯刑法教程》，黄道秀译，中国法制出版社 2002 年版，第 286 页。
③ 甘添贵等：《共犯与身分》，学林文化事业有限公司 2001 年版，第 45 页。

3. 消极身份之肯认

关于消极身份应否承认以及消极身份的内涵如何无论大陆法系刑法学者的认识还是国内理论界的观点均林林总总，不一而足。

首先，承认消极身份的学者对于消极身份的表述各不相同。有学者认为刑法中的身份不外乎构成身份与加减身份两种分类，而所谓消极身份仅仅是加减身份的一种，例如，我国台湾学者蔡墩铭认为：如以具有一定身分则其可罚性遭受阻却者，称为消极身分……消极身分称为一身阻却刑罚事由，例如豁免权者因具有此种身分而可免刑罚之科处。……刑法上之身分虽可为各种分类，但最主要者莫不出于构成身分与加减身分之分类，盖不仅积极身分系指此种分类而言，即消极身分亦不外乎广义之加减身分。[①] 这种观点实际上否认了消极身份的存在，只论以加减身份即为已足。

还有学者认为消极身份的存在不影响犯罪是否成立，仅仅免除行为人的刑事责任，行为人由于某种身分的存在，而使其责任得以免除，这是身分对定罪量刑的消极影响。在刑法理论上，这种消极身分又称为一种阻却刑罚事由。[②]

如上学者均认为消极身份不是在犯罪构成意义上的概念，其存在与否不影响犯罪是否成立，只是在犯罪成立以后的刑罚阶段消极身份阻却刑罚的适用而已。笔者认为，这种意义上的消极身份无非是一般而言的加减身份之一种，因为所谓的不决定犯罪的成立与否，仅影响行为人刑事责任轻重的加减身份最低可以"减"至免除处罚。按此理解，消极身份实则名存实亡。

其次，部分学者也肯定消极身份的存在，但是认为消极身份既阻却犯罪的成立同时也阻却刑罚的科处。例如日本刑法学者西原春夫就将消极身分分为阻却违法的身份、阻却责任的身份与阻

① 蔡墩铭：《中国刑法精义》（第三版），汉林出版社1982年版，第257页。
② 陈兴良：《共同犯罪论》，中国社会科学出版社1992年版，第352页。

却刑罚的身份三种。① 日本刑法理论一般认为行为构成犯罪须具备构成要件符合性、违法性和有责性。因此我们可以将西原教授的有关消极身份的分类整合为两种：即阻却违法的身份与阻却责任的身份都属于阻却犯罪成立的身份，另外一种消极身份即为阻却刑罚的身份。我国学者也存在类似主张。例如，部分学者认为在刑法理论上还有一种叫做消极的身份，即由于具备一定的身份使刑法上规定的某种犯罪不能成立或免予处罚。② 也有学者认为，与积极身份不同，消极身份并非积极地承认犯罪，而在于消极地否定犯罪，实现限缩刑罚权的功能。具体而言"消极身份"包括"阻却构成要件的消极身份"、"阻却违法性的消极身份"、"阻却责任的消极身份"和"阻却可罚性的消极身份"四类。③

　　尽管从宏观意义来看，就身份对于行为人定罪量刑时所发挥作用的方式而言，固然可以将加重其刑责的身份作为发挥积极作用的积极身份，而导致行为人刑责减轻的身份作为消极身份。但是，笔者认为，如上的这种将阻却刑罚的身份也作为消极身份的一种，降低了甚至某种程度上否定了消极身份的存在意义，至少在研究身份犯相关问题的时候不甚可取。所以只有阻却犯罪成立的身份才能谓之消极身份。同时，所谓消极身份应当在身份犯的范畴之内进行讨论，即刑法分则中的一部分犯罪明确划定了具有消极身份（严格说来应当称为消极身份犯的身份）的主体才能构成犯罪的情况，所以并不是所有阻却犯罪成立的身份都是消极身份，例如，未达 14 周岁的未成年人实施任何行为都不构成犯罪，但我们不将其作为消极身份，因为该种阻却犯罪成立的身份是相对于任何犯罪的，并不是某一身份犯罪必须具备的主体要件。

---

　　① 马克昌：《比较刑法原理——外国刑法学总论》，武汉大学出版社 2002 年版，第 731～732 页。

　　② 李光灿、马克昌、罗平：《论共同犯罪》，中国政法大学出版社 1987 年版，第 146 页。

　　③ 陈山：《比较法视野下的"共犯与消极身份"》，载《政治与法律》2010 年第 2 期，第 43 页。

不可否认，刑法分则所规定的犯罪的确存在部分罪名要求主体不具备某种（消极）身份才能构成；这同部分身份犯罪要求只有主体具备某种身份方能构成的原理是相同的。日本学者山口厚教授认为所谓消极的身份，是指以不存在一定身份而构成的身份。例如道路交通法上的无执照驾驶罪，是在没有驾驶执照等的情况下实施特定的行为而构成犯罪，不存在"有驾驶执照等"这种身份，就是构成该犯罪的身份。① 我国刑法中也有类似的犯罪，例如刑法第 336 条非法行医罪的规定表明，"未取得医生执业资格的人"显然是一种特殊主体，但与一般的特殊主体要求具有积极的身份不同，本罪的特殊主体是一种消极的身份。② 显然不具有消极身份才能构成的消极身份犯在刑法分则所规定的罪名中客观存在，并可以作为身份犯这种特殊犯罪之一种，该种犯罪同样涉及有消极身份者（非身份犯的主体）与不具备消极身份者（身份犯的主体），共同实施身份犯罪如何定性等普通所说的共犯与身份问题。理应作为我们研究的重点之一。

综上，对于身份犯的身份进行界定只能在前文所探讨的几个基本问题之上进行，故身份犯的身份应当理解为刑法分则所规定的，其存在决定某种犯罪成立或者不成立，或者影响刑罚轻重的个人要素。这是有关身份犯的身份之内涵界定。至于身份犯的身份之概念表述，不同国家的立法采取了不同的态度：德国刑法表述为"特定的个人特征"；日本刑法表述为"身分"；台湾地区

---

① ［日］山口厚：《日本刑法中的"共犯与身份"》，载马克昌、莫洪宪主编：《中日共同犯罪比较研究》，武汉大学出版社 2003 年版，第 139 页。

② 张明楷：《非法行医罪研究》，载陈兴良主编：《刑事法判解》（第 2 卷），法律出版社 2000 年版，第 53 页。这里可能存在一个思维转换的问题，正文中笔者主张应当承认消极身份并对消极身份的含义以及定位问题进行了说明。实际上消极身份的论说是从反面阐述身份犯的，例如具有医生执业资格的人不能构成非法行医罪，本罪的医生执业资格阻却了犯罪的成立是一种消极身份。但是构成非法行医罪的主体是不具有医生执业资格的人，即不具有该消极身份的人是本罪的特殊主体（主体限定在一定范围之内而不是所有的人，从这一意义上说本罪主体的身份特殊性），因此消极身份犯的身份严格意义上应当表述为不具有消极身份的"身份"。

"刑法"表述为"身份或其他特定关系";等等。应当看到不同的概念表述下有关概念的内涵也有所不同。例如大陆法系学者有主张将目的等主观要素也作为身份的一种,所以将身份宜作广义理解。通过前文的论述,笔者同意国内的通论见解,即否认目的视为身份之一种。另外,如果不同学者对于身份犯的存在范围理解不一,也就对其所主张的身份犯罪主体身份范围的理解有别。例如德国学者中有的将身份犯等同于义务犯,而强奸罪等非义务犯也即非身份犯,故而强奸罪所要求的男性身份不是"特定的个人特征"之一种。这种观点与身份犯理论本身的理解有关,后文详述。这里需要强调一点便是在理解身份犯的身份时应当注重不同概念间的共通性与差异之处,不能断章取义而导致南辕北辙。

（二）身份犯的身份之特征

1. 法定性

所谓法定性是指身份犯的身份必须是由刑法加以规定的,具体而言是由刑法分则规范中有关身份犯罪（名）的相应条款加以规定的。法定性至少包含如下几层意思:其一,身份犯的身份必须是由刑法规范加以规定的。一般意义上能够说明人的出身、地位以及资格等的身份只有经过刑法规范的评价才能进入身份犯研究的视野。这表明身份犯的身份区别于一般意义上的身份。其二,身份犯的身份必须是由刑法分则性规范所规定的,并不包括总则中也能影响行为人刑事责任的其他个人要素。例如,已满14周岁未满16周岁的人实施犯罪依照总则之规定应当从轻或者减轻处罚。这里的行为人已满14周岁未满16周岁的个人要素也影响着刑罚的轻重,但是其不属于身份犯的身份。其三,身份犯的身份之法定性绝不意味着该身份只能是合法身份,非法身份也为身份。例如刑法第316条规定的脱逃罪,其主体是依法被关押的罪犯、被告人、犯罪嫌疑人。这里的主体身份显然是一种非法身份,但是我们不能否认该罪属于身份犯,实施该犯罪的主体（实行犯）只能是具有该不法身份的人。其四,身份犯的身份通过法律的规定来决定犯罪的成立或者不成立，或者影响刑罚的轻与重，这是罪刑法定原则的当然恪守。

2. 先在性

身份犯的身份之先在性，是指该种身份应当是形成于实施犯罪行为之前行为人所具有的特定个人要素，而不是形成于犯罪过程之中，更不是实施完犯罪行为之后所具有的身份。

关于身份犯的身份是否应当具有先在性，表面看来学者间存有分歧。但是，这种分歧无非是因为没有区分所谓身份犯的身份与刑法中也能够影响行为人刑事责任的广义上的个人要素。例如有学者认为主体特殊身分的具备与否，是区分罪与非罪的标准之一。例如刑法（这里指的是旧刑法——笔者注）第 158、159 条规定的扰乱社会秩序罪和聚众扰乱公共场所秩序或交通秩序罪，法律载明只追究"首要分子"的刑事责任，即在这两种案件中，具有首要分子身份是这两种犯罪的主体必备的身份特征。据此，在这两种案件中具有首要分子身份者，才能作为犯罪主体被追究刑事责任，不具备首要分子身份的一般参加者，不能作为这两种犯罪的主体负刑事责任。……有追究"直接责任人员"刑事责任的规定，也是以对犯罪行为的实施具有"直接责任人员"身份者为这些犯罪特定的主体。① 该种观点将首要分子、直接责任人员等也作为决定主体特定身份影响罪与非罪区分的构成身份之一种。另有学者在论述身份犯之身份的先在性时，认为身份从本质来讲是一个静态的概念，那些在犯罪过程中形成的特征，如首要分子、积极参加者等，其实是对他们行为的一种评价，而不是认为具有什么特殊的人身方面的因素而需要承担某种特别的刑事责任，因此不能算是刑法上的身份。② 笔者认为，这两种观点看似针锋相对，实际上并不矛盾。因为他们都在各自的观点中混淆了身份犯的身份与刑法中的其他个人要素之间的关系。前一种观

---

① 赵秉志：《犯罪主体论》，中国人民大学出版社 1989 年版，第 293 页。
② 杜国强：《身份犯研究》，武汉大学出版社 2005 年版，第 78 页。

点实际上把刑法中的身份等同于身份犯的身份，描述的其实是广义的刑法中的身份之情形；后者观点恰好相反，其将身份犯的身份等同于刑法中的身份，进而否认刑法中的身份概念，认为首要分子等不应当作为身份犯的身份的观点是正确的，但是又否认了其是一种刑法中的身份的特质，这又是不符合实际的，无论是首要分子还是直接责任人员，作为人的特殊属性都是区别于一般人的个人要素，对于行为人的刑罚量定也具有一定意义，我们当然不能否认其作为广义上刑法中的身份要研究的内容。甚至于中止犯、预备犯、未遂犯、教唆犯、从犯等也可以作为广义的影响行为人刑事责任的刑法中身份之一种。

当然，这种首要分子等个人要素绝不属于身份犯的身份，因为任何达到刑事责任年龄、具备刑事责任能力的自然人都可以通过自己的行为成为首要分子和积极参加者，从这一点言之，包含首要分子的犯罪也不过是一般主体的犯罪。主要是因为这种"身份"不具有先在性特征。

3. 针对性

身份犯的身份只是相对于某一特定身份犯罪而言的。首先，刑法分则根据不同需要将个别罪名限定于具有身份的主体才能构成的范围内，身份只有针对该特定的犯罪才有存在价值，否则对于其他犯罪来说（至少在刑法领域）该身份没有任何意义。例如"国家工作人员"这一身份就是针对第385条受贿罪、第395条巨额财产来源不明罪等设定的，"国家工作人员"相对于该种渎职性的犯罪才能作为身份犯的身份而存在，而如果国家工作人员实施了故意杀人行为，则同普通人实施该行为一样构成故意杀人罪，所以相对于杀人罪而言"国家工作人员"又不是一种身份（至少不是本书所研究的身份犯之身份）。其次，就同一种身份而言，当其针对不同的犯罪或设定的角度不同时，其在刑法上的意义和内容也会不同。例如"国家机关工作人员"这一身份是刑法第397条滥用职权罪、玩忽职守罪的构成身份，不具备该身份的行为人无论如何不能单独构成该罪；而作为诬告陷害罪来说，"国家机关工作人员"的身份又是该罪的加减身份，不具备该身份的人实施了诬告陷害行为的同样构成犯罪，只不过具备这种身份需从重处罚。

该种针对性的特征实则也是对于前述先在性的补充，意谓并非所有先在于行为实施前的刑法所规定的身份都是身份犯的身份，只能对于某一具体犯罪考察身份的是否存在。

4. 客观性

身份犯的身份应当是行为人所具有的能够被人感知的体现人的一定地位、资格等状态的个人要素。该种身份要么决定了某一身份犯罪所侵犯的身份法益是否存在（纯正身份犯）；要么使得某一法益遭受侵害的强度增大或减小（不纯正身份犯）。无论如何这种客观且外在的身份要素与某种法益直接勾连，并且伴随着身份所附着之上的客观行为，这一特征可以同作为目的犯的目的进行区分。作为主观超过要素的目的，可以分为两种情形：一是直接目的，这种目的通过行为人的构成要件行为本身或者作为其附随现象，自然被实现，不需要为其实现实施新的行为；二是间接目的，为实现这种目的，需要行为人或者第三人实施与其构成要件行为不同的行为。从该目的与客观行为的关系来看，不存在对应关系，若要实现这一目的尚需要进一步实施一定的行为。并且这种进一步的行为并非本罪的构成要件行为，行为人只要主观上具有一定目的即可，并非一定要将这一目的付诸实施。[①] 因此，从这种构成性上来分析该种具备客观性身份与主观目的是截然不同的，目的不能作为身份的一种。不少学者在试图将目的排除在身份范围之外时以身份应当具有持续性作为标准，笔者认为，这一标准不具有绝对性，某些身份可能也是短暂具有的，而个别目的也可能是较长时间就已存在的主观心态。况且持续性的时间长短以多少为宜都不易严格说明。总而言之，就身份的本来

---

① 陈兴良：《目的犯的法理探究》，载《法学研究》2004年第3期，第73~78页。

面目来说，无论如何不能将目的作为身份之一种。如果考虑到身份犯与目的犯的某些相似性（它们的差异性也不容忽视），欲作一定程度上的一体研究，则德国刑法的做法较为可取，即不再在目的是否为身份的问题上纠缠，直接规定"特定个人要素"这一能够涵盖二者的一个上位概念。

二、身份犯的概念

如前所述，身份犯是一个理论范畴，即其是将所有身份犯罪（名）作为对象进行一体研究的理论，这种理论可以视为身份犯的总论部分，研究所有身份犯罪的一般性问题；同时身份犯又是一个法律概念，它所指称的是刑法所规定的一个个具体罪名。二者具有同一性。刑法规范所规定的犯罪行为形形色色，有些犯罪的构成对于行为主体并无特殊要求；而有些罪名则明确规定只有具备特殊身份的人才能构成或对之加减处罚。只有弄清什么样的犯罪是身份犯，才能划定一个相对明晰的研究范围，进而更好地进行理论研究和实践认定。

中外刑法典中都有身份犯罪的规定，表现为在分则中规定了若干具体身份犯罪名，很多国家在总则中还规定了身份犯的共同犯罪条款。与之相应，刑法理论上对于身份犯的研究也较为深入。但是有关身份犯的概念表述则存在些许不同。这里笔者仅从几个有代表性的所属大陆法系刑法①国家或地区的法律及理论为例进行说明。

---

① 在英美刑法中，也有身份犯的概念存在，但他们的身份犯概念完全不同于我们一般所言的意义。其认为身份犯就是"根据是什么而不是根据做什么来确定的犯罪"，但是这种只要行为人具备了一定人身条件或具有了特别的特征而无论做出了行为与否，就应当作为身份犯罪加以处罚是对犯罪行为要件的描述性与规定性归纳的挑战。权威的刑法学家在个人因其身份承担责任的可接受性问题上争论十分激烈。一些评论家指出，国家努力惩罚身份而不是行为的事实，产生了至少是违宪的蛮横。参见［美］道格拉斯·N. 胡萨克：《刑法哲学》，谢望原等译，中国人民公安大学出版社 2004 年版，第 133～134 页。

（一）大陆法系国家（地区）刑法理论对身份犯的表述

日本学者一般认为：在构成要件上，需要一定身份的犯罪，就被称作身份犯。[①] 具体而言，不是只有"者"这个表述一般主体的词语，也存在明示只有具有"女子"（刑法第212条）、"公务员或仲裁人"（第197条）、"医师、药剂师、医药品贩卖业者，助产妇、律师、辩护人、公证人"（第134条）这样的特别的身份者才成为犯罪主体的刑罚法规。在我国，后者即构成要件上行为者有一定的身份被认为必要的犯罪，叫身份犯……[②]

因此日本刑法一般是从某一犯罪的构成要件是否要求具备身份这一特定要素为标准，进行身份犯与一般犯罪的区分的。"无论是真正身份犯还是不真正身份犯都无不以是否要求行为主体具备构成要件的身份要素为必要。真正身份犯是由于行为人的特殊身份关系，满足构成要件要素并在被制定的行为主体范围内的情形；不真正身份犯是具有一定身份的人犯罪，因为违反比别人承担的更高一级的义务，而被加重刑罚的情况，也就是说，具有特殊身份关系的人，由于实施了在一般情况下对行为主体的范围没有限制的构成要件（基本的构成要件）的行为，所以作为基本犯而实现了另一个构成要件，因而被加重刑罚的场合。"[③] 因而日本刑法对于不纯正身份犯都规定了独立的罪名。

德国刑法学者则将身份犯等同于义务犯。认为根据不同的情况，或者有人是一个犯罪的行为人（如那些以"任何人"开始的行为构成），或者行为人的种类要限制在确定的人员团体中

---

① ［日］木村龟二：《刑法学词典》，顾肖荣等译，上海翻译公司1991年版，第129页。

② ［日］山中敬一：《刑法总论Ⅰ》，成文堂1999年版，第178页；转引自马克昌：《比较刑法原理——外国刑法学总论》，武汉大学出版社2002年版，第147页。

③ ［日］木村龟二：《刑法学词典》，顾肖荣等译，上海翻译公司1991年版，第131~132页。当然，该种对于不纯正身份犯的认识并不全面，因为不纯正身份犯还有减轻处罚的情形。但是论者关于纯正身份犯与不纯正身份犯的认识都是从构成要件的角度进行的。符合其对身份犯概念的理解。

（如第 331 条以下的渎职犯罪），因此，人们可以对普通犯罪和特别犯罪做出区分。特殊的犯罪只能够由具有特定属性的（行为人资格）行为人来实施。通常，这种属性存在于刑法之外的义务性规定之中，因此，人们在这里最好说这是"义务性犯罪"。[①] 这种只能由负有特殊义务的人实施的犯罪被称为身份犯，其中，如果违反义务是受刑罚处罚的理由，是纯正的身份犯，若违反义务只是加重处罚的理由，则是不纯正的身份犯。这里最关键的只是行为人的特殊义务，而不是派生出该义务的行为人的职务本身。[②]

德国学者关于身份犯的定义不仅仅是从法律形式的规定出发——法条上没有限制主体范围的就是一般犯，对主体范围有所限制的就是身份犯。而是为身份犯的判断附加了特别的标准，即义务违反性。正因如此，部分学者直接否认了强奸罪为身份犯的传统观点，例如，威尔兹尔就认为纯正身份犯之本质在于具有一定身份之人违反了其基于该身份关系承担的特定义务，而男性并不因其具有男性之身份而在法律上担负任何特别之义务，因此认为强奸罪并非纯正身份犯。[③] 这种观点的得出与论者关于身份犯的处罚根据及其有关共同犯罪的相关理论直接相关。我们绝不能只从表面上理解。

意大利刑法理论认为，除规定"任何人"都可以成为犯罪主体的情况外，法律还常常要求主体具有某种资格；如某种法律地位或身份（例如，刑法典第 317 条要求的公务员或从事公务的人员；刑法典第 570 条第 1 款规定的配偶或父母），有时甚至只是某种特定的状态（如 1978 年第 194 号法律第 19 条第 2～4 款规定的犯罪主体只能是怀孕的妇女）。这种情况就是人们所说

---

① ［德］克劳斯·罗克辛：《德国刑法学总论》（第 1 卷），王世洲译，法律出版社 2005 年版，第 200、223 页。

② ［德］冈特·施特拉滕韦特、洛塔尔·库伦：《刑法总论 I——犯罪论》，杨萌译，法律出版社 2006 年版，第 89 页。

③ 梁恒昌主编：《刑法实例研究》，五南图书出版公司 1990 年版，第 159 页。

的"身份犯",而与之相对应的"非身份犯"则是指可以由任何人实施的犯罪。①

由此可见,意大利学者一般也是从法律条文的规定中关于罪名表述的主体是否为任何人抑或是具有某种资格或身份来区别身份犯与非身份犯。

我国台湾地区从法律传统上来说也属于大陆法系刑法范围。刑法学者对于身份犯理论也进行了广泛研究,尤其是身份犯的共犯问题更是争议的焦点。总的来说,我国台湾地区学者有关身份犯的研究几乎等同于日本刑法的状况,并无太多新意,关于身份犯的概念表述也基本一致。甘添贵教授对通论观点进行了概括,他认为:所谓身分犯,传统见解,认系在构成要件上,行为主体须具备一定资格或条件,始得成立之犯罪。至其类型,通说向分为纯正身分犯与不纯正身分犯二种。前者,系指该种犯罪类型之性质,若非行为人具有一定资格或条件,则不可能实施犯罪。例如,图利罪、贿赂罪等是;后者,则指此种犯罪类型之性质,虽行为人未具有一定资格或条件,仍可实施犯罪,惟因行为人具有一定资格或条件,而酌予加减其刑罚之犯罪。例如,杀尊亲属罪、杀婴罪等属之。② 林山田教授则将身份犯又称为特别犯,但概念表述几无二致,认为特别犯系指唯有具备特定资格或条件之人,始属适格之行为人而能违犯之犯罪,例如受贿罪、伪证罪、杀直系血亲尊亲属罪、生母杀婴罪、亲属间盗窃罪、背信罪等。③

（二）我国关于身份犯的理论观点

传统观点一般是从行为人所具有的身份是否对定罪抑或量刑

---

① ［意］杜里奥·帕多瓦尼:《意大利刑法学原理》,陈忠林译,法律出版社1998 年版,第89～90 页。

② 甘添贵等:《共犯与身分》,学林文化事业有限公司2001 年版,第265～266 页。

③ 林山田:《刑法通论（增订七版）》（上册）,台大法学院图书部2001 年版,第175 页。

发挥作用为标准来定义身份犯的，只要身份的存在决定犯罪是否成立，以及影响对行为人量刑轻重的都属于身份犯。比如通论观点是这样表述的：在刑法理论上，通常还将以特殊身份作为主体构成要件或者刑罚加减根据的犯罪称为身份犯。身份犯可以分为真正身份犯与不真正身份犯。真正身份犯是指以特殊身份作为主体要件，无此特殊身份该犯罪则根本不可能成立的犯罪。不真正身份犯，是指特殊身份不影响定罪但影响量刑的犯罪，在这种情况下，如果行为人不具有特殊身份，犯罪也成立；如果行为人具有这种身份，则刑罚的科处就比不具有这种身份的人要重或轻一些。[①]

　　表面来看，这种对于身份犯概念表述的传统观点与大陆法系刑法中身份犯的定义基本无差别——构成身份决定犯罪成立，加减身份影响刑罚轻重，但正如前文所言，国内学者对于身份犯进行定义时，没有顾及大陆法系学者探讨身份犯理论的一些前提预设（他们是在刑法分则的领域认识身份犯）。这种前提的不同直接导致对于身份犯本身的认识差误，尤其是对不纯正身份犯的把握。大陆法系学者在论述不纯正身份犯时一般从不探讨总则规定的未成年人、聋哑人等特殊身份（当然，只是在不纯正身份犯理论中不予论说，并不表示学者不去研究，可以作为广义的行为人特定个人要素在刑罚论部分研讨）；而国内学者则坚守身份不决定犯罪是否成立仅影响量刑的不纯正身份犯这一身份特征，将所有影响量刑轻重的身份都作为不纯正身份犯之一种。例如认为由于一定的身份影响刑罚轻重的犯罪，在刑法理论上叫不真正身份犯或不纯正身份犯。其中包括有些身份不影响犯罪的性质，仅仅影响刑罚的轻重。并举例为已满14周岁不满18周岁的人与成年人共同实施犯罪，均构成同样性质之罪，未成年人的身份并不

---

　　① 高铭暄、马克昌主编：《刑法学》，北京大学出版社、高等教育出版社2000年版，第100页。

改变这种犯罪的性质，只是在量刑上应当从轻或者减轻处罚。① 部分学者也逐渐注意到了传统观点逻辑上的不正确（因为按照传统观点理解，导致分则所有罪名都是不纯正身份犯），强调并不是所有犯罪都是身份犯，只有具有量刑身份的人实施的犯罪才是身份犯的命题，如前所述，这种迎合传统理论的牵强说法并无实际意义。

（三）本书之主张

通过前文对于大陆法系刑法国家（地区）有关身份犯的概念表述可以看出，他们首先是将身份犯作为刑法分则的一个犯罪类型——将分则所有罪名分成两大部分，其中一部分犯罪涉及主体特殊身份的把他们命名为身份犯，其他的犯罪则一般人就能构成的是常人犯。并在一个相对确定的范围内，把所有身份犯罪进行一体研究，找出其共同的规律和特征指导司法实践。笔者赞同这种思路并也以此为进路对身份犯进行定义。

这里值得一提的是，国内也有学者注意到了传统观点与大陆法系刑法关于身份犯的定义南辕北辙的状况，提出了应当在分则中探讨身份犯的论点，如学者提出身份犯的定义应为：刑法分则所规定的，以行为人所具有的特定身份作为犯罪构成要件的犯罪类型。② 这当然是对传统观点有关身份犯定义出现偏差的相对纠正。但论者严格地从分则所规定的罪名（按照传统观点不同罪名才有不同的犯罪构成要件）出发，认为所有身份犯都有自己的独特罪名，否则为非身份犯。比如刑法分则诬告陷害罪尽管规定了国家机关工作人员实施需从重处罚的条款，由于该款项没有将国家机关工作人员实施从重处罚单独作为罪名规定，因此该罪不是（不纯正）身份犯。笔者认为，这种观点又有些矫枉过正，过分缩小了身份犯的范围。单单从分则罪名表述来加以判断身份

---

① 马克昌主编：《犯罪通论》，武汉大学出版社 1999 年版，第 580、588 页。
② 闫二鹏：《身份犯之共犯问题研究》，吉林大学 2006 年博士学位论文，第 26~27 页。

犯与非身份犯至少在目前我国刑法对于个别罪名的确定不甚科学的局面下行不通。后文还将详细论述。

笔者认为，确定分则个罪是否为身份犯应当从正反两个方面进行：首先，通过前文对于身份犯身份的认识，则可以判断出具有某一分则条文的规定中，包含了身份要素的犯罪即为身份犯；其次，统观整个刑法分则的所有罪名，只要根据对该罪名的法条表述可以看出并不是一般人都可以实施的，即主体只能是一般人中的一部分，则该罪名即为身份犯罪。

基于此，本书对身份犯的定义为：刑法分则性规范所规定的，以行为人具有一定身份决定犯罪成立与否，或者身份不决定犯罪的成立与否而影响刑罚轻重的犯罪。

三、身份犯的特征

通过对身份犯的概念表述，我们可以得出身份犯至少具备如下特征：

（一）身份犯是一种犯罪类型

这一特征是对前文所探讨的身份犯的体系定位问题的进一步深化。对于身份犯的这一特征可以从以下两个方面把握。

首先，身份犯应当是一种"犯罪"类型。基于汉字的一般意义，所谓犯者，既可以指犯罪行为，又可以指行为人。对此刑法学者有明确主张，身份犯是指以一定身份或其他特定关系为犯罪构成要件或刑罚加减免除原因的犯罪或犯罪人。[①] 而学者们在使用身份犯概念时也不去区别其所指称为犯罪抑或犯罪人，一般的将具有身份者而实施身份犯罪的主体本身也称为身份犯。这种传统做法不甚可取，笔者认为，对于某一概念而言，一旦选定一个研究角度，就应当明确研究对象的特定含义，而不能一个词交替地在不同意义上使用。这可能直接关系到刑法用语的准确性与

---

① 杨春洗等主编：《刑事法学大辞书》，南京大学出版社1990年版，第437页。

严谨性，也关系到研究的意义，对于身份犯理论的研究尤其如此。我们只有将研究重心置于犯罪之上，才能更好地将这些在构成上具有身份这一共同特征的犯罪进行一体化研究，挖掘出他们的特定本质，把握这些犯罪的内在规律性，并以此为基点解决这些犯罪所面临的共性问题。如此方能深化身份犯理论的研究，更好地指导立法以及司法实践。而再将身份犯作为一种犯罪人对待，这对身份犯理论自身的研究没有丝毫益处，只能徒增理论上的混乱。

其次，身份犯又是一种犯罪"类型"。刑法分则的所有罪名根据不同的标准、出于理论研究的需要可以划分出不同的类型，例如依据犯罪构成是否要求行为人主观上具备特定目的可以划分出目的犯类型；根据构成犯罪既遂是否需要结果或危险等的出现可以分为实害犯、危险犯与行为犯或举动犯；根据客观构成要件的行为单复可以划分出单一行为犯与复行为犯类型；等等。有学者也将这种对犯罪进行的类型化研究概括为犯罪形态研究，并将犯罪形态定义为它既不是刑法分则规定的个罪，也不是任何法定类罪（如金融诈骗罪）或者学理类罪（如货币犯罪），而是根据一定的标准对具有特定共性的犯罪进行相应概括形成的样态类型。它既是各种具体犯罪的抽象和升华，又是刑法一般原理的深入和展开，是犯罪总论与各论错综交织、有机结合、样态繁复的结晶体。[1] 笔者认为，对分则犯罪进行这种类型化研究是极有必要的，其既不同于对分则个罪的个别性研究，也不同于总则理论的宏观性探讨；而是连接总则与分则的一种中间性理论。对于这种理论的研析既有助于对分则个罪的准确适用，亦有益于总则理论的丰富和完善。本书对于身份犯的这种类型化研究也意在于此。

（二）身份犯是刑法分则规范所规定的犯罪类型

对于身份犯这一特征同样可以从两个角度进行分析。

---

[1] 吴振兴主编：《犯罪形态研究精要 I》，法律出版社 2005 年版，前言第 1 页。

首先，身份犯的存在是由刑法加以规定的。也就是说哪些犯罪必须由具有特定身份的人实施方能构成，哪些犯罪因行为人具有特定的身份而使刑罚加重、减轻或免除，取决于刑法的规定，否则不能称其为身份犯。这一特征是身份犯存在的法律根据，更是罪刑法定原则的必然要求。有一些犯罪有身份者和一般人都可以实施，但是基于只有具备身份者实施该行为才达到了应受刑法规制的程度，所以刑法只规定了有身份者实施的行为为犯罪行为，例如，任何人都可能实施非法剥夺公民宗教信仰自由的行为，但是因为国家机关工作人员是国家方针政策的执行者，他们滥用职权非法剥夺公民宗教信仰自由，就会直接妨害国家的宗教政策，社会影响恶劣，其社会危害性才能达到犯罪程度。非国家工作人员也可能实施剥夺公民宗教信仰自由的行为，但危害性没有达到上述程度，不能以犯罪论处，所以不能成为本罪（非法剥夺公民宗教信仰自由罪——笔者注）的主体;[1] 等等。对于其他种类的身份犯也应当从罪刑法定原则出发，通过刑法之规定去把握。

另外，由于不同的立法背景和法律传统等因素，正如不同国家对犯罪的规定不尽相同一样（某种行为在一国作为犯罪行为，在他国则否），身份犯的立法表现也同样如此，例如在国外刑法中规定了杀害尊亲属罪，如法国、意大利等国，在这些国家，杀害尊亲属罪是由与被害人具有亲属关系身份的行为人实施的，因此属于身份犯。而在我国，由于法律没有对杀害尊亲属的行为单独予以规定，行为人的特定身份（这种身份不再是身份犯的身份）可以作为酌定量刑情节，因而我国就不存在这一身份犯罪。

其次，身份犯由刑法分则性规范加以规定。这又包含两层意思：其一，身份犯源自所有分则性的规范，而不单单是作为刑法典一部分的分则条文。从目前的法律适用过程来看，不单单刑法

---

[1]　张明楷：《刑法学》（第二版），法律出版社2003年版，第718页。

典本身是定罪量刑的依据，同时具有"准立法"性质的司法解释也可以直接适用于法院之法官对案件的裁判。① 因此包括立法解释和司法解释在内的法律解释规范在实际法律效力上与刑法典本身基本无异。因此在该法律解释规范中出现的有关行为主体特定身份对定罪量刑有影响的犯罪当然也可以作为身份犯（当然这种法律解释必须是依照罪刑法定原则而出现的合法、有效解释）。例如，最高人民法院于2002年9月9日发布的《关于审理骗取出口退税刑事案件具体应用法律若干问题的解释》第8条规定，国家工作人员参与实施骗取出口退税罪活动的，依照刑法第204条第1款的规定（骗取出口退税罪——笔者注）从重处罚；再如，最高人民法院于2000年12月4日发布的《关于审理黑社会性质组织犯罪的案件具体应用法律若干问题的解释》第4条规定，国家机关工作人员组织、领导、参加黑社会性质组织的，从重处罚；等等。这些类似规定显然是一种对不纯正身份犯的表述。其二，分则性规范的规定既可能是明示性的，也可能是隐含性的。基于法律条文的简约性和语言之习惯用法，刑法分则性规范并不是将所有身份犯罪名都作了明确表述。有些身份犯在法律条文之中明示只有具备某一身份之人方能构成本罪或者加重、减轻处罚，这种身份犯在分则性规范中比重较大；但是还有些身份犯罪在法条用语中没有明确其实施主体只能是具有身份者，但是通过条文对犯罪相关要件的分析则可以确定主体的特殊身份这一特性，该类隐含型身份犯尽管数量较少但是也不容忽视。关于此类身份犯后文笔者还将继续探讨，此不赘述。

---

① 对于司法解释现状的分析与评判请参见李洁：《中国有权刑法司法解释模式评判》，载《当代法学》2004年第1期，第81~90页。

第三节 身份犯的处罚根据（本质）

刑法分则缘何将有些犯罪主体构成限定在只能是具有某种特定身份的一部分人；又缘何在有特定身份者与无特定身份者都可以实施某一犯罪行为时，只对于有特定身份者进行加重或减轻处罚，对于这些问题的回答便是对身份犯的处罚根据之探究。有学者将之称为身份犯的本质或者规范本质。①

关于这一问题，在刑法理论较为发达且身份犯理论研究较为深入的大陆法系刑法中研讨的较多且对立鲜明；而相比之下国内学者则较少论之，这主要是由于学者在研究所谓身份犯的问题时，要么仅在犯罪构成主体要件的部分作以简要介绍，要么仅在共同犯罪部分稍带论及"身份与共同犯罪"，而并未将身份犯作为一个体系自足的、具有相对独立存在价值的理论进行研究。这种理论研究现状的直接反映便是对身份犯处罚根据的不予重视，更在一定程度上阻滞了身份犯理论研究的进一步深化，这从较早的有关身份犯的相关论述可见一斑。好在近两年有学者注意到了这一问题，对身份犯理论作了专门研究并提出了关于身份犯本质的相关看法，但是这种探讨也稍显粗浅。笔者一一作以评介。

一、义务违反说及其检讨

该说在大陆法系国家刑法理论中占有重要地位，并在国内学者中也个别存在，其主要从违反义务的角度来解读身份犯的处罚根据。

首先，德国学者纳格勒（Nagler）、罗克辛（Roxin）等都是

---

① 杜国强：《身份犯研究》，武汉大学出版社 2005 年版，第 27～41 页；杨辉忠：《身份犯研究》，吉林大学 2006 年博士学位论文，第 87～101 页。

该说的坚决捍卫者。①

纳格勒试图以规范论为基础来探求违反限制性规范的身份犯的本质。在其看来，法秩序的本质是使个别利益服从整体利益，使个人的意思服从全体意思。所以，他认为一个人只有被法纳入了法的调整范围，成为法的主体或客体，只有法要求他服从法，那么这个人才能违反法。所以，在法命题中，"被法要求服从的人"就成为一个重要的问题。他认为，"被法要求服从的人"的范围并不是一成不变的。它是一个纯粹的实定法上的问题。这里就有一个问题需要探讨，即在各个法律规范中，规定义务的法律命题是面向所有国民的呢？还是仅仅面向其中的一部分？纳格勒从他所处的那个时代慎重的法律解释中找到了问题的答案。在那个时代，对于如何限制课以义务领域，存在两种观点：第一，课以义务的领域应限于法规范所保护的法益可能由国民中的特别集团的命令达到法益保护的场合；第二，课以义务的领域应限于法秩序因只对一定的人的集团的命令达到法益保护的场合。但是，纳格勒又认为，在第一种场合中，缺少一种契机，那就是不能达到保护法益的人，就不能直接赋予一定的义务，而在第二种场合，因为主张只有在法所要求的一定的人的集团服从的命题中才可以课以义务。所以也就放弃了原本对国民的全体的命令。②

如前文所述，罗克辛更直接地主张创设一种"义务犯"概念，以之取代"身份犯"，那么义务犯的主体就是负有义务的"特别义务者"。只有该"特别义务者"才能够实施违反其所负特别义务的行为，其他一般人并无该义务可以违反，因而不能单独构成该义务犯的主体。

其次，日本也有部分学者持该种主张，认为在社会的、法律的等关于人的关系中对于满足身份犯的原因，要从具有承担特定

---

① 杨辉忠：《身份犯研究》，吉林大学 2006 年博士学位论文，第 88 ~ 92 页。

② ［日］大越义久：《刑法解释之展开》，日本信山出版株式会社 1992 年版，第 83 页；转引自杨辉忠：《身份犯研究》，吉林大学 2006 年博士学位论文，第 91 页。

义务的地位或资格的人犯罪这种角度来抓住，即只要有一定的身份可以构成纯正身份犯的情况下，违反了其身份所承担的特别义务，成为使犯罪成立的契机。不纯正身份犯是具有一定身份的人犯罪，因为违反比别人承担的更高一级的义务，而被加重刑罚的情况。① 野村稔教授认为："所谓身份犯，是指只有具有某种特定的身份才能构成犯罪，或者对于其刑罚予以加重或减轻的场合。这是因为由于一定的身份而负有特别的义务。"② 我国台湾地区也有学者认为纯正身分犯之本质系以具有一定身分者因其身分而负担特定义务，如公务员等，即以其在社会上或法律上因具有人的关系，取得其地位或资格，而负担特定义务。③

国内大陆学者通常是从权利与义务的不可分性来论述主体的特殊身份的。一般这样表述：为什么法律要把特殊身分规定为某些犯罪的主体要件？因为刑法所要求的犯罪主体的特殊身分，莫不与法律上一定的权利和义务密相关联。这些特定的身分赋予了有此身分者特定的职责即权利和义务，这些权利的正确行使和这些义务的忠实履行，是维护统治阶级所要求的正常社会关系和法律秩序所必需。如果具有特定身分者不正确执行其身分所赋予的职责，实施严重滥用权利或者违背、不履行其义务的行为，则这种行为就严重破坏了统治阶级以刑法保护的重要的权利和义务关系，就具有了相当严重的社会危害性，危害了统治阶级的利益和法律秩序。……主体特定身分为什么影响刑罚的轻重？因为刑事责任程度是立法者规定刑罚轻重的依据，而特定身分与特定的权

---

① ［日］木村龟二：《刑法学词典》，顾肖荣等译，上海翻译公司 1991 年版，第 130～132 页。

② ［日］野村稔：《刑法总论》，全理其、何力译，法律出版社 2001 年版，第 94 页。

③ 陈朴生、洪福增：《刑法总则》，五南图书出版公司 1982 年版，第 270 页。

利义务关系相联。①

总的来说，从义务违反的角度来把握身份犯的处罚根据在德国刑法理论中似乎更具市场而且理由也较为充分，相应地，日本、我国台湾地区学者的主张及理由几乎与德国学者如出一辙，并无新意。而我国学者的相关论述表面上与大陆法系刑法学者主张相近，实则相差甚远。②

应当说从义务违反的角度来寻求身份犯的处罚根据，对于部分身份犯罪来说或许成立，但是并无普适效果。因为就整个刑法分则规范所规定的犯罪而言，大体可以分成两大阵营：大多数犯罪对主体构成并无特殊要求，只要主体达到相应刑事责任年龄、具备刑事责任能力即可构成该罪；也有部分犯罪的成立或对之进行处罚以特定身份为必要。后一部分犯罪即为通常所研究的身份犯问题，之所以将这些犯罪统一起来进行一体研究无非是因为他们都围绕着"身份"这一共许特征。而义务违反说论者又试图将身份犯中的一部分犯罪再划分出来并仅仅认为这些犯罪才是身份犯罪，将余下的那些其存在也与身份须臾不可分离的犯罪置入一般犯罪的阵营（主要是将一些具有自然身份的主体因无义务违反性的自然身份犯排除了身份犯的范围），这种研究方法不无疑问，因为从类型划分的近似性原则而言，毕竟论者所说的义务犯与被其排除身份犯范围之外的自然身份犯都非一般人所能构成，因而更具有将其划分为统一类型进行研究的根据。

另外对身份犯处罚根据的研究只是为了寻求作为整个身份犯

① 高铭暄主编：《刑法学原理》（第一卷），中国人民大学出版社 1993 年版，第 705～708 页；赵秉志：《犯罪主体论》，中国人民大学出版社 1989 年版，第 291～293 页。

② 传统刑法理论对身份犯的义务违反性的主张，似乎仅仅意在对身份的特征作出一种说明，其并不是在身份犯处罚根据（本质）的意义上使用，表现之一便是在传统观点中从来就没有怀疑过强奸罪的身份犯属性，这与其所言的义务违反性立场不相匹配：因为作为强奸罪特殊构成主体的男子无论如何不能说其具备何种义务、且因为其违反了何种义务而对之进行处罚的——这也是大陆法系刑法学者主张将强奸罪排除在身份犯罪范围之外的原因所在。

理论支撑根基的原点，进而身份犯的所有相关问题都是以该原点出发并建立其上的。如此一来，作为身份犯处罚根据的探讨就显得尤为重要了，因为它直接决定着论者关于身份犯的其他理论问题的探讨和结论。最明显的例证便是有关身份犯的共同犯罪问题：根据纳格勒对真正身份犯的这种理解（义务违反性的主张——笔者注），无身份犯不但不能成立共同正犯，而且也不能成立狭义的共犯（教唆犯和帮助犯）。但是，纳格勒却认为真正身份犯情况下无身份犯者可以成立狭义的共犯。其论证如下：诚然，身份犯中的法益侵害只有对具有公务员身份的人才有可能。但是，无身份者通过与有身份者之有效侵害行为的结合，就消除了其在身份方面的障碍，从而使得其对真正身份犯之保护法益的侵害成为可能。因此，从法益保护的观点来看，应当认为法秩序至少也第二次地禁止无身份者的加功行为。换言之，在真正身份犯中，无身份者承担的是"第二次的服从义务"。一方面主张义务犯论，另一方面则肯定所谓"第二次的服从义务"，这表明纳格勒的理论本身就是自相矛盾的。正因为如此，纳格勒的义务犯论受到了包括迈耶（Mayer）在内的德国学者的批判。① 可见，如果将身份犯的义务违反性贯彻到底，则无身份者根本无义务可以违反而导致无身份者无论如何都不能与有身份者构成共同犯罪，产生处罚上的漏洞和不合理性。纳格勒看到了这一弊端并试图加以解决，不得已的借用"如何才能使无身份者对真正身份犯之保护法益的侵害成为可能"这一法益侵害的概念来弥补漏洞和不合理现象，但这又违背了其义务违反性的立场。还有学者（如庄子邦雄、平野龙一）从违法性的实质的角度进行批判说，该见解认为义务违反是违法性的实质，并且，使一方面强调人的行为无价值，另一方面轻视结果无价值的见解成为前提，是不妥

---

① ［日］西田典之：《新版共犯与身份》，成文堂 2003 年版，第 138 页。

当的。① 应当说这一批判也相当有力。

二、法益侵害说及其反思

很多学者试图从另一个进路对身份犯的处罚根据进行探讨，即身份犯所侵害的法益较之一般犯罪有所不同，此即身份犯之存在理由。具体而言，持此观点的学者又有不同主张：第一种主张可以称为统一说，也就是在探讨身份犯的处罚根据时并不区分纯正身份犯与不纯正身份犯，而笼统地认为身份犯的处罚根据就是对特定法益之侵害。在纳格勒、罗克辛等学者试图从"对特别义务的侵害"方面来探求身份犯的实质的时候，另外一些学者也试图从另一方面来捕捉，那就是把身份犯和法益侵害联系到一起。② 这种学说的主要代表人物首推奥本海姆（Oppenheim），他曾经对典型的身份犯——公务员的犯罪加以详细、深入地探讨和研究，试图从保护对象那里寻求公务员犯罪的特征，这就是所谓的"特别保护对象理论"。奥本海姆认为，公务员犯罪的本质在于：公务员犯罪存在公务员法益被侵害或者使之处于危险状态的切入点。公务员犯罪的法益侵害或者危险化状态，只能由公务的所有者即公务员进行。因为只有他们才能担任公务，才能对这个公务施加影响。日本学者平野龙一教授也认为：法益侵害（与危险）是违法性的实质，特别是真正不作为犯，如果不是具有身份者，事实上，也许不可能侵害法益，并认为这能给犯罪的成立以根据。③

相应的第二种主张就是区别说，该说尽管也是在法益侵害的范围内探寻身份犯的处罚根据，但是认为作为纯正身份犯与不纯正身份犯应当区别对待。该说认为，关于真正身份犯，应当根据

---

① 马克昌：《比较刑法原理——外国刑法学总论》，武汉大学出版社 2002 年版，第 149 页。

② 杨辉忠：《身份犯研究》，吉林大学 2006 年博士学位论文，第 93 页。

③ 马克昌：《比较刑法原理——外国刑法学总论》，武汉大学出版社 2002 年版，第 149 页。

身份犯中保护法益的观点来解决。真正身份犯，因为其身份，而且因为与法益的主体或者行为客体的关系，所以关于其行为特别的法益也是被保护的。例如，刑法在泄露秘密罪中，认为仅只非身份者没有可能侵害他人的秘密的保护法益，因为对行为者要求一定的身份、具有那样的"地位、资格"者，特别是也保护不泄露他人的秘密的这种信赖。这样信赖的法益，仅仅对身份者可能保护。受贿罪中职务的公正及社会对它的信赖是保护法益，这种"信赖"是仅仅在与行为主体的地位或资格的关系中才可能保护的，共犯者只有通过正犯者才可能侵害这样的法益。与此相反，在不真正身份犯中，对身份者比一般人较强地期待避免犯罪。业务侵占罪中的"业务者"的身份，对身份者是特别强地期待着不侵害占有他人之物的。从而，对刑法（这里指日本刑法——笔者注）第 65 条第 2 款的不真正身份犯的共犯，因为仅仅有身份的正犯才受强的期待，所以无身份者只能科处通常的刑罚。①

笔者认为，尽管纯正身份犯与不纯正身份犯都统一于"身份"这一特征之下，但是由于他们构成上的差异：其一，身份的有无决定犯罪的成立与否；其二，则身份的存在不决定犯罪存否的前提下影响刑罚的轻重。鉴于这种构造上的差异将二者分别考察的思路是可取的，当然这种分别考察并不能走得太远，否则两个实质上迥异的概念统一在一个理论中进行研究的价值就值得怀疑了。因此，前述的第一种观点表面上是对身份犯处罚根据的判断，实质上仅仅论及的是纯正身份犯问题；而后一种区别说的论点则是可取的，既看到了纯正身份犯与不纯正身份犯两种"身份犯"的共通性，又辨别了二者的细微差别。

---

① 参见马克昌：《比较刑法原理——外国刑法学总论》，武汉大学出版社 2002 年版，第 150 页。

三、综合说及其不足

所谓综合说无非是将前述两种观点一同作为考察身份犯处罚根据的内容。一般是将纯正身份犯与不纯正身份犯区别对待，而得出不同种类身份犯的处罚根据是不同的结论。日本学者大塚仁在论述犯罪的本质时对这种观点进行了论述："犯罪，首先可以解释为把法益的侵害作为各个核心而构成。可是，根据刑罚法规，也不是没有作为义务的违反而把握的一面，例如，被侵害的法益尽管是同一的，在不真正身份犯中，身份者的行为比非身份者的行为处罚要重（如保护责任者的遗弃罪，刑法第 218 条的场合等），离开身份者的义务违反这一点，我认为就难以彻底理解。所以犯罪的本质，一方面基本上是对各类法益的侵害，同时，在一定范围内，一定义务的违反可以作为本源。"① 国内也有部分学者与大塚教授的观点一致。认为在离开特定的身份刑法保护的法益就不可理解时，主体具备某种身份就意味着存在刑法保护的法益。这种身份是构成要件身份。……反之，不具备该身份的人实施同样行为也构成犯罪、具备该身份就加重或减轻处罚的情况下，主体的身份意味着负有维护特定利益的义务或享受特定利益的权利，这种身份就是量刑身份。②

这种观点注意到了作为身份犯理论范畴之内的纯正身份犯与不纯正身份犯二者构造上的差异是可取的。但是如前所述，其似乎将这种差异过分渲染而使得在实质上或处罚根据上二者几无任何共通之处，如果仅因为二者具备"身份"这一形式上的特征就将毫无关系的两个事物统一（实质上是机械地组合）到一个理论内进行研究，其研究价值不无疑问。

---

① ［日］大塚仁：《注释刑法》，青林书院 1978 年版，第 122 页；转引自杜国强：《身份犯研究》，武汉大学出版社 2005 年版，第 30 页。

② 童伟华：《犯罪构成原理》，知识产权出版社 2006 年版，第 197 页。

四、国内学者的新锐见解及其剖析

正如前文所述，国内对于身份犯的传统观点几乎并未探及身份犯的处罚根据这样实质性的问题。直到最近几年个别学者相继对于身份犯理论进行了深入研究才将这一问题提上讨论日程。尽管学者的观点还存在可商榷之处，但是无论如何这都体现了身份犯理论研究的日益深入和不断成熟。

有学者将身份犯的实质理解为三重法益论。认为身份犯的本质在于特定的义务主体侵害了法律所保护的特定法益，身份犯的主体在违背自己特定义务侵害刑法所保护的特定法益的同时，也侵害了刑法所普遍保护的普通法益。在此，论者首先强调了主体的特定性，即身份犯的主体并非仅仅是普通公民，而是负有一定义务的特定的人。其次，强调了犯罪行为所侵害的法益的特定性，即这种法益必须是为法律所保护的特定的法益，它与犯罪主体的特定义务密切相关。最后，则在强调身份犯侵害特定法益的同时，也强调身份犯所同时侵害的刑法所普遍保护的普通法益。[①]

表面看来，该种"三重法益"论较为全面，但也不无问题。首先，论者所强调的前两重"法益"实则是国外综合说的翻版，不足之处已如前文，此不赘述。其次，论者为了能够说明非身份者也能构成身份犯的共同犯罪，而得出身份犯罪侵害法益的双重性质——既侵害了某种特殊法益又侵害了刑法所普遍保护的普通法益。笔者认为，该论者试图找出非身份者可以构成身份犯罪共犯的理由，这种努力是值得肯定的，否则就会产生处罚上的漏洞；但是其为此得出身份犯在侵犯特殊法益的同时又侵犯了普通法益的说法不无疑问。论者的大致思路是：特殊主体首先应该满足一般主体的条件，即特殊主体首先应该最起码是一般的人，只不过在一般人条件的基础上，因为具备了刑法所规定的一定的条

---

① 杨辉忠：《身份犯研究》，吉林大学 2006 年博士学位论文，第 98 页。

件而成为具有特定身份的人，即特殊主体。另外，身份犯所侵害的法益首先应该最起码是刑法所普遍保护的法益，应该满足普通法益的条件，只不过在普通法益的基础上，由于法律的规定与保护，因而成为了特别法益。[①] 应当说这种思路在形式逻辑上大致是成立的，但也仅此而已，并无任何实意。因为作为身份犯主体要件之特殊主体的构成条件而言，固然首先需要具备一般主体所须具备的基本条件，在此基础上还应当具备某特殊身份要件。但是从刑法规范的角度，我们在考察身份犯罪时应当评价的是已然具备了"一般主体要件 + 特殊身份要件"的特殊主体，并不再去考虑包含其中的一般主体要件：国家工作人员利用职务之便窃取公共财物的应当构成贪污罪，但是我们并无必要认为行为人首先构成盗窃罪（一般主体实施的），由于主体具有特殊身份才构成贪污罪；而按照对于特殊主体分析思路所得出的，身份犯罪侵害法益的双重性质的结论也不可取：作为身份犯罪而言，其所侵犯的是与主体特殊身份相勾连的特殊法益，其与身份犯罪之成立并生，例如，受贿罪所侵犯的是国家工作人员职务行为的廉洁性，该特殊法益是身份犯罪成立的基础条件之一，那么作为受贿罪的身份犯同时侵犯的普通法益又是什么呢？无从知晓。或许论者的初衷并未将身份犯所同时侵犯的"普通法益"实在化，其所要表达的特殊法益、一般犯所侵害的其他一般法益都统一在"法益"这一概念之下，这里所言身份犯同时侵犯的普通法益，仅指这一在更为抽象层次上的"法益"，但是笔者认为，这样抽象性更高的"法益"概念与身份犯侵犯的特殊法益不应当在同一层次考虑——因为这样一来是不是作为一般犯罪（如盗窃罪）而言也侵犯了双重法益呢？因为盗窃罪侵犯的是他人公私财物所有权法益（一定意义上是不是也可以称为"特殊"法益呢，因为该法益是相对于该罪名而"特殊"化的），同时也侵犯了作为该"特殊"法益上位概念的"普通法益"。显然是不可以的。

---

① 杨辉忠：《身份犯研究》，吉林大学 2006 年博士学位论文，第 100 页。

"任何犯罪都会破坏一定的秩序，而该秩序的形成也一定有其目的即需要保护的具体利益。于是，就存在这样的一个问题：如果将秩序在任何情况下都作为犯罪客体，那么所有的犯罪都是复杂客体的犯罪，除非设定秩序的目的，即某种具体的利益本身不在立法者的视野之内，而若如此，其秩序本身也就失去了价值。如果不是在任何情况下均将秩序设定为犯罪客体，就存在着何种情况下应该将秩序本身作为客体的问题。"① 尤其值得说明的是，尽管在考察身份犯的处罚根据时，不认为身份犯既侵犯了某种特殊法益也侵犯了普通法益，但是在解决无身份者可以构成身份犯的共同犯罪问题上也并无障碍，具体理由参见后文论述。

也有学者从身份在对犯罪构成之各个构成要件的作用体现来论述身份犯的本质。② 论者认为身份犯的本质只能从身份本身去找，身份犯作为以行为人的特定身份为标准而作的一种分类，其犯罪的本质以及犯罪构成的各个方面多有身份的烙印。也就是说，身份的触角已经伸进了身份犯构成的各个要件中，决定和影响着其构成的各个方面。这是刑法规定身份犯的原因之所在。具体而言，身份对身份犯之犯罪构成的影响表现在以下几个方面：从犯罪主体方面来看，身份是身份犯之主体的构成要件之一；从犯罪客体方面来看，行为人的特定身份往往决定着犯罪行为所侵害的犯罪客体的性质；从犯罪的主观方面来看，身份往往决定着罪过的有无及其内容；从犯罪的客观方面来看，身份决定着犯罪行为的性质及危害程度。

该种观点的思维进路似乎更为新颖，不再纠缠于大陆法系学者提出的"义务违反"抑或"法益侵害"的问题，而是独辟蹊径地从犯罪构成的角度进行阐述。但是究其实质，这种观点所要阐明的完全异于传统理论所研究的身份犯的本质（处罚根据）问题，或者说二者并不是在同一层次上的探讨：身份犯的处罚根

① 李洁：《罪与刑立法规定模式》，北京大学出版社 2008 年版，第 197 页。
② 杜国强：《身份犯研究》，武汉大学出版社 2005 年版，第 33～41 页。

据意在说明刑法分则为何会划定部分犯罪的主体范围，仅将部分犯罪的主体局限于具有特定身份的人，从这个意义上说身份犯的本质意在研究"法律之前"的问题；而如论者所言将身份犯的本质理解为对犯罪构成要件四个方面的作用，实则在探讨"法律之上"的问题，充其量可以称为身份犯的"表现"或者说特征，而绝不是我们通常意义上欲探究的"本质"或者"处罚根据"。

五、本书的观点——身份法益侵害说之主张

通过对如上诸种学说的比较和分析，笔者认为，对身份犯处罚根据的探寻至少应注意三个方面的问题。

首先，身份犯的处罚根据（本质）与我们通常所研究的犯罪本质问题联系密切。犯罪的本质问题是刑法学中的基石范畴，历来是刑法理论研究中的"必争之地"，因此关于该问题的学说和争论一直存在。① 犯罪本质问题的研究无非就是为了解决刑法规范从形形色色的人的行为中挑选出一部分，而规定为实定法上的犯罪之根据和理由，而这与我们研究身份犯处罚根据的思路和目标是基本一致的，对于身份犯处罚根据的研究也是为了找寻，将社会生活中的全部行为中筛选出部分而作为犯罪（包括只能由有身份者构成犯罪的纯正身份犯和身份影响刑罚的不纯正身份犯）之根据和理由。基于此，我们绝不能孤立地研究身份犯的处罚根据问题，而应当结合犯罪本质问题的研究。

其次，纯正身份犯与不纯正身份犯的处罚根据应当有一个共通的联结点，只不过可以在此前提下有所区别。正如前文所言，在研究身份犯的处罚根据时，应当将纯正身份犯与不纯正身份犯结合起来考察，这意味着不能以纯正身份犯的处罚根据取代身份犯的问题；也意味着不能使得纯正身份犯与不纯正身份犯的处罚

---

① 张明楷：《法益初论》，中国政法大学出版社 2000 年版，第 269～277 页；周光权：《刑法学的向度》，中国政法大学出版社 2004 年版，第 192～218 页。

根据相去甚远，互无瓜葛。

最后，一般而言，对身份犯处罚根据的判断直接决定着有关身份犯相关问题的结论，尤其是身份犯的共同犯罪问题。身份犯的处罚根据是身份犯理论中最为核心的问题之一，也是身份犯理论的原点，有关身份犯之相关问题都建立其上，对之理解直接影响甚至决定身份犯相关问题的考量。因此，在考察身份犯之相关问题的时候，也应当顾及身份犯处罚根据的立场选择，而不能就事论事。

基于此，笔者主张身份法益侵害说，不过由于纯正身份犯与不纯正身份犯构成上的不同，因此，二者的处罚根据理应有所区别——纯正身份犯之特定身份决定身份法益的存在与否，而不纯正身份犯之特定身份决定着法益受到侵害的强度大小。具体而言：其一，纯正身份犯所要求的行为主体特定身份与该罪所侵犯的特定法益相互印证并互相依存。行为主体所具有的特定身份与特殊法益（该特殊法益一般是通过身份犯的构成要件行为表现出来）相结合而决定了身份犯的存在。其二，就不纯正身份犯而言，该种法益至少也应当与行为主体的特定身份相勾连，即行为主体特定身份的存在使得犯罪所保护的法益受到侵害的可能性或者说强度有所增大或者减小。不纯正身份犯在犯罪构成上除了要求犯罪主体的特定身份之外，其他方面与该不纯正身份犯所对应之一般犯罪无异，因此该特殊身份的具备并不决定（对应犯罪所侵害的）法益是否存在，但是该不纯正身份犯在处罚上又有别于对应犯罪，这里处罚上的不同源自刑法所保护法益受到侵害程度的差异，归根结底是因为行为主体特定身份的影响。

第四节　身份犯的学理分类

对身份犯进行类型化研究是为了在理论上能更好地对其进行认识和理解，同时在实践中更准确地对之定罪与量刑。因此在分类时就至少应当遵循两个原则：其一，普适性，即该分类应当是以整个身份犯为对象，是对全部身份犯罪的类型划分。因此有学者认为身份犯的学理类型之一是排他性身份犯与非排他性身份犯，但是该学者又认为排他性身份犯与非排他性身份犯都是在纯正身份犯的范围内而进行的对身份犯的进一步划分。[①] 该种划分类别即不具备普适性特征。其二，实用性，有意义的分类概念，必须是能表明分类理由和分类功能的分类概念。[②] 这是我们在对身份犯进行学理分类的时候尤为应当予以注意的，尽管根据不同的标准可以对事物进行各种各样的类型划分，且从纯粹学理意义上，无论哪种分类都可能没有正确与错误之别，但是如果某种类型划分只停留在理论意义上而无实践功能，那么这种类型划分便不值得提倡。有学者根据犯罪主体身份的确定性将身份犯分为定式身份犯和不定式身份犯，[③] 所谓"定式身份犯"是指犯罪主体的身份是相对确定的一类身份犯罪；而"不定式身份犯"则是指行为主体的特定身份只是暂时具有的，而且拥有这种特定身份的期间相当短暂，一旦某种特别的情状过去，其特定的身份也随之消失。论者又认为，从理论上来讲，定式身份犯的刑罚处罚应该比不定式身份犯的刑罚处罚要重一些，因为，定式身份犯的犯罪主体身份大多是国家以一定的法律程序所赋予的，这种身份不但意味着一定的权力，更重要的是意味着一定的义务和法律责任，如果这种具有定式身份的人违背了自己的职责，实施了一定的危害社会并应当受到刑罚处罚的行为，从权利和义务的角度，也应该给予其比一般人更重要的刑罚处罚。但如果从司法实践来说，论者又认为，对不定式身份犯的刑罚处罚应当比定式身份犯的处罚要重一些，因为不定式身份犯的犯罪主体身份是由于一定

---

① 杨辉忠：《身份犯研究》，吉林大学 2006 年博士学位论文，第 142～144 页。

② 许玉秀：《检视刑法共犯章修正草案》，载《月旦法学杂志》，元照出版有限公司 2003 年版，第 42 页。

③ 杨辉忠：《身份犯类型的学理探讨》，载《法制与社会发展》2003 年第 3 期，第 156～157 页。

的法律事由的出现而暂时取得的，这也就意味着犯罪主体的权利义务是暂时的，既然是暂时的权利和义务，那么，犯罪主体就更不能违背自己的职责，滥用暂时具有的权利，不履行或不正确履行自己的义务，而做出违反法律的行为，尤其是违反刑事法律的犯罪行为。所以，对于不定式身份犯的犯罪分子，应该将其所具有的暂时的不确定的身份作为量刑的酌定情节，从重或者加重处罚。笔者认为，从法律对特定身份的规定方式而言，的确存在"定式"与"不定式"的划分，但是由此引申出两种身份犯的类型并不可取，因为无论是哪种身份犯都只表明了特殊身份的一种法律存在形式，在定罪量刑时应当分别考虑，二者之间并无可比性，直接依照法条的相关规定以及犯罪事实情节进行认定即可，这是罪刑法定原则以及罪刑均衡原则的根本要求；即便是论者自身也进行了矛盾表述，这更动摇了该种分类的存在价值。

综上，笔者经过对身份犯的仔细分析和精心梳理，从普适性与实用性的立场出发，认为身份犯至少存在如下诸种类型。

一、纯正身份犯与不纯正身份犯

这是一种最为普遍的分类方法，无论在大陆法系国家还是国内的传统刑法理论都广为流行。笼统言之，其是以犯罪主体的特定身份对定罪和量刑的影响方式不同为标准的。

所谓纯正身份犯，系指刑法分则性规范所规定的，以行为主体的特定身份决定犯罪成立与否的犯罪。具体而言，纯正身份犯又至少有两种表现：其一，某一犯罪，其构成要求主体必须具有特定的身份，也即该特定身份系犯罪构成主体要件中必备的构成要素之一，如果有此特定身份的主体实施了该种行为，就构成该罪；如果没有这种特定身份的主体，即使实施了同样的行为也不能构成犯罪。① 其中有一些犯罪行为无身份者根本无法实施因而不构成犯罪，例如，国家工作人员利用职务上的便利，索取他人财物，或者非法收受他人财物的，为他人谋取利益的构成受贿罪。而对于非国家工作人员而言并无职务上便利可以利用，因而无法单独实施受贿罪所要求的"受贿"行为。还有一些行为无身份者也可以实施同样的行为，但只有有身份者实施该行为才达到刑法所应当加以规制的程度而作为犯罪处理，例如无论是一般人还是国家机关工作人员都可能实施非法剥夺公民宗教信仰自由的行为，但是只有国家机关工作人员的行为才构成刑法第 251 条的非法剥夺公民宗教信仰自由罪。其二，还有一些纯正身份犯以主体不具有某一特定身份为犯罪构成的限制性要件，换句话说，行为主体具有某一特定身份阻碍犯罪的成立。这是本书所言消极身份犯的情形。例如非法行医罪只能由未取得医生执业资格的人才能构成。

所谓不纯正身份犯，是指刑法分则规范所规定的，行为人具有一定身份不决定犯罪的成立与否而影响刑罚轻重的犯罪。详言

---

① 这里有一个细微之处尤应注意，对于纯正身份犯而言，无身份者实施同样的行为是根本不应当构成犯罪还是仅仅不构成该身份犯罪呢？二者是有区别的。若按照后者的理解，无身份者不构成该身份犯罪，包括根本不构成犯罪和可能构成别的犯罪（非身份犯的犯罪）两种情况。传统观点对此问题采取后者的认识。例如学者认为真正身份犯是指以特殊身份作为主体要件，无此特殊身份该犯罪则根本不可成立的犯罪（高铭暄、马克昌主编：《刑法学》，北京大学出版社、高等教育出版社 2000 年版，第 100 页。）。也有学者认为这种特定的身份具备与否，是刑罚可罚性的基础，决定着犯罪是否成立，影响着犯罪的性质。反之，则不构成犯罪，或者不构成某种特定犯罪（杜国强：《身份犯研究》，武汉大学出版社 2005 年版，第 90 页。）。笔者认为，对于该种纯正身份犯而言，应当是有特定身份的人实施是成立该罪的构成要素之一，反之无身份者实施同样的行为不构成任何犯罪，即该特定身份具有创设刑罚的意义。而如传统观点所言，无身份者实施同样的行为仅不构成该种犯罪，则意味着行为人是否具备身份并不决定犯罪是否成立，只决定罪名的不同（当然处罚上也不相同，否则就是一个罪名了）。那么如此一来其又与不纯正身份犯有何区别呢？其实对这一问题的结论还涉及纯正身份犯与不纯正身份犯的区分问题。本书在第二章有具体阐述。

之，系指行为人之资格或条件，乃在于加重、减轻或免除刑罚之意义者，若无此等特定资格或条件之人，只能成立基本构成要件之犯罪，而不能适用该加重、减轻或免除刑罚之规定，加重其刑、减轻或免除其刑，[①] 如刑法第 243 条 "诬告陷害罪" 等便是不纯正身份犯。这里尤其值得一提的是，由于学者对于纯正身份犯与不纯正身份犯的划分标准不同，而导致对纯正身份犯与不纯正身份犯的认定范围有较大出入，尤其对不纯正身份犯的存在范围争议更大，如学者强调未成年人、又聋又哑人或者盲人犯罪也为不纯正身份犯等观点便是。

笔者认为，对于纯正身份犯与不纯正身份犯的准确划分是身份犯理论自洽性的表现，其既涉及身份犯的体系定位、处罚根据等核心问题的探讨，又事关身份犯理论内部相关问题的研究（如身份犯的共犯问题），因为很多在立法上规定身份犯共犯条款的国家（地区）[②]，一般认为都是从纯正身份犯与不纯正身份犯两条线索来认定身份犯的共同犯罪问题的。正是因为纯正身份犯与不纯正身份犯这种对身份犯划分类型的重大意义，笔者在此将之作为身份犯学理类型的一种，而且是最为基本的一种分类；因为纯正身份犯与不纯正身份犯得以准确划分的复杂性，本书将在第二章进行专门探讨。

---

① 林山田：《刑法通论（增订七版）》（上册），台大法学院图书部 2001 年版，第 176 页。

② 《日本刑法典》第 65 条（身分犯的共犯）规定："对于因犯罪人身分而构成的犯罪行为进行加功的人，虽不具有这种身分的，也是共犯。因身分而特别加重或者减轻刑罚时，对于没有这种身分的人判处通常的刑罚。"2006 年 7 月 1 日修订的台湾地区 "刑法" 第 31 条（正犯或共犯与身份）也规定："因身份或其他特定关系成立之罪，其共同实行、教唆或者帮助者，虽无特定关系，仍以正犯或共犯论，但得减轻其刑。因身份或其他特定关系致刑有重轻或免除者，其无特定关系之人，科以通常之刑。"另外，大陆法系的许多国家刑法在涉及身份犯的共同犯罪问题时，都作了类似于前两种立法例的规定。尽管不同国家或地区的立法规定存在某种细微差异，但是学者一般都认为条款的前半部分是纯正身份犯之共犯的规定；后半部分是不纯正身份犯之共犯的规定。

二、自然身份犯与法定身份犯

根据身份犯罪行为主体特殊身份的产生方式为标准可以将身份犯分为自然身份犯和法定身份犯。

所谓自然身份犯是指刑法分则性规范所规定的，以行为主体的自然身份为构成要件或加减根据的犯罪。而法定身份犯则是指刑法分则性规范所规定的，以行为主体法定身份为构成要件或加减根据的犯罪。由此可见，对自然身份犯与法定身份犯的划分实为对于身份犯罪所要求特殊身份之产生方式的划分，也即对于自然身份与法定身份的区别。所谓自然身份，也称为事实身份，是指基于一定的事实情况和关系而形成的身份，如男女性别、亲属关系等；而法定身份，也称法律身份，是指基于法律所赋予而形成的身份，如国家工作人员、现役军人、证人、鉴定人、记录人、翻译人等。①

个别学者反对自然身份犯的概念，认为："从形式上看，身份犯都是由法律规定的，不存在自然的身份犯，故这种分法犯了逻辑错误。"② 笔者认为，这种观点失之片面。因为我们在探讨自然身份犯与法定身份犯的划分种类时，是在身份犯的概念项下的划分。身份犯是由刑法分则性规范所规定的，显然自然身份犯与法定身份犯也应当首先是由刑法分则性规范所规定的，在此前提下基于该身份的产生方式再对之进行划分，是为了更好地掌握

①　马克昌主编：《犯罪通论》，武汉大学出版社 1999 年版，第 579～580 页；陈兴良：《共同犯罪论》，中国社会科学出版社 1992 年版，第 350 页。对于自然身份与法定身份的理解基本都是从身份的产生方式而作的区分，这一点国内学者以及大陆法系刑法国家（地区）学者间几无差异。笔者认为，这里应当稍作细化的便是，有学者是从刑法中的身份角度对身份进行的划分；而有学者包括本书是对身份犯的身份进行的划分。尽管两种观点角度相当，而且所划分出来的种类包含之身份样态多有重合，但是并不完全重合。例如未成年人等身份可以作为刑法中的身份（自然身份），但是却不应当成为这里的身份犯身份中自然身份的一种。前文笔者已将刑法中的身份与身份犯身份进行了区分，此不赘述。

②　杜国强：《身份犯研究》，武汉大学出版社 2005 年版，第 89 页。

和运用身份犯理论。而该反对论点似乎在逻辑上有所偏差。

至于自然身份犯与法定身份犯的分类意义，有学者认为在自然身份犯中，自然的身份仅影响定罪，而不影响量刑。而在法定身份犯中，其特定身份本身已经是犯罪的一个情节，而且是比较重要的一个情节，它直接影响定罪和量刑。[①] 笔者认为，这种观点值得商榷。多数自然身份犯固然是纯正身份犯（影响定罪），如强奸罪的主体应为男性。但是也有些属于不纯正身份犯（身份不决定定罪仅影响量刑）的自然身份犯，如亲属间盗窃而确有追究刑事责任必要的，应当区别于在社会上作案的一般盗窃罪，这里的亲属身份显然是一种自然身份，该自然身份在此便不决定定罪而影响量刑；另外国外刑法中存在杀害尊亲属罪等罪名也是如此。因此，无论是自然身份犯还是法定身份犯都可能影响定罪和量刑。然而，将身份犯划分为自然身份犯与法定身份犯还是意义重大的，因为从司法过程来看，作为法定身份犯的法定身份之判断相较于自然身份更为复杂，需要理论研究不断地深化以及司法人员准确判定，如国家工作人员的范围如何界定等问题便亟待解决。

三、亲手性身份犯与非亲手性身份犯

根据刑法分则性规范所规定之身份犯罪的构成要件行为，是否必须由行为主体亲自实施而将身份犯划分为亲手性身份犯与非亲手性身份犯两种。

所谓亲手性身份犯，是指刑法分则性规范所规定的只能由具有特定身份者亲自直接完成的犯罪，换句话说不能构成间接正犯形式的身份犯罪，例如脱逃罪，是由依法被关押的罪犯、被告人、犯罪嫌疑人实施的。而非亲手性身份犯则是指亲手性身份犯以外的身份犯罪，也即能够以间接正犯形式完成的身份犯罪。这

---

① 杨辉忠：《身份犯类型的学理探讨》，载《法制与社会发展》2003年第3期，第156页。

类身份犯罪比较普遍，例如，国家工作人员可以通过无身份者完成受贿罪的收受贿赂的行为而构成受贿罪，这是通常所说的有身份者利用有故意而无身份的人构成的间接正犯情形；妇女通过不具刑事责任的男子完成强奸罪的奸淫行为而构成强奸罪的间接正犯情形；等等。

有学者将亲手性身份犯与非亲手性身份犯又称为排他性身份犯与非排他性身份犯，并认为排他性身份犯就是亲手犯。[①] 笔者认为，这种看法有失偏颇。其失当之处在于没有明晰亲手犯与身份犯之间的关系，而认为亲手犯系身份犯范畴之内的一个概念，即亲手犯包含于身份犯。不可否认，绝大部分的亲手犯都系身份犯，但是亲手犯是与非亲手犯相对应的犯罪类型，且是在承认间接正犯概念的刑法理论中为了限制间接正犯之存在范围而产生的一个理论，[②] 其划分标准是判断某一犯罪的构成要件行为是否应当由行为主体亲自实施，即以犯罪实行行为的实施样态为根据；而身份犯则是以分则性规范对实施犯罪的行为主体的特定身份是否有要求为根据。二者的产生基础不同、理论使命不同，因此应当分别是独立存在的理论（可以互不相干，但从存在场域上看，亲手犯与身份犯实则应当是一种交叉关系而非包含关系）。

这里笔者出于对身份犯理论研究的需要，借用了"亲手"的概念，既为了身份犯理论本身的丰富和完善，更旨在实践中对身份犯罪的准确把握。判断何种身份犯只能由行为人亲自完成，则对于该类犯罪便无法以间接正犯形式构成；如果某一身份犯为

---

① 杨辉忠：《身份犯类型的学理探讨》，载《法制与社会发展》2003 年第 3 期，第 156 页；齐文远、夏勇主编：《现代刑事法研究》，北京大学出版社 2004 年版，第 157 页。

② 台湾学者蔡墩铭认为："己手犯（即亲手犯——笔者注）与间接正犯互相消长，关系密切，但在另一方面扩张己手犯之范围，必然缩少间接正犯之范围，故承认己手犯存在之学者，无疑将间接正犯之形态予以限制，不使过广，是己手犯之承认理由，自应从否认某种间接正犯形态中求之。"参见蔡墩铭：《刑法基本理论研究》，汉林出版社 1970 年版，第 318 页。

非亲手性身份犯，则在实践中可能出现行为人并非亲自实施而是通过他人的行为完成自己的犯罪之间接正犯这一复杂情形。因此，应当在对有关身份犯定罪量刑时具体考量。

四、存在型身份犯与利用型身份犯

刑法分则性规范所规定之身份犯罪，有些只要行为主体具备某一特定身份并实施了相应行为便可构成；而有些则不仅要求主体的特定身份，还需行为主体利用该身份实施相应行为方可成立。前者便是存在型身份犯，后者则为利用型身份犯。很显然，两种类型身份犯罪在构成上有所区别。

对于存在型身份犯而言，其构成比较简单而且特定身份与构成要件行为并无必然联系。所有的自然身份犯都是存在型身份犯，因为行为主体并无身份便利可以利用，如强奸罪；部分法定身份犯也系该类身份犯，如脱逃罪。另外，本书认为所有的不纯正身份犯都系存在型身份犯，因为有特定身份者实施了与无身份者同样的行为，则加重或减轻处罚是不纯正身份犯应有之义，如果该有身份者系利用职务便利实施与无身份者"同样"的行为，则应当属于另外一种犯罪（纯正身份犯），偏离了不纯正身份犯的范畴。在本书第二章将具体讨论纯正身份犯与不纯正身份犯的区分，此不赘述。

对于利用型身份犯来说，犯罪之构成较为复杂，因为其不但要求行为主体具备某特定身份还需要行为主体利用其身份便利实施构成要件行为。绝大多数的法定身份犯尤其是（但不限于）国家工作人员实施的职务犯罪都属该种类型。例如有学者认为从修订刑法的规定看，绝大多数国家工作人员职务犯罪都具有利用职务上的便利的行为特征，只不过有的明确予以规定，有的没有以文字的形式表述出来罢了。最典型的是贪污罪、受贿罪、挪用公款罪，法律对"利用职务上的便利"作了明确规定，成为衡量是否构成犯罪的法定要件。其他如包庇纵容黑社会性质组织罪，邮政人员私自开拆、隐匿、毁弃邮件、电报罪等，法律虽然没有明文规定"利用职务上的便利",但要实施这类行为,必须具备"职务上的便利"。① 这里尽管论者的个别观点尚值得推敲(如私自开拆、隐匿、毁弃邮件、电报罪行为主体之邮政人员是否必须利用职务上的便利实施),但是其指明了该利用型身份犯的复杂存在形式,即有些犯罪法律条文并没有明确规定需要利用行为主体之特定职务便利,但是在司法实践中应准确作出判断。

有些身份犯之行为主体的特定身份是"存在型"还是"利用型",可能直接决定该行为构成不同的犯罪,例如,如果军人没有利用职务上的便利实施盗窃武器装备、军用物资的构成刑法第438条的盗窃武器装备、军用物资罪;而如果军人利用职务上的便利,窃取自己经手、管理的军用物资,则符合贪污罪的基本特征,应按贪污罪从重处罚。②

另外,基于有些条文规定的错综复杂,可能导致部分身份犯罪同时包含了"存在型"身份犯和"利用型"身份犯两种形态,例如,前面提到的私自开拆、隐匿、毁弃邮件、电报罪,传统观点认为成立本罪需要行为人利用职务上的便利,但是新近有学者认为成立该罪并不需要利用一定职务上的便利。因为旧刑法将本罪(私自开拆、隐匿、毁弃邮件、电报罪——笔者注)规定在渎职罪中,理所当然要求行为人利用职务上的便利;但新刑法将本罪规定在侵犯公民人身权利、民主权利罪中。旧刑法规定邮政工作人员犯本罪而窃取财物的,以贪污罪论处;新刑法规定对这种行为以盗窃罪论处。故本书的初步看法是,成立本罪不需要利用职务上的便利(利用职务之便的,当然也成立本罪)。③ 当然,这是在罪刑法定原则下基于法律解释的实然结论,从应然的角度而言,邮政工作人员利用职务上的便利与没有利用职务上的便利

---

① 孙谦:《检察:理念、制度与改革》,法律出版社2004年版,第382页。

② 参见1989年10月19日《关于审理军人违反职责罪案件中几个具体问题的处理意见》。

③ 张明楷:《刑法学》(第二版),法律出版社2003年版,第721页。

犯本罪而窃取财物的理当有所区别，因为从构成上来说，邮政工作人员利用职务上的便利犯本罪而窃取财物的，完全符合贪污罪的构成特征，而将其作为盗窃罪论处是否合适值得研究。但这只能委任于立法解决而作为一种应然期待。

综上，笔者认为，存在型身份犯与利用型身份犯由于构成上的差异而理论上有区分的可能、在实践中有区分的必要，理应引起我们的重视。

五、明示型身份犯与隐含型身份犯

该种分类是对身份犯的法条表现形态之不同所作的区分。前文在讨论身份犯的特征时已经对该种分类有所涉及。所谓明示型身份犯，是指刑法分则性规范对于犯罪主体的特殊身份已作明文规定之情形，在实践中可以直接适用，简单明了。例如，滥用职权罪、玩忽职守罪等，刑法明确规定行为主体系国家工作人员，刑法中绝大多数的身份犯都属于该种类别。

但是出于法律条文简约性的要求，"有时法律规定的主体形式上是'任何人'，但根据罪状中包含的前提，该犯罪却只可能由具有特定身份的人实施"。① 这就是本书所说的隐含型身份犯。具体而言所谓隐含型身份犯，是指刑法分则性规范并没有明文规定行为主体应当具备特殊身份，但从法律条文对犯罪构成诸要素的相关表述，完全可以判断出该特定身份之必须存在的犯罪。最为典型的就是刑法关于强奸罪的规定，刑法第 236 条仅仅规定"以暴力、胁迫或者其他手段强奸妇女的……"在法律条文中并无主体特殊身份的表述，但是无论是理论上还是在司法实践中都

---

① ［意］杜里奥·帕多瓦尼：《意大利刑法学原理》，陈忠林译，法律出版社1998 年版，第 90 页。

无一例外地认为只能由具备男性身份的行为人才能构成本罪。[①]

通过对隐含型身份犯的定义可知，欲判断某一犯罪是否为隐含型身份犯实则是判断该法律条文中是否隐含着对行为主体特定身份规定，也即隐含身份的是否具备。那么根据什么来判断该隐含身份的存在呢？有学者认为"刑法上所谓身分，乃指犯人一身所具有之资格、地位或状态，此种身分固可从构成要件所列举之主体予以窥见，惟有时亦可从构成要件所列举之客体或行为本身见之"。[②] 也有学者提出"刑法典某些条款中对专门主体是间接地，通过规定犯罪实施的方式、实施的地点或其他客观要件来表述的，这些要件的前提在于不是任何具有刑事责任能力的自然人都能够实施该犯罪"。[③] 两种表述基本一致。笔者认为，从罪刑法定原则出发，应当综合法律条文的具体表述来准确判断该隐含身份的存在与否。该种判断既可能是从法律条文所规定之犯罪客体、犯罪对象反向推之；也可能是从某一犯罪所实施的方式、地点或其他客观要件中得出结论。总之应当从法律条文对于某一犯罪的具体表述中寻找，而绝不能随意地超越法条范围而导致违法地附加犯罪构成的主体身份条件。

之所以对身份犯进行"明示型"和"隐含型"的区分，重点在于对隐含型身份犯的判断和识别。因为隐含型身份犯所要求之特定身份并没有在刑法条文中明确列举，而该特定身份又是犯罪成立必不可少的构成条件之一，直接决定着犯罪是否成立。

---

① 当然，基于不同的立法表述强奸罪的主体判断会有所不同。例如我国台湾"刑法典"第221条规定的强制性交罪表述为：对于男女以强暴、胁迫、恐吓、催眠术或其他违反其意愿之方法而为性交者，处三年以上十年以下有期徒刑。那么在台湾地区类似于我们所言强奸罪的强制性交罪就不能认为只有男性公民才能构成，进而不能认为其属于身份犯。不过大多数国家的法律都认为强奸罪是对妇女性的不可侵犯性之侵害，而认为强奸罪只能由男性构成。

② 蔡墩铭：《中国刑法精义》（第三版），汉林出版社1982年版，第256页。

③ ［俄］н. ф. 库兹涅佐娃、и. м. 佳日科娃主编：《俄罗斯刑法教程》，黄道秀译，中国法制出版社2002年版，第287页。

第二章 身份犯基本类型
——纯正身份犯与不纯正身份犯

正如前文所述，对于身份犯的类型从不同角度、根据各自的标准可以进行不同的划分。但无论是刑法理论较为发达的大陆法系刑法国家（地区）抑或是我国，也无论是在理论研究抑或法律实践中，将身份犯理论区分为纯正身份犯与不纯正身份犯，并以二者为主线对身份犯进行考察是较为通行的做法。事实也证明，这种以犯罪主体的特定身份对定罪和量刑的影响方式为标准所划分出来的纯正身份犯与不纯正身份犯类型，直接关涉定罪与量刑这样两个刑法研究以及适用的终极问题，意义重大。尽管对纯正身份犯与不纯正身份犯本身的相关问题尚存个别不同见解，但是这种分类的基础性价值不容否认。

基于此，在本部分笔者将对纯正身份犯与不纯正身份犯进行专题研究，既是为了将有关二者的一些基本性问题加以理顺并期望得到一个相对合理的结论；同时也为了使得建立在两种分类基础之上的身份犯理论相关问题的研究能够深入进行。

第一节 纯正身份犯和不纯正身份犯的区分标准

纯正身份犯与不纯正身份犯是进行身份犯理论研究的两条线索，身份犯理论相关问题的研究都是在这两个概念之上展开的，因此将纯正身份犯与不纯正身份犯加以准确区分就尤为重要了。

一、大陆法系刑法之见解

正如前文所述，以德日等国家为代表的大陆法系国家（地区）的刑法理论尽管对于身份犯的范围认识有所不同，但是在身份犯理论之内部将之区分为纯正身份犯与不纯正身份犯是通行做法，而且对身份犯的纯正与不纯正划分标准的认识基本一致。

由于德国刑法学者是在义务违反的角度定义身份犯的，因此其对身份犯的范围界定较为狭窄，但德国学者一般在身份犯内部也将其分为纯正身份犯与不纯正身份犯，认为在真正的特殊犯情况下，只有构成要件中特别加以规定的人员才能成为行为人（如公务员或士兵）。非真正的特殊犯虽然可由任何人实施，但是，特殊身份人员为正犯的要加重处罚。①

日本刑法第 65 条是身份犯的共犯之规定，一般认为其第 1 款规定了纯正身份犯的共犯问题，而第 2 款则是不纯正身份犯共犯问题之规定。基于法条的分立规定学者对于纯正身份犯与不纯正身份犯作了大致相同的表述认为：纯正身份犯又叫构成的身份犯、真正身份犯，是指在构成要件中规定的犯罪主体限于有一定的身份者，也有学者表述为行为者具有某种身份才能构成的犯罪，例如受贿罪、贪污罪、背任罪、伪证罪等；不纯正身份犯又称为加减的身份犯、不真正身份犯，是指刑法一般没有限制犯罪的主体但由具有一定的身份者实施时规定较重或较轻刑罚的情况，例如保护责任者遗弃罪、常习赌博罪、杀害尊亲属罪；等等。②

我国台湾地区刑法理论传统见解认为所谓身分犯，系指在构

---

① ［德］汉斯·海因里希·耶赛克、托马斯·魏根特：《德国刑法教科书》，徐久译，中国法制出版社 2001 年版，第 325 页；［德］冈特·施特拉腾韦特、洛塔尔·库伦：《刑法总论 I——犯罪论》，杨萌译，法律出版社 2006 年版，第 89 页。

② 马克昌：《比较刑法原理——外国刑法学总论》，武汉大学出版社 2002 年版，第 147 ~ 148 页；［日］野村稔：《刑法总论》，全理其、何力译，法律出版社 2001 年版，第 94 页。

成要件上，行为主体须具备一定资格或条件，始得成立之犯罪。至其类型，通说向分为纯正身分犯与不纯正身分犯二种。前者，系指该种犯罪类型之性质，若非行为人具有一定资格或条件，则不可能实施犯罪，如图利罪、贿赂罪等是；后者，则指此种犯罪类型之性质，虽行为人未具有一定资格或条件，仍可实施犯罪，惟因行为人具有一定资格或条件，而酌予加减其刑罚之犯罪。例如，杀尊亲属罪、杀婴罪等属之。① 我国台湾学者林山田教授认为传统观点无法凸显纯正身分犯行为主体之特定义务违反性，以至于表露不出行为非价之色彩，而且亦无法凸显其与不纯正身分犯之区别，进而其认为所谓纯正特别犯，乃指行为人之资格或条件系在于创设刑罚之意义者，若无此等特定资格或条件之人，即无法独自违犯而构成此罪，而必须参与具有该特定资格或条件者所违犯之行为，始足以构成该罪之教唆犯与帮助犯，如受贿罪或背信罪；不纯正特别犯系指行为人之资格或条件，乃在于加重、减轻或免除刑罚之意义者，若无此等特定资格或条件之人，只能成立基本构成要件之犯罪，而不能适用该加重、减轻或免除刑罚之规定，加重其刑、减轻或免除其刑，如杀害直系血亲尊亲属罪、生母杀婴罪及亲属间窃盗罪等。

从上面的论述可以看出，大陆法系国家刑法理论除了对身份犯的范围认识有宽狭之区别外，在身份犯之理论内部无非都是从构成要件的角度来区分纯正身份犯与不纯正身份犯。当然，正如后文所言，大陆法系学者中所认为的这种构成要件观点在其理论内部贯彻的也并不彻底，例如在我国台湾地区理论界，对于业务上之侵占罪究竟是纯正身份犯，还是不纯正身份犯，争议也非常大。我国台湾地区"司法院"1931 年院字第 592 号与 1932 年院字第 2353 号解释，对这个问题就有不同解释。前者认为系不纯正身份犯，认为非业务上之人，与业务上之人共犯者，应依"刑法"

---

① 甘添贵等：《共犯与身分》，学林文化事业有限公司 2001 年版，第 265 ~ 266 页。

第 31 条第 2 款科以通常之刑，因为业务上之侵占罪，系以业务上之身份为加重要件。后者则认为应系纯正身份犯，无此身份者与其共犯者，应依"刑法"第 31 条第 1 款，论以业务上侵占之共犯，其理由是侵占罪之持有关系为特定关系之一种，无业务上持有关系之人，对于他人业务上持有物，既未持有，即无由触犯普通侵占罪，故应成立业务上侵占罪之共犯。详释此一解释之义，实应以业务上侵占之罪，除须具有从事业务上工作之身份外，尚须具有对于业务上而持有之关系，两者均为该罪之构成要件。普通侵占罪，既缺乏业务上持有之构成要件，是两者显非刑之轻重问题，亦即非单纯因身份关系而异其刑之问题，实系犯罪构成要件不同之关系。前后解释之不同，自应以此点为关键，方足以为"刑法"第 31 条第 1 款与第 2 款划分标准之说明。①

当然，这种出于构成要件的角度来区分纯正身份犯与不纯正身份犯的思维方式给我们提供了一个很好的研究进路，即对于纯正身份犯来说，应当是存在一个独立的以主体特定身份的存在为必要的构成要件；而较之不纯正身份犯而言，首先具备一个一般的犯罪构成要件，如果行为主体具备了特殊身份则符合与该一般犯罪构成要件相对应的辅之以较重或者较轻（包括免除）刑罚的构成。

二、我国刑法学者之观点

（一）观点简介

就目前来看，我国刑法理论中关于纯正身份犯与不纯正身份犯的区分标准，至少存在三种观点：

首先，传统观点一般认为，真正身份犯是指以特殊身份作为主体要件，无此特殊身份该犯罪则根本不可能成立的犯罪。不真正身份犯是指特殊身份不影响定罪但影响量刑的犯罪，在这种情

---

①　褚剑鸿：《刑法总则论》，有盈印刷有限公司 1984 年版，第 312 页。

况下，如果行为人不具有特殊身份，犯罪也成立；如果行为人具有这种身份，则刑罚的科处就比不具有这种身份的人要重或轻一些，但构成的犯罪性质并无二致。[①] 传统观点对于纯正身份犯与不纯正身份犯的划分直接根源于其对身份犯本身的认识，前文已经对传统观点有关身份犯的理论进行了分析与评价。这里笔者欲仅探究其对纯正身份犯与不纯正身份犯的划分标准这一问题而不言其他。传统观点认为这一划分标准应当从罪名出发：即不纯正身份犯都没有独立罪名——特殊身份不影响定罪而只影响量刑，反之如果不纯正身份犯也存在独立罪名，则意味着特殊身份的存在也影响了定罪（名）。按照这种理解，刑法第 243 条诬告陷害罪便是典型的不纯正身份犯，因为诬告陷害罪的主体，不要求以特殊身份为要件，即任何年满 16 周岁、具备刑事责任能力的自然人，均可构成本罪；但是，如果主体具备国家机关工作人员身份，依照刑法第 243 条第 2 款的规定，则应从重处罚，也就是说国家机关工作人员身份虽然不是诬告陷害罪的主体要件，但这种特殊身份却是诬告陷害罪从重处罚的根据。这种传统观点实际上是以罪名是否存在为标准来区分纯正身份犯与不纯正身份犯的，笔者将其称之为"罪名存在标准说"。

其次，有学者认为不真正身份犯不仅仅指称传统观点所言的身份不影响犯罪的性质，仅影响刑罚轻重的犯罪，即不论有身份者或无身份者实施某种行为，犯罪的性质相同，只是有身份者从重、加重处罚或者从轻、减轻处罚，无身份者按照通常的刑罚处罚。另外，不真正身份犯还包括一种情形，即身份影响犯罪的性质，同时影响刑罚的轻重，也就是说，无身份者实施某种行为构成一种犯罪，有身份者实施该种行为，构成另一种犯罪，有身份者所犯之罪的法定刑较无身份者所犯之罪的法定刑为重。按照这

---

① 高铭暄、马克昌主编：《刑法学》（上册），中国法制出版社 1999 年版，第 185～186 页；陈兴良：《共同犯罪论》，中国社会科学出版社 1992 年版，第 367～368 页。

种理解则同样是私自开拆、隐匿、毁弃他人邮件、电报，普通公民构成侵犯通信自由罪，邮电工作人员构成私自开拆、隐匿、毁弃他人邮件、电报罪，在量刑上，邮电工作人员重于普通公民，因而私自开拆、隐匿、毁弃他人邮件、电报罪相对于侵犯通信自由罪应为不真正身份犯；同样，由医务人员构成的医疗事故罪相对于不具有医师资格的人实施的非法行医罪，具有军人资格的人实施的盗窃、抢夺武器装备、军用物资罪相对于一般人构成的盗窃、抢夺枪支、弹药、爆炸物罪而言，军人叛逃罪相对于偷越国（边）境罪都是不真正身份犯。① 这一观点实则为对传统观点的一个修正，笔者将其称之为"修正说"。

最后，还有学者纯粹从罪名表述出发，认为无论是纯正身份犯还是不纯正身份犯都属于身份犯项下的一个分支，而身份犯是与常人犯相对应的一个概念，因此，至少从罪名上身份犯都应当相对独立，从而诬告陷害罪可以由任何符合犯罪主体一般条件的人构成，那就与一般犯罪没有任何区别，首先就应当将其排除身份犯的理论之外，而无论该条第 2 款是否存在国家机关工作人员实施该罪从重处罚的规定。笔者在前文探讨身份犯的概念时即已指明该种观点对身份犯的认识上有些矫枉过正，不甚可取。这里再作说明是因为该学者在说明纯正身份犯与不纯正身份犯时是以这一前提为基础的，即认为以有身份者与无身份者共同犯罪时可能涉及的罪名为一个还是两个为标准：如果可能涉及两个罪名的为不纯正身份犯，反之，如果只能涉及身份犯一个罪名的则为纯正身份犯。② 笔者将这一观点称之为"罪名个数标准说"。

（二）观点评析

经过对上面三种观点的基本介绍，笔者认为，无论哪一种观点都没能很好地完成准确区分纯正身份犯与不纯正身份犯的任务：

---

① 马克昌主编：《犯罪通论》，武汉大学出版社 1999 年版，第 589 ~ 592 页。

② 闫二鹏：《身份犯之共犯问题研究》，吉林大学 2006 年博士学位论文，第 32 ~ 34 页。

第一，无论是属于传统观点的"罪名存在标准"说还是新近出现的"罪名个数标准"说，二者所围绕的一个共同焦点便是"罪名"（包括罪名的有无以及数量）这一概念。所以在探讨两种标准的同时还应当研究我国刑法中的有关罪名规定问题，如果在我国刑法中有关个罪的罪名确定本身即存在问题，那么很显然建立在罪名之上的如上两个标准就很难得出一个相对合理的结论。

现代各国刑法对具体罪名的立法，大体有三种方式：一是标题式，指在法条前面或法条之前，先用标题或括弧明示该罪的名称，然后再叙述其罪状和法定刑，这种方式为德国、意大利、日本等多数国家所采用。二是定义式，指法条用给罪状下定义的方法来规定罪名，如《法国刑法典》规定，"威胁要揭露有损他人名誉、声望之事实或威胁要将此种事实归咎某人，以取得其签字、承担或放弃某种义务，泄露某项秘密、交付一笔资金、交付有价证券或任何财物之行为，是敲诈罪"。采取这种方式的国家还兼采标题式。三是包含式，指法条只规定罪状不明示罪名，而将罪名包含或隐含在罪状之中，如西班牙、泰国、新加坡等国基本上采取这种方式。[①] 从我国刑法分则中关于罪名的立法现状来看，除了个别罪名例如贪污罪、受贿罪等条款采取了定义式的罪名规定外，绝大部分分则罪名都没有在立法时明确，确定罪名的工作交给了最高人民法院和最高人民检察院两个最高国家司法机关。[②] 这种罪名确定模式本身即存在诸多不足。而且，笔者认为，无论是由哪个机关确定罪名我们至少应当遵循协调性原则，

---

① 赵廷光：《论犯罪构成与罪名确定》，载《法学》1999 年第 5 期，第 31 页。

② 有学者认为我们国家的这种罪名确定方式不同于其他国家的由立法机关在立法时便作出规定的罪名立法模式，而是罪名立法模式之外的一种新的模式，论者称为罪名（司法）解释式模式，并认为该罪名（司法）解释式模式实际上是为了弥补暗示式罪名立法模式（即对我国现行罪名确定模式的概括——笔者注）的缺陷而采用的一种最后手段。但是罪名确立终究是个立法问题，况且这种罪名（司法）解释式模式还有诸多不足，因此该模式只是为了补救立法遗留问题的一种无奈之举，而非长久之计。无论从必要性以及可行性方面而言，我们都应当采用明示式罪名立法模式。参见刘艳红：《罪名研究》，中国方正出版社 2000 年版，第 44～56 页。

即在辨定罪名时对相类似的法条应该尽量贯彻统一的标准，不要忽左忽右，以免随意性太大，令人无所适从。只有以同样的标准来辨定罪名，罪名辨定才能成为有内在规律性的科学活动。进一步，罪名系统才会保持协调统一，罪名系统作为一个整体才会有更高的价值和意义。① 既可以用这一原则来检验目前存在的罪名司法解释式模式，还可以作为将来我们在立法上确立罪名时应当遵循的一个重要原则。反观现在的刑法分则部分条文，很多相似构成的条文有的条文确立了独立罪名，而有的条文却并无独立罪名。例如：刑法分则第118条规定了两个罪名为破坏电力设备罪和破坏易燃易爆设备罪，法条表述为："破坏电力、燃气或者其他易燃易爆设备，危害公共安全……"而分则其他类似表述的条文却并没有分作两个罪名对待：第152条走私淫秽物品罪规定，"以牟利或者传播为目的，走私淫秽的影片、录像带、录音带、图片、书刊或者其他淫秽物品的……"第174条擅自设立金融机构罪规定，"未经中国人民银行批准，擅自设立商业银行或者其他金融机构的……"等，这些法条条文中都是使用了"……或者其他"这样的具有属种概念关系的表述，与第118条之规定结构相同，但是却只规定一个罪名。当然，这里笔者无意评价哪种罪名设立更为优越，而是意在说明就目前的分则罪名表述来看至少存在不够协调之处，进而如果单单从罪名这一形式特征来把握纯正身份犯与不纯正身份犯显然是不够科学的。具体而言，传统观点的"罪名存在标准"说认为只要存在独立罪名则为纯正身份犯，而"罪名个数标准"说则认为只要没有独立罪名（如国家机关工作人员实施诬告陷害罪的由于附着于前款，而共用一个诬告陷害罪所以不是不纯正身份犯，首先是因为其根本不是身份犯）就不是不纯正身份犯。前者不适当的扩大了纯正身份犯的范围（将实际上有独立罪名的不纯正身份犯看作纯正身份犯）；而后者则缩小了不纯正身份犯的范围（实际上是缩

---

① 刘艳红：《罪名研究》，中国方正出版社2000年版，第107～108页。

小身份犯的范围）。

　　第二，不同于传统"罪名存在标准"说的"修正"说跳出了单以罪名特征作为区分纯正身份犯与不纯正身份犯的做法值得肯定，但是其对不纯正身份犯的认识又有些漫无边际，不利于理论和实践的展开。其实，"修正说"对传统观点的修正之处就在于如何认识身份既影响犯罪的性质又影响刑罚轻重的犯罪究竟是纯正身份犯抑或不纯正身份犯？传统观点认为：身份既影响犯罪的性质，同时，影响刑罚轻重的犯罪属于纯正身份犯，而非不纯正身份犯。理由在于：身份被分为定罪身份与量刑身份，这是以是否被作为犯罪构成要件来划分的。作为犯罪构成要件的身份是定罪身份；未被作为犯罪构成要件但对刑罚的轻重或免除有影响的身份是量刑身份。这两类身份在内容上不存在交叉关系。也就是说，某种身份如果是定罪身份，就不会再是量刑身份；如果是量刑身份，就不能又是说定罪身份。由于量刑身份不是作为犯罪构成要件的身份，因此在任何场合都不会影响犯罪的性质。由于定罪身份是犯罪构成要件身份，因此能够影响犯罪性质并影响量刑，但绝不可能不影响犯罪性质仅影响量刑。① 还有学者明确指出："如果具有特定身分的人与没有特定身分的人共同实施一种犯罪行为，刑法对此分别规定为不同的犯罪。在这种情况下，具有特定身分的就是纯正身分犯。这时，这种身分不仅对定罪具有影响，而且对量刑也有影响。"② 在这一问题上主张修正说的学者恰恰认为身份既影响犯罪的性质又影响刑罚轻重的犯罪，应当属于不纯正身份犯。如何对二者进行评价呢？笔者认为，传统观点所主张的以身份是否影响犯罪的性质（这里学者所言的犯罪性质实际上就是指的罪名）来认定纯正身份犯，仍旧难逃仅仅依据罪名这一形式特征来不合理地区分身份犯类型之窠臼，如前

---

　　① 叶高峰主编：《共同犯罪理论及其应用》，河南人民出版社 1990 年版，第292 页。

　　② 陈兴良：《共同犯罪论》，中国社会科学出版社 1992 年版，第 367 页。

所述这一角度并不可取；而修正说则冲破了罪名这一形式上的限制，但是却走得太远而并没有一个不纯正身份犯的范围划定，导致实际上对不纯正身份犯丧失了认定的标准。

也有学者从比较研究的角度对这一问题进行了阐述，认为："身份既影响犯罪的性质，同时影响刑罚的轻重的犯罪究竟应属于纯正身份犯还是不纯正身份犯，这与各国和各地区的规定方式以及人们的思维习惯等因素密切相关，上述界定方式在大陆法系的德国、日本等国以及我国台湾地区具有一定的合理性，理由是这些国家和地区规定得较为细密，许多性质相同的犯罪仅因主体不同而规定为不同的罪名，例如，杀害尊亲属罪、杀婴罪这些罪名完全是从杀人罪中分离出来的。而在我国并不存在这种典型的不纯正身份犯，上述情况大多被规定在同一罪名之内，属于量刑的情节，故这种划分方法不适合于我国。"① 笔者认为，论者采取比较研究的视角是正确的，但是所得出的结论过于武断。首先，在我国刑法当中也存在性质相同的犯罪仅因主体不同而规定为不同罪名的情形，例如侵犯通信自由罪与由邮政工作人员实施的侵犯他人通信自由的行为所构成的私自开拆、隐匿、毁弃邮件、电报罪等便是。其次，退一步而言，尽管我国目前分则对于有些因主体身份的存在而异其刑罚的相关条款被规定在一个罪名项下，但是也不能否认这种因主体特殊身份的存在而影响刑罚轻重的不纯正身份犯（绝不是如论者所言仅仅作为量刑情节对待），最为明显的便是国家机关工作人员实施诬告陷害罪的情形，论者的否定观点根本上还是犯了以罪名这一形式特征为标准的错误。

三、本书之立场

通过对上述观点的认识与反思，笔者认为，划分纯正身份犯与不纯正身份犯应当从实质的角度，并以个罪在构成上的特征为

---

① 杜国强：《身份犯研究》，武汉大学出版社 2005 年版，第 92~93 页。

切入点进行。即所谓纯正身份犯其主体特定身份具有创设刑罚之意义，其存在决定犯罪的成立与否；而不纯正身份犯具有特定身份的主体实施了非身份者所实施的行为时应当区别于非身份者进行或轻或重的处罚。换句话说，作为纯正身分犯都具有一个独立的犯罪构成；而至于不纯正身分犯，在立法体例上，存有基本构成要件之犯罪类型与其相伴，而其基本构成要件之犯罪类型，一般人均得成为其行为主体。① 也就是说严格意义上不纯正身份犯并无独立的犯罪构成，而是要依附于或者只要考察与其相对应的基本构成要件之犯罪类型构成即可，当然不纯正身份犯的主体特定身份也是不纯正身份犯构成时的一个必要要素（此点也可以验证前文提到的总则中仅仅影响刑罚轻重的身份不应当属于这里的同罪异罚型不纯正身份犯之"身份"范畴的结论）。从这一意义上而言，不纯正身份犯之主体特定身份可以称之为主体的超过要素。②

　　主体的超过要素实际是指不纯正身份犯相较于与其对应的基本构成要件之犯罪类型，在犯罪的构成上仅仅多出一个特定身份

----

　　① 甘添贵等：《共犯与身分》，学林文化事业有限公司 2001 年版，第 269 页。这里的"一般人"，按照笔者的理解其是相对于不纯正身份犯行为主体的特定身份而言的，并不一定是指达到刑事责任年龄具备刑事责任通常意义上的一般行为主体。就此问题笔者于后文还会进行说明。

　　② 这一称谓的由来笔者借用了"主观的超过要素"和"客观的超过要素"的称呼，张明楷教授对主观的超过要素与客观的超过要素进行了详细论证（参见张明楷：《刑法分则的解释原理》，中国人民大学出版社 2004 年版，第 182～222 页。），当然，从严格意义上而言本书所言的"超过要素"不同于"主观的超过要素"与"客观的超过要素"概念中的"超过要素"。因为，"主观的超过要素"与"客观的超过要素"是在主客观相统一原则及其例外下进行的论述，主观的超过要素表明有些主观要素不需要存在与之相对应的客观事实；而客观的超过要素说明了有些客观要件也可能不需要存在与之相应的主观内容。而这里的主体特定身份则应当是行为人主观认识内容（即该"超过要素"仍旧在传统的主客观相统一原则之下）。但是从构成犯罪都需要这种"超过要素"的具备以及不纯正身份犯较之其所对应的一般类型犯罪而言的构成特殊性，称该主体的特定身份特征为超过要素也未尝不可。重要的是应当在不同层次上区别于一般所言"（主观或客观）超过要素"。

而已，即只是在主体的特定身份上区别于与其相对应的基本构成要件。例如同样是隐匿、毁弃或者非法开拆他人邮件、电报的，只要具备邮政工作人员身份者便构成私自开拆、隐匿、毁弃邮件、电报罪。从这一点可以看出，所有的不纯正身份犯都属于"存在型身份犯"，即只要主体具备某一特定身份实施同样行为即可构成，而无须再为相应的"利用某一身份的便利"之举动。因此，职务侵占罪、贪污罪等相应的"利用型身份犯"就不是不纯正身份犯；同理，尽管非法拘禁罪的相关条款规定国家机关工作人员利用职权实施的应当从重处罚，但该罪名不是不纯正身份犯，因为其在构成上不但要求主体特定身份的具备还需"利用"该身份实施，不符合主体超过要素的含义。

基于纯正身份犯与不纯正身份犯在犯罪构成这一基本特征上的巨大差异，二者的存在范围在身份犯概念之中是互相排斥并为此消彼长的关系，即某一犯罪为纯正身份犯就不应当同时是不纯正身份犯；在分则所有属于身份犯的罪名中如果不适当地扩大了不纯正身份犯的范围则相应地便缩小了纯正身份犯的存在空间。①

---

① 有学者提出存在纯正身份犯与不纯正身份犯的竞合问题，认为有一种双重身份犯存在，此时该罪名同时兼具纯正身份犯和不纯正身份犯的性质。（参见陈兴良：《身份犯之共犯：以比较法为视角的考察》，载《法律科学》2013年第4期，第82页。）笔者认为，这种双重身份犯的提法并不可取，理由在于：第一，论者所言的双重身份犯无非是大陆法系中的"杀害尊亲属罪"或者业务侵占罪等，而这两个罪名按照本书的观点，前者属于典型的不纯正身份犯（存在型身份犯，即只要具备尊亲属身份的人实施的杀人行为即构成罪），而后者属于典型的纯正身份犯（利用型身份犯，主体需要利用职务便利来实施相关行为），而不存在双重的性质。第二，将本来能够划分清楚的犯罪人为地界定为双重身份犯，进而采取相关原理（如特别法优于普通法的原则）来解决罪名间的关系实属多此一举，也无益于身分犯理论的一以贯之，不足取。

第二节 纯正身份犯

本书对于纯正身份犯的理解是在犯罪成立意义上进行的，即行为人所具有的特定身份具有刑罚创设意义，概念表述为刑法分则性规范所规定的以行为主体的特定身份决定犯罪成立与否的犯罪。这一概念是对纯正身份犯本质特征的一个把握，具体到纯正身份犯内部的具体罪名则表现各不相同，而且个别犯罪的构成较为复杂且不乏争议。

一、纯正身份犯的刑法表现形式

（一）积极身份犯概说

积极身份犯是指分则中的某些犯罪，其构成要求主体必须具有特定的身份，也即该特定身份系犯罪构成主体要件中必备的构成要素之一，如果有此特定身份的主体实施了该种行为，就构成该罪；如果没有这种特定身份的主体，即使实施了同样的行为也不能构成犯罪。这实际是指传统意义上的纯正身份犯情形。

积极身份犯在刑法中的表现形式较为丰富：既可能是自然身份犯，如强奸罪的主体只能是具有男子身份的人；也可能是法定身份犯，这种身份犯在分则中存在较为普遍，如国家工作人员实施的职务犯罪等是。既可能是亲手性身份犯，例如脱逃罪等；也可能是非亲手性身份犯，该种类型身份犯较为复杂，分则中的身份犯罪除去亲手性身份犯而外都是非亲手性身份犯，当然不同非亲手性身份犯可能以间接正犯方式实施的情形并非完全一样，需要深入研究。既可能是存在型身份犯，例如作为自然身份犯的虐待罪等是；也可能是利用型身份犯，典型的就是职务犯罪。既可能是明示型身份犯，分则大部分犯罪都属此类；也可能是隐含型身份犯，该种身份犯在刑法分则中存在较为隐蔽，需要在定罪时准确加以判断。

（二）消极身份犯①之主张

刑法分则中有些犯罪以主体不具有某一特定身份为犯罪构成的限制性要件，换句话说行为主体具有某一特定身份阻碍犯罪的成立。这是本书所言消极身份犯的情形。通过前文笔者对身份犯之身份的认识，我们可以知道，由于消极身份犯以行为主体不具有某一特定（消极）身份为犯罪成立的要件，因此这里所要考虑的特定身份要素仍旧特指在犯罪成立意义上的考量，区别于不纯正身份犯的特定身份特征而应当作为纯正身份犯之一种。

对于消极身份犯的认识，国内学者的分歧较大。② 有学者明确反对消极身份犯的概念，例如有学者提出："应当否定所谓的'消极身份犯'的概念，即具有一定身份则阻却行为犯罪性或可罚性之犯罪类型。以典型的消极身份犯——非法行医罪来看，该罪主体是'没有取得医生职业资格的人'，从前文笔者的论述可知，这种主体显然是一般主体，既然该罪的构成要件对主体没有限制，那它就不属于身份犯的范畴。"③ 采取这种观点的论者是从构成消极身份犯的主体之身份的角度进行说明的，以非法行医罪为例，该论者的逻辑是将社会上的人分为两种：一种是

① 严格来说，消极身份犯也应当是一种"积极"身份犯，因为消极身份犯与前文的积极身份犯都属于在犯罪成立意义上存在的纯正身份犯之一种，都需要行为人具备"特定身份"才能构成犯罪，也就是都需要身份的"积极"存在。但是，积极身份犯与消极身份犯要求的身份内容以及判断方式有所不同：积极身份犯直接判断行为主体是否具有法律所规定的特定身份即可；消极身份犯的"身份"需要借助于消极身份的判断来排除一部分人成为犯罪主体，例如非法行医罪需要判断医生执业资格的存在——不具有医生执业资格的人才能构成。这里有一个思维转换问题。况且消极身份犯的构成更为复杂。从这个意义上说积极身份犯与消极身份犯应当有所区分。

② 对于消极身份本身的认识分歧，前文已经述及。这里仅就消极身份犯的认识争议进行评述。尽管按照本书的主张，消极身份应当与消极身份犯作为一个问题的两个方面进行研究，但是就目前的研究状况而言，对这两个问题的看法似乎较为混乱。

③ 闫二鹏：《身份犯之共犯问题研究》，吉林大学 2006 年博士学位论文，第 27 页。

有医生执业资格的人，这类人相对于一般人有特定资格；另一种则为具有医生执业资格以外的人，也就是一般人。而非法行医罪法律规定为不具有医生执业资格的人方能构成，显然按照法律的规定本罪只能由"一般人"构成而不应当作为（消极）身份犯。笔者认为，这里论者混淆了其所认为的"一般人"概念与刑法中非身份犯构成主体的"一般人"概念。这两个概念所指称的范围是不同的：前面论者所言的"一般人"范围小于非身份犯构成主体的"一般人"——前者是在我们通常所言的"一般人"，是范畴中排除了具有医生执业资格的那部分人。所以该种反对消极身份犯的主张是站不住脚的。

　　还有持否认观点的学者认为：消极身份实际上是一种阻却刑事责任的事由，行为人往往由于具备某种特定身份，而使其刑事责任得以免除。换言之，具有消极身份者不构成犯罪，更谈不上构成身份犯，因而也不可能存在消极身份犯。也就是说，在我国刑法中，只存在积极身份犯，而不存在所谓的"消极身份犯"。①该论者尽管得出的结论同于前一种观点，但是二者论证的角度是不同的。前者是站在消极身份犯构成主体的角度，而这里论者是站在具有消极身份者（即不构成该罪的主体）的角度。因为消极身份阻却犯罪的成立（就这一点来说论者的观点与本书的主张相同），所以有消极身份的人就不构成犯罪。这种推理过程显然不错，但是这里论者同样陷入了混沌，我们研究消极身份犯是为了说明不具有消极身份的主体才能构成该消极身份犯。研究消极身份的目的是确定何为"不具有消极身份"的情形（实则是对构成身份的积极判断），进而判断消极身份犯的主体构成（身份）问题，而非仅局限于论者所言具有消极身份者不构成犯罪这一问题。如此可见，论者就是在这个问题上产生了偏差而得出了否定结论。

　　有学者承认消极身份与消极身份犯，但却得出在我国现在的

---

① 杜国强：《身份犯研究》，武汉大学出版社 2005 年版，第 89 页。

刑法分则中并无完整意义上的消极身份犯的结论，其认为：身份法定之法律后果，不外乎影响定罪与量刑两大方面，身份之主体与对象之分，或者积极与消极之别，抑或纯正与否之判断，尽可能依此作用明确为定罪身份与量刑身份。何况消极身份，从阻却违法性角度而言，属于定罪身份，在我国刑法中无任何具体规定，仅在我国最高人民法院《关于审理盗窃案件具体应用法律若干问题的解释》中有唯一一例说明，即"偷拿自己家的财物或者近亲属的财物，一般可不按犯罪处理，对确有追究刑事责任必要的，处罚时也应与社会上作案的有所区别"①。笔者完全赞同该论者对消极身份的定位以及消极身份犯的认识，但是对该论者所得出的结论（我国刑法中无任何具体消极身份犯）不敢苟同，分则所规定的非法行医罪即为典型的消极身份犯之实例。

二、若干纯正身份犯构成分析

（一）准抢劫罪

所谓准抢劫罪，依据刑法第269条之规定，应当表述为犯盗窃、诈骗、抢夺罪，为窝藏赃物、抗拒抓捕或者毁灭罪证而当场使用暴力或者以暴力相威胁的情形。理论上又称为事后抢劫罪、转化型抢劫罪或者转化型准抢劫罪等，所指皆为本条款规定情形。

由于围绕准抢劫罪所需要探讨的问题较多且尤为复杂，这里笔者无意一一论述，也非本书主旨；本部分笔者欲仅就准抢劫罪的主体问题（实则为本罪主体范围应当如何划定）和该罪的属性问题进行简要说明。这两个问题的说明无非是为了笔者所主张的准抢劫罪属于纯正身份犯观点的证成，而且这两个问题的结论直接决定着对准抢劫罪相关问题的探讨，如准抢劫罪的共犯问题等。

---

① 赵秉志：《共犯与身份问题研究——以职务犯罪为视角》，载《中国法学》2004年第1期，第122页。

1. 准抢劫罪的主体问题

所谓准抢劫罪的主体问题，要讨论的无非就是构成准抢劫罪在主体特征上有何限制，而在本书的语境下分析，就是对于准抢劫罪的主体身份之判断问题。

首先，从对准抢劫罪有所规定的国家的立法①来看，不同国家略有不同。例如《日本刑法典》第 326 条（事后强盗）规定：盗窃犯为防止财物的返还、逃避逮捕或者隐灭罪迹，而实施暴行或者胁迫的，以强盗处断。我国台湾地区"刑法"也有类似规定，其第 329 条（准强盗罪）规定：盗窃或抢夺，因防护赃物、脱免逮捕或湮灭罪证，而当场施以胁迫者，以强盗论。

由此可见，不同国家对于准抢劫罪主体范围之划定宽窄有别，日本以及意大利等国只限于盗窃犯人，我国台湾地区"刑法"则包括盗窃犯人或者抢夺犯人。相比较，只有我国对于准抢劫罪的主体范围确定较广，既包括盗窃犯人，也包括抢夺以及诈骗犯人三类。笔者认为，基于不同的立法背景、法律传统等因素之影响，不同国家法律存在差异规定是完全能够理解的，我们不能强求法律表述的完全一样，当然更要注意不同法律的比较乃至借鉴，以求法律的不断完善，具体到准抢劫罪的主体范围问题

---

① 对于事后抢劫（即本书所研究的准抢劫——笔者注），有些国家（如俄罗斯）刑法没有作规定；有些国家刑法虽然有规定，但并非是按抢劫罪定罪处罚。如越南刑法第 155 条规定，盗窃他人财产并"行凶逃跑"的，是盗窃罪的一种加重法定刑的情节；有些国家（如保加利亚、罗马尼亚）刑法明确把事后抢劫规定在抢劫罪中；有些国家（如中国）刑法规定对事后抢劫罪以抢劫罪论处；还有些国家刑法明确将事后抢劫规定为独立的犯罪，称为"事后抢劫罪"或"准抢劫罪"、"抢劫性盗窃罪"，如德国、日本、韩国等国刑法就是如此。参见刘明祥：《事后抢劫问题比较研究》，载《中国刑事法杂志》2001 年第 3 期，第 54 页。可见，作为准抢劫罪而言在我国只能说是学者的一个总结或者归纳而于分则中并无独立罪名表现；但是，其在刑法分则中却是作为一个独立的条款（第 269 条）而存在，因此，就实质上来说我国刑法中的准抢劫罪与其他国家在分则中有独立罪名的相关规定基本一致，故而存在比较研究的基础。

就是一例。回顾刑法修改的过程，① 是否应当将诈骗犯人列为准抢劫罪主体之一种，在理论上经历了相当程度的讨论，立法者更是进行了现实性的考察和取舍而形成了现在的法律规定，因此，从罪刑法定的原则出发理应遵照执行，即准抢劫罪的主体应当是实施了盗窃、抢夺或诈骗三类行为之一的人。

其次，对于准抢劫罪主体的讨论还涉及一个问题便是：根据刑法相关规定，由于盗窃罪要求"数额较大或者多次盗窃"，诈骗罪与抢夺罪也要求"数额较大"，而抢劫罪并无数额之规定，因此如果实施了盗窃、诈骗、抢夺行为但并不构成该三种犯罪的情况下，行为人当场实施刑法第 269 条规定的准抢劫罪之暴力或威胁行为的是否构成准抢劫罪呢？

对此理论上争议较大。择其要者主要分为两大阵营："肯定说"论者认为此时行为者应当构成准抢劫罪，② 理由是尽管刑法的表述是"犯盗窃、诈骗、抢夺罪"，但并不意味着该行为事实上已经构成盗窃、诈骗、抢夺罪的既遂，而是意味着行为人有犯盗窃罪、诈骗罪、抢夺罪的故意与行为，这样理解，才能谈得上盗窃、诈骗、抢夺罪向抢劫罪的转化，否则不能认为是一种转化。另外，抢劫罪的成立也没有数额限制，故事后抢劫也不应有数额限制。因此行为人以犯罪故意实施盗窃、诈骗、抢夺行为，只要已经着手实行，不管是既遂还是未遂，不管所取得的财物数额大小，都符合"犯盗窃、诈骗、抢夺罪"的条件。相反更有学者主张"否定说"，即认为此时行为人不应当构成准抢劫罪。换句话说只有行为人实施了盗窃、诈骗、抢夺等行为且达到数额

---

① 刘明祥：《事后抢劫问题比较研究》，载《中国刑事法杂志》2001 年第 3 期，第 55 页。

② 张明楷：《事后抢劫罪的成立条件》，载《法学家》2013 年第 5 期，第 114～116 页；张明楷：《刑法学》（第二版），法律出版社 2003 年版，第 754～755 页；肖中华：《论抢劫罪适用中的几个问题》，载《法律科学》1998 年第 5 期，第 88～89 页。

较大而构成犯罪的前提下，才可能转化为抢劫罪。①

尤其值得一提的是，在这一问题上司法解释似乎采取了肯定说的立场，最高人民法院、最高人民检察院于 1988 年 3 月 16 日发布的《关于如何适用刑法第一百五十三条（指旧刑法——笔者注）的批复》规定："被告人实施盗窃、诈骗、抢夺行为，虽未达到数额较大，但为窝藏赃物、抗拒抓捕或者毁灭罪证而当场使用暴力或者以暴力相威胁，情节严重的，以抢劫罪论处；如果使用暴力或以暴力相威胁的情节不严重，危害不大的，不认为是犯罪。"而根据刑法解释以及相关刑法修订规律言之，在尚无新的法律规定以及新的司法解释出现之前，两高的这一解释仍可参照执行。

如何对上面针锋相对的观点进行取舍呢？表面来看，无论是肯定说还是否定说在理论上都不乏道理而且各自似乎都有法律上的支撑：否定说的立论基础是基于刑法条文的明确规定，因为分则第 269 条明确规定只能由实施了"盗窃、诈骗以及抢夺罪"的人才能构成准抢劫罪，从原理上来说这是对形式合理性的追求。而肯定说的存在也有相应司法解释的支持，从本质意义上而言这是对实质合理性的青睐。简单地说，这两种观点争议焦点就在于刑法条文所规定的"犯……罪"应当仅仅理解为对罪名的列举还是意在对行为方式之表述这一问题之上。经过比较和鉴别，本书较为支持肯定说的主张，即刑法第 269 条前半部分规定的"犯盗窃、抢夺和诈骗罪"是对盗窃、抢夺以及诈骗三种行为方式之规定，也就是说如果行为人实施了盗窃、抢夺或者诈骗行为之一，尽管行为对象数额没有达到法律规定每一罪名的最低要求而不构成该罪，但是如果行为人为了窝藏赃物、抗拒抓捕或者毁灭罪证而当场使用暴力或者以暴力相威胁的也应当转化为抢

---

① 赵秉志：《侵犯财产罪》，中国人民公安大学出版社 1999 年版，第 112 页；陈兴良主编：《刑事司法研究——情节判例解释裁量》，中国方正出版社 1996 年版，第 70 页。

劫罪而受到处罚。理由除了上述肯定论者的主张外，还可以从反面进行说明，那就是如果否定此时行为人能够构成抢劫罪，则可能产生这样一种不合理的现象：由于刑法分则中对抢劫罪没有数额的规定，也就是除非情节显著轻微不作为犯罪处理的情形而外，无论抢劫数额多少都应当作为犯罪来处理；而法律对于盗窃、抢夺以及诈骗罪都有数额的限制（一般而言数额最低点为一千元，不同地区根据经济发展状况可能有所差别），没有达到最低成罪数额的不能构成本罪，进而按照论者的逻辑，行为人无论如何都不能构成（转化为）抢劫罪，再进一步推论，如果在盗窃事后进行的当场暴力行为没有造成人员伤亡（不符合伤害罪轻伤以上程度）后果的情况下行为人不能构成任何犯罪。举例来说，如果甲实施暴力或者胁迫的方法强行劫取某丙人民币100元；而某乙在实施秘密窃取某丙人民币200元后被某丙当场发现，此时某乙为了抗拒抓捕而对某丙实施暴力或者以暴力相威胁①的行为。按照否定说的主张，此时某甲构成抢劫罪当无疑义；而某乙不能构成准抢劫罪也为论者所主张，甚至某乙不能构成任何犯罪而只能作非罪处理（如果暴力程度较轻或者行为人只实施了威胁行为），显然这一结论是无法让人接受的。

另外，准抢劫罪从其本质上来说是介于盗窃罪与抢劫罪中间

---

① 对于抢劫罪构成中的暴力、胁迫等方法以及准抢劫罪中的暴力或者以暴力相威胁这一行为方式的规定一般是在相同意义上理解的，即都至少要求达到足以抑制他人反抗的程度，当然至于以什么为基准判断暴力、胁迫等手段行为是否达到了足以抑制对方反抗的程度，理论上存在主观说与客观说的争论。

的一种特别财产罪,① 而更亲近于抢劫罪的构成（抢劫罪构成无须数额之限制），因此对于准抢劫罪的成立就不应当依附于先前的盗窃等行为是否构成犯罪。当然，正如前文所言，对于准抢劫罪不要求数额的限制也不是绝对地说无论相对于多少财物都应当作为准抢劫罪论处，而也要注意刑法对于情节显著轻微不作为犯罪处理的除罪规定的准确把握。

2. 准抢劫罪的属性问题

对于准抢劫罪的属性如何判断，综观中外学者的相关论述至少存在三种不同看法。②

其一，纯正身份犯说

此说主张准强盗罪之基本罪质乃为财产犯，若非窃盗犯或非抢夺犯即无法加以违反之犯罪类型。日本学者前田雅英教授主张此说，并认为将准强盗罪看作纯正身份犯的一种可能导致松弛"纯正身份（构成身份）"概念，因为一般纯正身份犯是指若无该身份则绝对不能构成任何犯罪之情形，而对于准强盗罪而言，无身份者可以构成刑法规定的暴行（强暴）罪或者胁迫罪，就此而论准强盗罪不是典型的纯正身份犯；但是强盗罪绝非单纯强暴、胁迫等之加重类型，乃系作为财产犯之强盗而有完全不同罪质之另一种犯罪，因此于准强盗之情况，应认为仅属于窃盗与抢夺之主体始得以违犯"以窃盗或抢夺结合强暴、胁迫及一定目

---

① 我国台湾学者陈子平认为：准强盗罪之所以"以强盗论"，其核心即在于为护赃等目的所实施之"强暴、胁迫"，此与普通或加重窃盗罪（或抢夺罪）存有根本之差异；而准强盗罪与一般强盗罪同，皆有"强暴、胁迫"与"取财"（虽然二者之顺序颠倒），因此而有相同之行为反社会性之评价，惟准强盗罪所实施之"强暴、胁迫"系为护赃目的，而非如一般强盗罪系为取财之手段，况且犯窃盗或抢夺之人为脱免逮捕、湮灭证据者实难谓非人之常情，其违法之期待可能性自属较低，因此罪质应较一般强盗罪为轻。参见陈子平：《准强盗罪论》，载甘添贵等：《刑法七十年之回顾与展望纪念论文集（二）》，元照出版有限公司2001年版，第227页。

② 陈子平：《准强盗罪论》，载甘添贵等：《刑法七十年之回顾与展望纪念论文集（二）》，元照出版有限公司2001年版，第228~231页。日本刑法与台湾地区"刑法"中规定的准强盗罪近似于我国刑法中的准抢劫罪。

的而成之特殊性质之犯罪"。

其二，不纯正身份犯说

此说主张无论是否为窃盗犯人或抢夺犯人，若不具有第329条（这里指的是台湾地区"刑法"规定，后同）之目的而施以强暴、胁迫时，仅能以强制罪（第304条）或单纯恐吓罪（第305条）之刑加以处罚，惟窃盗犯人或抢夺犯人若以具有第329条之目的施以强暴、胁迫者，则将受到更重之强盗罪法定刑之处罚，据此而言，准强盗罪属不纯正身份犯。

其三，结合犯说

该说主张准强盗罪应当看作系窃盗或抢夺行为与强暴、胁迫相结合之一种结合犯。主张结合犯说的学者一般都反对将准抢劫罪作为身份犯看待。日本学者认为：日本刑法第238条（有关事后强盗的规定——笔者注）中的"盗窃"，是指作为实行行为一部分的窃取行为，并非是指盗窃犯这种行为主体。因为事后抢劫罪与普通抢劫罪一样，都是财产犯、贪利犯，也应该以是否取得财物作为既未遂的标准。由于事后抢劫罪取得财物在先，暴力、胁迫在后，因此，只能根据盗窃既遂还是未遂来确定本罪的既未遂。又由于实行着手之后才发生既未遂的问题，只有将盗窃作为实行行为的一部分，才可能把盗窃既遂、未遂作为本罪既遂、未遂的标志。[①]

笔者认为，对于上述三种观点进行分析，可以分作两步进行：首先，如上三种论点从宏观上可以归结为身份犯说与非身份犯（结合犯）说的对立。否定事后抢劫罪为身份犯的理由在于[②]：（1）任何人都可能实施盗窃、诈骗、抢夺罪，故这些犯罪并不是身份犯。将事先实施盗窃作为身份看待，过于扩大了身份

---

① ［日］香川达夫：《强盗罪的再构造》，成文堂1992年版，第164页；转引自刘明祥：《财产罪比较研究》，中国政法大学出版社2001年版，第141页。

② 张明楷：《事后抢劫罪的成立条件》，载《法学家》2013年第5期，第121页。

的范围。因为事后抢劫是一种独立的犯罪，由两个特定行为组成；两个行为之间，不仅具有时间与场所的紧密性，而且具有心理的联系性。倘若将实施前行为作为身份，那么，由两个以上行为构成的犯罪（如普通抢劫、强奸等），都会被理解为身份犯。笔者认为，事后抢劫罪中的先前行为只是成立事后抢劫的前提，抑或说是形成具备"犯盗窃、诈骗、抢夺罪"的一种身份，具备此身份后而实施的暴力等行为才会被认定为抢劫罪。这符合本书认定的身份犯的身份应当具备"先在性"的特征，这种先在性，要求身份应当是行为人实施行为之前（暴力等行为）便具备，正因为此，将事后抢劫罪理解成身份犯并不会出现论者所言的普通抢劫和强奸罪等复行为犯也会是身份犯的问题，毕竟，普通抢劫罪和强奸罪等的前行为已是整个犯罪行为的一部分，这种作为犯罪实行行为之一的"暴力"并不能理解为身份犯的身份。（2）事后抢劫罪属于财产罪，其实行行为必须具有侵犯财产的内容。倘若将犯盗窃等罪作为主体身份的要素对待，那么，事后抢劫罪实行行为就只剩下暴力与胁迫。只有将盗窃等行为理解为事后抢劫实行行为的一部分，才能解释事后抢劫的财产罪性质。[①] 我们认为这种观点也存在一定问题，事后抢劫罪是指已实施了盗窃等行为的人为抗拒抓捕等而实施的暴力胁迫行为，将其实行行为理解为暴力与胁迫并非不可，由于其暴力、胁迫行为是为了维护或巩固之前的财产违法犯罪行为（或者说至少与之前的财产违法犯罪具有因果关系），因此，并不妨碍该罪的财产性质。这就如同受贿罪，受贿罪的实行行为一般理解为具有国家工作人员身份的人利用职务便利而非法收受财物的行为，这里的利用职务便利只是行为人收受财物的依据，并不必然体现为具体的行为，因此也可以将受贿罪的实行行为理解为"非法收受财物"

---

① ［日］高桥则夫：《规范论与刑法解释论》，成文堂 2007 年版，第 210 页，转引自张明楷：《事后抢劫罪的成立条件》，载《法学家》2013 年第 5 期，第 121 页。

的行为，但这并不否认受贿罪的职务犯罪属性。（3）倘若认为事后抢劫属于身份犯，那么，先前的盗窃等行为只是表明身份的要素，而不是事后抢劫实行行为的一部分。然而，身份的有无虽然影响犯罪的成立，却并不影响犯罪既遂与未遂的区分，故作为前行为的盗窃既遂与否便与事后抢劫既遂与否无关。于是，当行为人犯盗窃等罪未遂时，为了抗拒抓捕或者毁灭罪证而当场实施暴力的，也成立事后抢劫罪的既遂。这显然与事后抢劫的既遂、未遂区分标准相冲突。① 但是如果按照非身份犯说所主张的将准抢劫罪的实行着手提前到盗窃、抢夺等行为着手之时，同样也会出现问题：仅仅单纯实施盗窃、抢夺行为的人也可能被作为准抢劫罪的未遂处理。因为按照非身份犯说，只要有为达到本罪的三种目的而实施暴力、胁迫行为的意思，开始实施盗窃行为就算本罪已经着手。主张非身份犯观点的学者也认识到这一问题，提出："着手实行并不是一个形式的概念，而是指具备作为未遂犯处罚根据的实质概念，就事后抢劫罪而言，只有当行为人开始对被害人实施暴力或者胁迫行为时，才能认定为事后抢劫罪的着手。"该论者前文认为应将盗窃等前行为作为事后抢劫罪的一部分实行行为，现在又认为应当将着手进行实质判断——开始实施后行为时才是着手，这显然自相矛盾。因此，笔者认为非身份犯说的观点不足取。同时，将准抢劫罪作为身份犯之一种也完全符合身份犯的概念及特征，即准抢劫罪是由具有实施了盗窃、抢夺或者诈骗行为这一身份的人（为了窝藏赃物、抗拒抓捕或者毁灭罪证）实施的暴力或者以暴力相威胁的行为。

---

① 一般认为，犯罪的既遂与未遂问题只能出现于犯罪着手时点以后（即犯罪的实行阶段），着手之前的行为达到可罚性的只能作为预备阶段的预备犯而无所谓既未遂的判断。而传统观点又认为，准强盗罪在本质上属于一种财产犯罪，因此应当以先前的盗窃行为是否取得财物为本罪的既遂判断标准。这似乎就产生了一个矛盾：如果依身份犯说所认为的以暴力、胁迫的实施作为准抢劫罪的着手时点，而本罪的既未遂又以盗窃罪的既未遂为准，如此一来犯罪的着手就开始于犯罪的既未遂成立之后了？这显然不合逻辑。这是非身份说出现的理由。

其次，在身份犯说内部，仍旧存在纯正身份犯说与不纯正身份犯说两种主张。至于将准抢劫罪作为纯正身份犯的一种还是划归不纯正身份犯的阵营，应当作具体分析。笔者认为，在日本以及我国台湾地区的"刑法"中都规定了暴行罪和恐吓罪，台湾地区"刑法"中一般认为准强盗罪与其刑法中规定的强制罪和单纯恐吓罪相对应，即一般人实施强暴、胁迫时仅构成强制罪或者单纯恐吓罪，而如果是窃盗犯人或抢夺犯人（以湮灭证据等目的）实施强暴、胁迫时则构成准强盗罪，这一构造基本符合不纯正身份犯的构成机理；同样，日本刑法学者在讨论准强盗罪为不纯正身份犯时也是将其与刑法中的暴行罪和胁迫罪相对应加以认识的。因此，在日本刑法和我国台湾地区"刑法"规定中，将准抢劫罪认定为不纯正身份犯是可行的。① 这也是前田雅英教授认为主张纯正身份犯说会导致松弛"纯正身份犯"概念的原因。但是这种认识未必同样适用于我国，由于我国刑法中并无暴行罪等罪名的规定，因此没有将准抢劫罪认定为不纯正身份犯的前提（即没有与不纯正身份犯相对应的一般犯罪的存在）；尽管刑法中有近似于日本等国刑法中胁迫罪的敲诈勒索罪，但是正如前文所言也不宜将准抢劫罪作为不纯正身份犯的一种类型。也就是说，权衡准抢劫罪的整个构成，其完全可以作为一个独立的罪名存在，而并不存在完全意义上作为不纯正身份犯所对应的一般犯罪；又由于准抢劫罪只能由具有实施了盗窃等行为的人才能构成，因此将其作为纯正身份犯对待并不存在理论障碍。

有一点需要说明的是，采取纯正身份犯说就应当认为准抢劫

①　其实严格来说，即使是在日本等国刑法中将准强盗罪作为不纯正身份犯也并不完全恰当。因为就准强盗罪的构成来看，相对于暴行罪之构成并不单单有主体身份要件的超出这一情形，比照暴行罪还应当在构成上有相关目的要素以及当场实施等条件的具备。从这一点可以看出，在日本刑法中准强盗罪与暴行罪二者并非全然一一对应的关系，以本书观点，它们属于较复杂的不纯正身份犯与对应犯罪间的部分对应关系。

罪的着手应当以暴力或者胁迫行为的开始实施为准，那么如何解释作为结合犯说产生原因的"着手在既未遂之后"这一矛盾呢？笔者认为，这一问题的回答实质上涉及准抢劫罪的既遂标准之判断问题，本书的初步观点是准抢劫罪只有在盗窃等行为实施完毕的场合才能成立，其既遂、未遂的标准，应该根据盗窃犯人采用暴力、胁迫手段是否达到防止所窃财物被他人夺回的目的而定，如果财物未被他人夺回就是既遂；反之则为未遂。这样一来，先前所实施的盗窃等行为是否完成的判断问题转化为对准抢劫罪主体身份的认定问题。

（二）遗弃罪

遗弃罪是指对于年老、年幼、患病或者其他没有独立生活能力的人，负有扶养义务而拒绝扶养，情节恶劣的行为。

我国刑法 1997 年修订之时，在保持了遗弃罪条文表述不变的前提下将该罪名在分则中的位置进行了改动，[①] 也正是因为这一"位移"而导致了理论界有关遗弃罪是否身份犯的讨论，尤其是这种争论在司法实践中也有所体现。

我国旧刑法（指 79 年刑法，下同）将遗弃罪规定在"妨害婚姻家庭罪"一章中，因此学界及实务界认为遗弃罪只能发生在婚姻家庭内部，而毫无争议地将遗弃罪作为身份犯的一种，在此前提下论说遗弃罪的相应构成：其客体是公民在家庭中接受扶养的权利，类似表述为"被害人在家庭中受扶养的权利义务关系"、"被害人在家庭中的平等权利"、"家庭成员之间互相扶养的权利义务关系"，等等。作为遗弃罪对象（或被害人）的"年老、年幼、患病或者其他没有独立生活能力的人"，显然只能是家庭成员；法

---

① 从立法沿革来看，旧刑法制定之前，有关遗弃罪是否应当规定以及于法条中该如何表述等问题都在立法草案中进行了反复修改，直至旧刑法才最后确定了遗弃罪现在的罪名表述并将此概念原封不动地移植至 97 刑法中。参见陈兴良：《非家庭成员间遗弃行为之定性研究——王益民等遗弃案之分析》，载《法学评论》2005 年第 4 期，第 137～138 页。

条圈定本罪主体为"负有扶养义务"的人，也就限于因婚姻家庭关系而负有扶养义务的人。这种关于遗弃罪构成要件的理解以及该罪身份犯性质的认定在旧刑法时代几乎没有疑义。

在新刑法修订过程中，由于旧刑法作为独立章所规定的"妨害婚姻家庭罪"项下只有6个条文而略显单薄，与其他章的规模不协调，因此经过学者的充分讨论，立法机关最终决定将原来单设一章的"妨害婚姻家庭罪"归并到刑法第四章侵犯公民人身权利、民主权利罪中。应当说这一归并是比较合理的，充分考虑了刑法分则体系上的协调和科学。[1] 但是，正是这一位置上的变动而引发了理论界及实务部门对遗弃罪属于身份犯性质的否定和犯罪构成要件的重新诠释：遗弃罪的主体与对象不需要是同一家庭成员；扶养义务不能仅根据婚姻法确定，而应根据不作为义务来源的理论与实践（如法律规定的义务、职务或业务要求履行的义务、法律行为导致的义务、先前行为导致的义务等）确定。基于同样的理由，遗弃罪的对象也不限于家庭成员。[2] 笔者将其称之为身份犯否定说。

赞同身份犯否定说学者所持有的理由归纳起来主要有三。

其一，对具体犯罪直接客体内容的确定，离不开该罪所属类罪的同类客体的内容，具体犯罪的直接客体要件内容不得超出同类客体的内容，否则，刑法就不会将该罪规定在这一章中。遗弃罪既然被1997年刑法规定在侵犯人身权利、民主权利罪这一章中，说明遗弃罪的同类客体要件是公民的人身权利。在此前提下，遗弃罪直接客体要件的内容不应超出这一限制，否则，遗弃罪就不可能属于侵害人身权利、民主权利罪这一章。申言之，遗

---

① 当然也有学者认为97刑法取消妨害婚姻家庭罪这一类罪名而将其所包含的个罪名直接归并到侵犯公民人身权利、民主权利罪一章，使得该章罪名十分庞杂，因而建议应当在章下设侵犯公民人身权利罪、侵犯公民民主权利罪和妨害婚姻家庭罪三节，则条理更加清楚。参见陈兴良：《刑法疏议》，中国人民公安大学出版社1997年版，第522页。笔者深以为然，但这已脱离本书讨论重点，这里不作探讨。

② 参见张明楷：《刑法学》（第二版），法律出版社2003年版，第731～732页。

弃罪是对公民人身权利的侵犯，遗弃罪直接客体要件是公民的生命、健康，而不能像以前那样将遗弃罪理解为对婚姻家庭关系、对公民在家庭中受抚养权利的侵犯，因为婚姻家庭关系不属于人身权利的范畴。[①]

由于我国刑法中作为某一具体犯罪构成必备要件之一的犯罪客体（法益）并没有直接在法条中明示，一般都是通过法律条文对犯罪客观要件的规定以及结合罪名所处章节之与类罪名相对应的同类客体进行判断。因此，论者的推理过程是：遗弃罪被规定在侵犯公民人身权利、民主权利罪一章中，该章的同类客体是公民的人身权利和民主权利，公民的生命、健康权利属于公民人身权利（同类客体）之一种，而公民在家庭中接受扶养的权利则否，因此本着直接客体不能超越同类客体的原则得出遗弃罪的客体只能是公民的生命、健康权利这一结论。这里存在一个问题，作为侵犯公民人身权利、民主权利罪之同类客体的公民人身权利和民主权利如何理解？公民在家庭中接受扶养的权利是否包含在其中呢？所谓犯罪的同类客体，是指某一类犯罪行为所共同侵害的我国刑法所保护的社会关系的某一部分或某一方面。划分犯罪的同类客体，是根据犯罪行为侵害的刑法所保护的社会关系的不同进行的分类。作为同一类客体的社会关系，往往具有相同或相近的性质。因此，犯罪的同类客体之范围应当具有一定的宏观性和抽象性，需要对若干具体犯罪所侵犯的直接客体进行高度概括。作为刑法分则第四章侵犯公民人身权利、民主权利罪而言，所指称的人身权利这一同类客体一般都认为是指法律所规定的与公民的人身不可分离的权利，只有权利人本人享有，包括生命权、健康权、性的自己决定权、人身自由权、人格名誉权、婚姻家庭方面的权利，以及与人身直接有关的住宅不受侵犯权等。[②] 重在强调这类权利的人身属性。因此作为遗弃罪保护客体

---

① 苏彩霞：《遗弃罪之新诠释》，载《法律科学》2001 年第 1 期，第 111 页。

② 张明楷：《刑法学》（第二版），法律出版社 2003 年版，第 673 页。

的公民在家庭中接受扶养的权利属于婚姻家庭方面权利的一种当无可非议，同样基于此一权利的人身属性特征而将其作为人身权利之一种也属情理之中。因此不存在直接客体超越同类客体的问题。

从反面也可以得出类似结论：97 年刑法将旧刑法"妨害婚姻、家庭罪"中的六个罪名归并到侵犯公民人身权利、民主权利罪一章中，其中包括虐待罪、暴力干涉婚姻自由罪等，那么是否意味着所有这些罪名侵犯的客体都应当理解为公民的生命、健康权利呢？显然答案是否定的。因此这种单单以法条位置的变化推断法益的变化，再以之对犯罪构成特征进行重新诠释的做法并不可取。①

其二，如果只将遗弃罪保护的法益确定为传统观点所认为的被害人在家庭中的平等权利或者家庭成员之间互相扶养的权利义务关系，那么该罪的行为对象就可能被人为地缩小解释为家庭成员中的下列人员：因年老、伤残、疾病而丧失劳动能力，因而没有生活来源的人；虽有退休金等生活来源，但因年老、伤残、疾病而生活不能自理的人；因年幼尚无独立生活能力的人。但是，在实践中被遗弃的对象并不只是这些人。将遗弃罪的成立限于亲属之间乃是古代宗法社会以来的传统，立法者一直认为亲属之间不履行抚养义务，就对伦理规则有所违反。近代以来，生产力发达，事故频发，个人陷于危难境地、无法自救的可能性增强，因此，遗弃罪的适用范围往往不再局限于具有扶养义务的亲属之间，遗弃罪的本质也不仅仅是对义务之违反，而且也是对于生命

① 陈兴良教授认为：1997 年刑法将遗弃罪归并入侵犯公民人身权利、民主权利罪并没有引起法益变更，因而也就无所谓需要根据变更后的法益对本罪进行重新解释。因为罪名归类变化的原因是技术性的，即刑法修订以后增加了大量罪名，旧刑法中的妨害婚姻、家庭罪只有 6 条 6 个罪名，单设一章显得单薄，而且与其他章罪不协调。因此这种纯技术性原因导致的罪名归类变动，不能成为对遗弃罪进行重新解释的理由。陈兴良：《非家庭成员间遗弃行为之定性研究——王益民等遗弃案之分析》，载《法学评论》2005 年第 4 期，第 142 页。

法益构成威胁的危险犯。①

　　这一否定理由主要是基于一种现实性的考虑，从司法实践中的案例来看，非家庭成员间的遗弃以及不履行救助义务的遗弃行为确实存在且有多发趋势，这不得不引起我们的重视。但是这种呼唤刑罚惩治的现实需要，也绝不能作为我们冲破罪刑法定原则而对法律条文进行随意解释的理由。这里涉及一个更深层次的问题，就是对于遗弃罪进行解释时的方法选择问题。有学者站在客观解释论的立场，认为立法者表达立法意图的惟一工具是文字，解释者应当通过立法者所使用的文字的客观含义来发现立法意图，因此可以将遗弃罪解释为包括非家庭成员间的遗弃行为。②而有的学者认为对此问题应当采取沿革解释的立场，即从旧刑法将遗弃罪作为妨害婚姻、家庭罪之一种，而97年刑法则将法条原原本本地移植到侵犯公民人身权利、民主权利一章中，因此该法律规定的含义并没有变动。③笔者并不反对客观解释论，认为法律条文用语当然都有其相应的客观含义存在。但是这种客观解释论所强调之客观，绝不应当是现实问题出现而法律并无相应规制的情况下就要对法条进行扩张解释，而应当是对法律条文相关用语之适当解释。回归到遗弃罪的探讨上来，实则是对法律条文所表述的"扶养义务"之解释，因为遗弃罪只能是负有扶养义务的人才能实施。而根据我国婚姻法等相关法律规定，我国法律上的扶养包括四种：夫妻间的扶养（婚姻法第20条）、父母子女间的扶养（婚姻法第21条）、祖孙间的扶养（婚姻法第28条）、兄弟姐妹间的扶养（婚姻法第29条）。这一理解应当作为我们认定刑法中遗弃罪的"扶养"义务之法律根据。况且这里的扶养义务应当与扶助（救助）义务相区别，不履行救助义务

---

① 周光权：《刑法各论讲义》，清华大学出版社2003年版，第81页。
② 张明楷：《刑法分则的解释原理》，中国人民大学出版社2004年版，第155页。
③ 陈兴良：《非家庭成员间遗弃行为之定性研究——王益民等遗弃案之分析》，载《法学评论》2005年第4期，第142页。

同样也存在一个遗弃问题，但这种遗弃与基于法律规定的扶养义务之遗弃毕竟不同，而不能做同义理解。

其三，从比较研究的角度，认为在德国、日本以及我国的台湾地区"刑法"中都有遗弃罪之规定，而且都将遗弃罪置于故意杀人罪、堕胎罪等罪名之后——德国刑法将遗弃罪规定在"侵犯他人生命的犯罪"一章中，日本刑法及我国台湾地区"刑法"都将遗弃罪规定在堕胎罪之后，可以看出这些相关法律都是将遗弃罪作为对生命、身体的犯罪，换言之，遗弃罪是使他人的生命、身体处于危险状态的犯罪，刑法规定本罪是为了保护生命与身体法益。[①]

的确，在德日以及我国台湾地区"刑法"中存在遗弃罪的条款，而且他们对于遗弃罪的规定更为繁复和详细，几乎都用两个以上的条款规定遗弃罪的不同情形。理论与实践都认为，在这些国家或地区刑法中所规定的遗弃罪范围十分宽泛，以日本刑法为例，是指将面临生命危险需要他人加以保护的人转移到危险场所或者对其不为生存所必要的保护，而造成其生命危险的行为。[②] 包括遗弃罪、保护责任者遗弃罪和遗弃等致死伤罪。通过对法律条文以及罪名表述的考证，我们可以看到日本刑法中遗弃罪的认定更多是对作为遗弃对象的"需要扶助者"的判断，而不纠缠于遗弃罪主体的身份之认定（保护责任者遗弃罪部分情况除外）。类似的德国刑法对遗弃罪仅仅规定"遗弃他人，有下列情形之一……使被遗弃人处于无助状态……"我国台湾地区"刑法"也规定"遗弃无自救力之人者……"等。再反观我国刑法中对遗弃罪的规定为"对于年老、年幼、患病或者其他没有独立生活能力的人，负有扶养义务而拒绝扶养……"这就要求认定遗弃罪时不单要有行为对象是没有独立生活能力的人，还要

---

①　张明楷：《刑法分则的解释原理》，中国人民大学出版社 2004 年版，第 153～154 页。

②　［日］大谷实：《刑法各论》，黎宏译，法律出版社 2003 年版，第 50 页。

求主体具有"扶养义务"这一身份特征。因此，单单是从比较研究的角度，在没有对遗弃罪现行规定进行完善的前提下不宜将日本等国刑法的规定直接作为对我国刑法中遗弃罪的解释。

（三）利用影响力受贿罪

我国《刑法修正案（七）》增设了利用影响力受贿罪。尽管实践中以该罪名认定的案例并不多见，但是该罪从设立时起就引起了学界和实务界的广泛争议。争议主要问题之一便是本罪的主体范围如何认定，换句话说本罪是否为身份犯的问题。

由于《刑法修正案（七）》将本罪的主体限定在国家工作人员的近亲属和与该国家工作人员关系密切的人这一范围内，表面看来本罪属于身份犯，即只有这两类主体才能构成，正因为此，关于何为"近亲属"和什么属于"关系密切"学者之间争议非常大。有关近亲属的范围我国部门法的规定并不完全一致，甚至存在冲突，最高人民法院《关于贯彻执行〈中华人民共和国民法通则〉若干问题的意见（试行）》第 12 条规定："民法通则中规定的近亲属，包括配偶、父母、子女、兄弟姐妹、祖父母、外祖父母、孙子女、外孙子女。"而根据刑事诉讼法第 106 条第 6 项的规定"近亲属"是指夫、妻、父、母、子、女、同胞兄弟姊妹。最高人民法院《关于执行〈中华人民共和国行政诉讼法〉若干问题的解释》第 11 条则规定："行政诉讼法第二十四条规定的'近亲属'包括配偶、父母、子女、兄弟姐妹、祖父母、外祖父母、孙子女、外孙子女和其他具有扶养、赡养关系的亲属。"按学理解释，所谓近亲属，一般是指夫妻、父母、子女、同胞兄弟姐妹、祖父母、外祖父母、孙子女、外孙子女等。由此就出现了利用影响力受贿罪中的近亲属应当采用哪一标准的问题？如果为了完备打击范围，似乎对近亲属进行扩大解释更为合适，但这缺乏充分的理论依据。不仅如此，对于本罪的另一种主体，即"关系密切人"的范围也值得研究。何为"关系密切人"含义模糊，不容易把握。司法实践中不具有可操作性。有人将"关系密切人"与"两高"于 2007 年发布的《关于办理受贿刑事案件适用法律若干问题的意见》（下文简称《意见》）中的特定关系人进行对比，《意见》认为，"特定关系人"是指与国家工作人员有近亲属、情妇（夫）以及其他共同利益关系的人。有学者认为"关系密切人"的范围应当大于"特定关系人"的范围，但是具体包括哪些又没有一致和明确的结论，争论很大。

因此，仅仅从本罪的主体范围上限定犯罪的构成似乎走入了死胡同，根本没有办法将《刑法修正案（七）》列举的主体范围——列举（即使勉强列举，也难免挂一漏万）。因此笔者认为，应当转换一个思路，即避开不容易划定的主体范围因素，从行为主体是否对国家工作人员具有影响力的角度判断本罪的构成。理由在于：首先，利用影响力受贿罪处罚的根据在于行为人通过自己对国家工作人员的影响力为他人谋利益进而获取贿赂的行为，至于行为人本身是否有特定"身份"在所不问，当然斡旋受贿罪除外，因此没有必要将本罪的主体身份特定化；其次，《联合国反腐败公约》对影响力交易行为之主体规定为，公职人员或者其他任何人员，并没有规定为特殊主体身份，因此从打击腐败犯罪的国际合作角度，也不应当对本罪主体身份限定解释；最后，从"两高"的态度看，似乎也将本罪的重点落脚到"影响力"上。在《刑法修正案（七）》刚刚出台后，理论和实务界对该条应当如何确定罪名问题也出现了不同声音，其中大多数认为本罪应当定性为"特定关系人受贿罪"。而在2009年10月"两高"通过的《中华人民共和国〈刑法〉确定罪名的补充规定（四）》却将本罪概括为"利用影响力受贿罪"。罪名表述的不同也反映了司法机关把握本罪的立足点的差异。

综上，笔者认为，利用影响力受贿罪属于纯正身份犯的一种，但是该罪的主体范围并不能沿用一般纯正身份犯的认定思路，即先划定一个明确的范围；而是应当从行为人是否具备影响力的角度，来确定本罪的主体范围。尽管这种主体范围的确定是一种动态的判断，但是构成该罪的主体仍旧属于一般主体中的一部分人，这并不违背身份犯的身份原理。

第三节 不纯正身份犯

不纯正身份犯，是指刑法分则性规范所规定的，行为人具有一定身份不决定犯罪的成立与否而影响刑罚轻重的犯罪。这是对不纯正身份犯含义的高度概括，同时也应当是我们在检验某一罪名是否为不纯正身份犯的标准。

一、不纯正身份犯的刑法表现形式

前文对不纯正身份犯的概念表述仅仅是对其在理论上的概括和抽象，这里所称不纯正身份犯的表现形式，则是对不纯正身份犯所包含之个罪在刑法上的存在方式进行说明。简要地说，不纯正身份犯在刑法中的表现形式问题就是意在考察刑法分则中存在的不纯正身份犯是否具备相应的独立罪名。以往学者对此问题也有所涉猎，如前文阐述的学者对于身份既影响定罪又影响刑罚的犯罪，是否属于不纯正身份犯的争论实质上就是对这一问题的研究。

依据本书的立场，不纯正身份犯较之与其相对应的基本犯罪①而言在刑罚上有所差异，或者重于或者轻于（直至免除处

---

① 不纯正身份犯基于构成上的特殊性，一般而言都有一个犯罪与之相对应，由于不纯正身份犯同与之相对应的犯罪只是基于主体特定身份的超出要素而在处罚上或轻或重，因此在构成上可以称这一相对应的犯罪为"基本构成要件之犯罪"；这里为了论述上的方便将此对应犯罪又称之为基本犯罪。需要强调的是，在研究不纯正身份犯时涉及的"基本犯罪"具有特殊含义，不仅仅是指可以由一般人构成的常人犯，也可能是某一纯正身份犯。例如，叛逃罪是一个纯正身份犯，犯罪主体只能是国家机关工作人员，法律又规定掌握国家秘密的国家工作人员犯前款罪的要从重处罚。学者一般认为掌握国家秘密的国家工作人员包括两种：一为掌握国家秘密的国家机关工作人员，二为掌握国家秘密的国家机关工作人员以外的国家工作人员。因此，相对于没有掌握国家秘密的"一般"国家机关工作人员而言，掌握国家秘密的国家机关工作人员实施叛逃行为要从重处罚。显然这也是一个不纯正身份犯的规定。

罚）该基本犯罪，因此不纯正身份犯的一个特征便是同与其相对应的基本犯罪在处罚上的"异罚"性；至于不纯正身份犯是否具备自己独立的罪名，在我国刑法分则中不可一概而论，有的不纯正身份犯和与其相对应的基本犯罪共用一个罪名，也有的不纯正身份犯具有独立罪名，这要从犯罪构成要件这一实质角度仔细辨别。

（一）同罪异罚型

所谓同罪异罚型不纯正身份犯，是指不纯正身份犯和对应的基本犯罪的罪名相同，但是在处罚上或重或轻的情况。这种情形的不纯正身份犯较为容易判断，并且一直为传统观点所承认。

对于这种不纯正身份犯进行理解我们应当注意如下几点。

其一，尽管此种类型是不纯正身份犯的传统类型，但是依据本书立场，我们应当对之进行重新认识。就是说这里的同罪异罚型不纯正身份犯的范围要小于传统观点：首先，要排除刑法总则当中涉及的仅仅影响刑罚的身份作为不纯正身份犯之身份的情形（如未成年人和聋哑人等）。其次，排除总则身份构成不纯正身份犯的可能以后，传统观点对不纯正身份犯的认识仍不够准确。例如，传统观点一般都认为非法拘禁罪也属不纯正身份犯，因为刑法分则第238条第2款对于非法拘禁罪规定为，国家机关工作人员利用职权犯本罪的从重处罚。但是，基于本书对不纯正身份犯"主体超过要素"的主张，显然这种观点值得商榷。因为这里从重处罚的条件不只需要具备国家机关工作人员这一身份必备要件同时还需要行为主体"利用职权"实施，这种必须利用职权才能构成的"利用型身份犯"应当区别于都属于"存在型身份犯"的不纯正身份犯。

其二，该种类型的不纯正身份犯都和相对应的基本犯罪规定在同一个刑法条文中，表现为同一分则性条文的不同款项：有的是由分则相应条文直接做出规定，例如国家机关工作人员犯诬告陷害罪的从重处罚的规定便是。另外，刑法第349条规定的包庇毒品犯罪分子罪如果由缉毒人员或者其他国家机关工作人员实施的应当从重处罚，等等；有的则是由司法解释做出规定，如最高人民法院、最高人民检察院于 2001 年 4 月 5 日发布的《关于办理生产、销售伪劣商品刑事案件具体应用法律若干问题的解释》第 12 条规定："国家机关工作人员实施生产、销售伪劣商品犯罪的，从重处罚。"最高人民法院于 2000 年 12 月 4 日发布的《关于审理黑社会性质组织犯罪的案件具体应用法律若干问题的解释》第 4 条规定"国家机关工作人员组织、领导、参加黑社会性质组织的，从重处罚"，等等。所有这些条文的表述都是对不纯正身份犯之规定。

其三，这种同罪异罚型不纯正身份犯都没有自己独立的罪名，① 因此，现在理论上（包括本书）在表达该种同罪异罚型不纯正身份犯时，都直接用与之对应的基本犯罪的罪名代替，例如一般认为诬告陷害罪等是不纯正身份犯，实际上准确表述应当是国家机关工作人员实施的诬告陷害罪是不纯正身份犯，因为作为诬告陷害罪本身而言是可以由一般人构成的常人犯。正是基于如此考虑，笔者认为，为了论证上的方便和准确性，应当赋予这种同罪异罚型不纯正身份犯独立且异于对应基本犯罪的罪名，例如将诬告陷害罪的不纯正身份犯表述为国家机关工作人员诬告陷害罪等。

（二）异罪异罚型

这里所言的异罪异罚型不纯正身份犯，是指不纯正身份犯同与其对应的基本犯罪之间不但在处罚上或轻或重，而且在罪名上

---

① 刑法第 349 条是包庇毒品犯罪分子罪，该条第 2 款规定缉毒人员或者其他国家机关工作人员实施该罪的从重处罚，这一规定与其他同罪异罚型不纯正身份犯的规定基本相同。但是在本条第 2 款之前却标定该款罪名为"包庇毒品犯罪分子罪"，与前一款罪名相同。显然该罪作为不纯正身份犯又似乎有一个"独立"的罪名——尽管该罪名与前款之对应犯罪相同。从这一点也可以看出目前我国刑法在罪名确定上的较为随意和不协调，因为相同构成的其他同罪异罚型不纯正身份犯并无独立（哪怕是相同表述）罪名之存在。本书主张，基于合理性和便宜性的考虑，不纯正身份犯都应当具备一个独立的且异于对应犯罪的罪名。

也不相同的情形。就此问题，前文在探讨纯正身份犯与不纯正身份犯区分标准时已经做出说明，笔者的基本立场是判断某一犯罪是否为不纯正身份犯不能仅以罪名是否相异为准，而应当从犯罪构成特征上得出结论，即两个条文所规定的犯罪行为之间在构成上仅仅存在主体特定身份影响处罚轻重，而在其他构成要件完全相同的情况下——主体超过要素的具备，方可认为某一犯罪为不纯正身份犯。

该种类型的不纯正身份犯在德、日以及我国台湾地区"刑法"中普遍存在且几乎没有争议。例如，一般认为日本刑法中的业务堕胎罪属于以同意堕胎罪为基本犯的不纯正身份犯，日本刑法中曾经规定的杀害尊亲属罪等都是不纯正身份犯；我国台湾地区"刑法"中也有杀害直系血亲尊亲属罪、伤害直系血亲尊亲属罪等有关不纯正身份犯的立法。因此，有学者便认为："我国大陆刑法立法，由于理论上长期没有关于不纯正身份犯的认识，以致刑法立法上的规定殊异于日本刑法和台湾地区'刑法'。具体来说，我国大陆刑法对不纯正身份犯没有规定不同罪名，比如故意杀人罪，日本和我国台湾地区'刑法'分为普通杀人罪与杀害亲属罪，我国大陆刑法中则一概规定为故意杀人罪。"[①] 也有学者认为："就刑法明文规定的不纯正身份犯来看，我国刑法中的不纯正身份犯既无自己独立的罪名，也无自己单独的法定刑，还同相应的非身份犯规定在一个条文；而我国台湾地区及日本刑法中的不纯正身份犯却正好相反，其罪名和法定刑都是独立的，并且是单列条文予以规定。正是因为存有以上差异，如果把我国台湾地区及日本刑法中的不纯正身份犯拿到我国刑法中来，则都会被视为纯正身份犯。"[②]

上述国内学者的看法和结论是我国刑法理论关于不纯正身份

---

① 赵秉志：《共犯与身份问题研究——以职务犯罪为视角》，载《中国法学》2004年第1期，第126页。

② 狄世深：《刑法中身份论》，北京大学出版社2005年版，第178页。

犯的传统观点，但是传统未必合理。固然，从立法表现来看，日本或者我国台湾地区"刑法"中公认的不纯正身份犯罪名（例如杀害直系血亲尊亲属罪等），我国刑法并无与其相同之规定。但是从比较研究的角度，基于立法背景、立法传统等因素之不同，这种罪名的不完全对应性有其存在之必然；况且，通过学者的认识也只能得出在我国刑法中没有与日本刑法或者我国台湾地区"刑法"中相同的不纯正身份犯，仅此而已。至于我国刑法中是否存在异罪异罚型不纯正身份犯尚且不能仅仅通过别国（或地区）刑法有规定（某一罪名）而我国没有规定（该罪名）便草率结论。依据本书立场，应当破除罪名这一形式要求的桎梏，而从构成要件特征上入手，来判断某一犯罪是否为不纯正身份犯当属合适。例如，刑法第 253 条私自开拆、隐匿、毁弃邮件、电报罪便是由邮政工作人员实施的不纯正身份犯。

需要强调的是，由于我国刑法的复杂规定，对于该种异罪异罚型不纯正身份犯有的是在基本犯罪之后便直接做出规定（如私自开拆、隐匿、毁弃邮件、电报罪），也有的不纯正身份犯同与其相对应的基本犯罪并未规定在一起，甚至相距较远，例如军职人员构成的盗窃、抢夺武器装备、军用物资罪作为不纯正身份犯被规定在刑法分则第十章军人违反职责罪中，而其基本犯罪（盗窃、抢夺枪支弹药罪等）则被规定在分则第二章危害公共安全罪中。因此，无论在法条中存在何位置，我们都应当对两个罪名的构成要件进行对比而得出结论。另外，正是基于刑法的这种复杂规定，使得我国刑法中异罪异罚型不纯正身份犯同对应的基本犯罪之间并不是完全对应的关系，只能达到部分对应，① 即只能在考察基本犯罪构成情形中的一部分行为由于有身份者实施而

---

① 在探讨不纯正身份犯时离不开对与之对应的基本犯罪的研究，也就是说在不纯正身份犯理论中这种"对应关系"是必须存在的。对于同罪异罚型不纯正身份犯而言，这种对应关系较为明了，因为法条仅表述为具有某一特定身份的人实施前款所规定行为的从重或者从轻处罚。而对于异罪异罚型不纯正身份犯来说，这种对应关系较为复杂，这一点下文将通过对于几个特殊不纯正身份犯的研究进行说明。

加重或者从轻处罚，而且只能在研究这一部分具有对应关系的行为时才谈及不纯正身份犯的问题。这一点在日本等国（或地区）刑法中并不存在，可以说他们刑法中的不纯正身份犯同基本犯罪之间都是完全对应关系。

总而言之，无论是同罪异罚型还是异罪异罚型不纯正身份犯，二者在构成上都有一个共同的特点，即分别存在与之相对应的基本犯罪，该不纯正身份犯和与其相对应的基本犯罪除了具备主体的超过要素外在其他方面共用一个犯罪构成（实行行为），这是我们在研究不纯正身份犯相关问题时需要格外注意的。

二、若干特殊不纯正身份犯构成分析

（一）私自开拆、隐匿、毁弃邮件、电报罪

私自开拆、隐匿、毁弃邮件、电报罪，是指邮政工作人员私自开拆或者隐匿、毁弃邮件、电报的行为。

关于本罪的主体以及主观方面的构成特征，学者们的看法基本一致，产生分歧的是本罪在客观方面以及客体特征上如何认识。再进一步而言，对客体的不同理解直接源于本罪之客观方面构成要件的界定：如果认为本罪在构成上要求行为主体利用职务便利为之，则一般认为本罪侵犯的是公民的通信自由权利和邮电部门的正常活动这两个复杂客体；而如果判定实施本罪无需主体利用职务便利为之，则一般认为本罪侵犯的客体为公民的通信自由权利这一单一客体。因此，有关本罪的诸多争论基本都是围绕本罪客观方面要件行为的实施是否需要利用主体职务所形成的便

利条件而展开的。[①]

就这一问题，目前学界存在肯定说和否定说两种截然对立的观点：肯定说认为本罪在构成上必须要求行为主体利用其职务所形成的便利而为之。例如，传统观点认为，本罪在客观方面表现为邮政工作人员私自开拆、隐匿、毁弃邮件、电报的行为，该行为必须是邮政工作人员利用职务上的便利而实施的，亦即属于违背职责的行为。[②] 而如果"具有邮政工作人员身份的人未利用职务之便而实施隐匿、毁弃或者非法开拆他人信件的行为，仍可构成侵犯通信自由罪。"[③] 与之相反，否定说论者认为，利用职务之便并非本罪的构成要件。[④] 理由大致有三：其一，旧刑法将本罪规定在渎职罪中，理所当然要求行为人利用职务上的便利；但新刑法将本罪规定在侵犯公民人身权利、民主权利罪中。其二，如将利用职务之便作为本罪构成要件可能产生刑法上的盲点：邮政工作人员没有利用职务上的便利私自开拆或者隐匿、毁弃他人电报的既无法认定为私自开拆、隐匿、毁弃邮件、电报罪也无法作为侵犯通信自由罪（侵犯通信自由罪的犯罪对象是信件，并不包含电报）论处。其三，将利用职务上的便利作为本罪构成要件与刑法第 253 条第 2 款不合。第 2 款规定犯本罪而窃取财物

[①] 这一结论实则关系到本罪是纯正身份犯还是不纯正身份犯的判定。因为，如果认为本罪在构成上要求主体"利用"职务便利，则按照本书的研究路径，本罪就应当属于纯正身份犯，理由在于这样一来，本罪相对于侵犯通信自由罪在构成上不单有主体（身份）的超过要素的存在（不符合不纯正身份犯的构成机理）；而如果认为本罪在构成上不要求利用职务便利，只要邮政工作人员实施便可构成，则在本书看来至少存在了将本罪作为与侵犯通信自由罪相对应的不纯正身份犯的前提，具体的两罪对应关系则较为复杂。

[②] 高铭暄、马克昌主编：《刑法学》（下册），中国法制出版社 1999 年版，第 868 页。

[③] 王作富主编：《刑法分则实务研究》（上），中国方正出版社 2003 年版，第 1148 页。

[④] 参见张明楷：《刑法学》（第二版），法律出版社 2003 年版，第 721 页；高铭暄、马克昌主编：《中国刑法解释》（下卷），中国社会科学出版社 2005 年版，第 1731～1732 页。

的依照盗窃罪定罪从重处罚。如果要求主体必须利用职务之便方构成本罪则此第 2 款的规定缺少正当性。

笔者赞同否定说的主张，认为本罪的构成并不要求行为主体利用职务上的便利为之，在主张理由上基本同意否定说论者的观点，但是有以下几点需要强调。

首先，肯定说的依据主要是 97 刑法同旧刑法关于本罪的法条表述几乎完全一致（仅有"邮电"改为"邮政"这一字之差，第 2 款的规定除外），而在旧刑法中本罪被置于渎职罪中，因此在旧刑法时代只能将本罪理解为利用职务之便方能构成，否则主体便无职可"渎"。故而基于法律条文表述上的一致对其构成也应当沿用理解。① 而从本罪所在新旧刑法中所属的类罪名来看，这种沿用理解显然是站不住脚的。

其次，否定说的第二个理由——可能会产生刑法中的盲点的说法，只能是一种为了说明本罪构成无须利用职务之便而得出的实然解释，因为这种解释结论弥补了可能会出现的邮政工作人员没有利用职务之便隐匿电报等行为无法处理的缺陷。但是按照该论者的观点可能又会出现另外一个问题：如果一般人隐匿或毁弃他人电报的如何处理呢？因为按照论者的观点作为由一般人构成的侵犯通信自由罪的行为对象只能是信件，而信件又不包括电报。显然这种行为也是刑法上的"盲点"。解决了一个问题似乎又产生了另一个问题。当然，尽管如此笔者也不是说在否定"否定说"的观点，而是为了说明我们在对法律条文进行实然解释的时候应当注意条文之间的协调性，否则顾此失彼。具体到本

①　这种沿用理解要区别于前文研究遗弃罪时涉及的沿革解释。遗弃罪与本罪尽管在形式上都表现为法条表述没有改变，而在分则中的位置有所变动。但是二者仍有很大区别，遗弃罪在旧刑法中所属的妨害婚姻、家庭权利可以归并到其在 97 刑法中所属的妨害公民人身权利中，二者侵犯的同类客体属于包含关系；而本罪在旧刑法中作为渎职罪的一种所侵犯的国家机关正常活动这一客体并不当然的被公民人身权利、民主权利所包容。一句话，遗弃罪仅仅表现为在分则中的形式位移，而本罪则是在形式位移基础上实质内涵的重置。

罪和侵犯通信自由罪这样两个罪名，法条规定本罪的行为对象是邮件或者电报；而侵犯通信自由罪的行为对象则仅指信件。在刑法解释中条文所指信件是否包含邮件或者电报？如果在法律解释上无法得到肯定结论，我们就应当反思条文本身在用语上的严密性或者说适当性了。顺便提及一下，即使将两罪的行为对象相同规定也不妨碍将本罪解释为不纯正身份犯。

最后，犯罪构成是犯罪成立的最低规格，符合犯罪构成各方面要件则标示着犯罪的成立，而在实践中的具体犯罪行为可能附带构成要件之外的其他状况（如果没有特别规定）则可在量刑时考虑，例如行为人利用职权所形成的便利，而实施了故意杀人行为当然应当判定为故意杀人罪。按照这一思路，将本罪理解为无须利用职务上的便利为之，也不排除行为人在实施本罪时利用了职务便利的情形。这样一来，邮政工作人员如果利用职务之便实施本罪而窃取财物的应当如何认定呢？这个问题值得研究，就目前的刑法规定来看，只能作为盗窃罪处理。但从实质合理性言之，立法似乎应当将两种情形（利用职务之便实施本罪与没有利用职务之便实施本罪）分立规定较为合适。

总而言之，从解释论的角度，笔者认为，法律条文本身并没有规定构成私自开拆、隐匿、毁弃邮件、电报罪需要利用职务的便利，因此我们不能随意增减作为犯罪成立最低要求的构成要件规格。另外，本罪的行为对象包括邮件和电报，而作为与其对应的基本犯罪侵犯通信自由罪的行为对象仅指信件，因此，只能在实施隐匿、毁弃或者非法开拆信件行为上，两个罪名具有对应关系，只能说邮政工作人员实施的私自开拆、隐匿、毁弃信件时才构成不纯正身份犯。显然，这一结论的得出是迫不得已，可以通过相关的立法渠道来解决这种无奈的选择。

（二）盗窃、抢夺武器装备、军用物资罪

盗窃、抢夺武器装备、军用物资罪，是指军职人员采取秘密窃取或者乘人不备公然夺取的方法，非法占有部队的武器装备或者军用物资的行为。

本罪在主体构成上要求行为人必须具有军职人员的身份，因此本罪也属于典型的身份犯范畴。但是本罪应当属于纯正身份犯还是不纯正身份犯的一种，则不可一概而论。传统观点对这一问题并未涉及，但是笔者认为，纯正身份犯同不纯正身份犯在构成机理以及对相关理论问题所得出的结论方面存在区别，因此将本罪作为纯正身份犯还是不纯正身份犯来看，显然具有很强的理论价值和处理相应案件的实践意义。

由于刑法第 438 条仅规定，"盗窃、抢夺武器装备或者军用物资的……"因此从表面来看本罪由军职人员实施时并无其他限制性条件，无论军职人员是否利用其职务产生的便利实施本罪都可构成。也就是说，本罪在犯罪成立的最低构成规格上属于只要具备军职人员身份的人实施即可的"存在型"身份犯。而如果是由军职人员以外的一般人实施盗窃、抢夺武器装备或军用物资的，视盗窃、抢夺的性质与对象，分别认定为盗窃、抢夺枪支、弹药、爆炸物罪或者盗窃罪、抢夺罪。[①] 从这一点来看，本罪应当属于不纯正身份犯：一般人实施盗窃、抢夺武器装备或者军用物资行为的可能构成盗窃罪、抢夺罪或者盗窃、抢夺枪支、弹药、爆炸物罪等，而如果由军职人员实施同样的行为则构成盗窃、抢夺武器装备、军用物资罪，这完全符合不纯正身份犯的构成原理。不过，本罪同与其对应的基本犯罪相比较，该对应关系较为复杂：一个罪名对应了两个基本犯罪（即盗窃罪、抢夺罪和盗窃、抢夺枪支、弹药、爆炸物罪），而且本罪也不是与其基本犯罪完全对应，只是在同样实施盗窃、抢夺武器装备或者军用物资的行为时存在对应关系。但这并不影响本罪作为不纯正身份犯的判断。

当然，从实际情况来看，军职人员如果利用职务上的便利，窃取自己经手、管理的军用物资，显然完全符合贪污罪的构成条件，如果此时将行为人认定为盗窃、抢夺军用物资罪则不仅放纵

① 张明楷：《刑法学》（第二版），法律出版社 2003 年版，第 973 页。

了犯罪分子也不利于国家公共财产的保护。因此，中国人民解放军军事法院于 1988 年 10 月 19 日发布的《关于审理军人违反职责罪案件中几个具体问题的处理意见》作出规定："军职人员利用职务上的便利，盗窃自己经手、管理的军用物资的，符合贪污罪的基本特征，依照刑法第一百五十五条（旧刑法——笔者注）和全国人大常委会《关于惩治贪污罪贿赂罪的补充规定》，以贪污罪论处，从重处罚。"一般认为，《关于审理军人违反职责罪案件中几个具体问题的处理意见》的这一规定仍然符合现在刑法的相关规定，理应继续适用。据此，我们在说明本罪属于不纯正身份犯时并不包括可以作为贪污罪处理的情形。

第三章　身份犯的正犯（Ⅰ）

——单独正犯

　　一般而言，所谓正犯至少包含两层含义：首先，是行为人实施了"正犯行为"；其次，是实施该行为的人应当承担"正犯责任"。对于不同的正犯类型这种正犯行为和正犯责任的认定并不相同：在单独正犯的情况下，这种正犯行为就是指刑法分则所规定的构成要件行为（实行行为），正犯者直接按照分则对具体罪名所规定的刑罚进行处罚即可；而共同正犯由于主体由多人构成，则其正犯行为和责任的承担与单独正犯有别。① 总的来说，单独正犯是指由一人单独实施正犯行为的情形，而根据其行为人实施行为的方式又可分为直接实施和间接实施两种，前者是直接正犯，直接按照刑法分则的相关规定即可认定；而后者一般称之为间接正犯，在实行方式和内在构造上较为特殊。据此可知，直接正犯和间接正犯作为单独正犯的两种实现方式，在正犯责任的归结上直接适用分则具体罪名的刑罚标准即可；而其正犯行为的判断则只能围绕分则所规定的构成要件行为，也即实行行为（只不过一个是直接完成，一个是间接实施罢了）。

---

　　① 主要是其正犯行为是否等同于分则实行行为有不同见解，这便涉及正犯与实行犯的关系判断问题，这种判断在共同正犯理论中较为棘手，当然对共同正犯的不同认识也可能牵连间接正犯的相应判断，本书立足于形式的客观说而认为正犯即为实行犯，并对理由进行了论证（详见本书第四章）。

第一节　身份犯的实行行为

身份犯的实行行为应当具有不同于一般犯罪实行行为的特定表征，这是将实行行为理论贯彻到身份犯当中的必然结论，也符合身份犯的内在要求。

一、实行行为之本体意蕴

（一）实行行为的还正性考察——构成要件个别化机能之伸张

实行行为是刑法理论中的一个基石范畴，在德、日等大陆法系国家刑法中尤其受到重视。日本学者大谷实认为："实行行为比其他任何要件都要重要得多"，甚至认为日本刑法是以此为前提而构建，亦不为过。① 这是因为实行行为具有强大的理论功能：不仅在判断犯罪实施阶段离不开对实行行为的研究；同时对于共同犯罪中判断正犯与共犯相关问题时也要对实行行为进行甄别。当然，在不同的场域对实行行为研究的侧重点有所不同。

一般认为符合构成要件的狭义行为就是实行行为。② 因此，在大陆法系刑法中对实行行为的认定实则是对构成要件该当性的判断，二者是"一物两面"的逻辑关系。

作为现代意义构成要件概念的首倡者贝林，在他 1906 年《犯罪的理论》一书中提出，应该有一个"在体系上能够概括某个具体犯罪所有特征以使它特定化"的概念，贝林将这个概念

---

① ［日］大谷实：《日本刑法中正犯与共犯的区别》，载《法学评论》2002 年第 6 期（总第 116 期），第 115 页。

② ［日］大塚仁：《刑法概说（总论）》（第三版），冯军译，中国人民大学出版社 2003 年版，第 134 页。

定义为"构成要件"①。自此，构成要件理论在整个大陆法系刑法中的基石地位一直延续。尽管其后的学者对构成要件理论的相关问题甚至于整个犯罪成立理论都颇有争议，但是就目前来看，承认犯罪成立的三阶段论以及构成要件承载着自由保障、犯罪个别化以及故意规制等机能的认识基本被大多数学者所主张。

日本学者曾根威彦认为："构成要件，将罪刑法定原则机能进一步深化，也在发挥将单个犯罪和其他犯罪区分开来的机能（犯罪个别化的机能）。"② 具体来说，所谓"构成要件的犯罪个别化机能，即不同犯罪之间的区别，要在构成要件中去寻找，换言之，构成要件使得各种犯罪相区别成为可能"。③ 基于此，构成要件个别化之机能的存在也为我们明确该当性的构成要件所具备的要素应当包括哪些提供了思路。

在贝林时代所认识的构成要件是纯粹客观的、记述的和价值中立的，作为构成要件要素也只能是客观的和记述的构成要件要素，这固然有其限制法官的自由裁量权以实现刑法规定的罪刑法定原则的精神，更有其丰富的时代背景；但是伴随着刑法理论以及实践的发展，贝林时代的构成要件理论逐渐得到修正和完善，作为构成要件的要素也变得更加丰富。现在一般认为"基于犯罪的个别化、限定化、明确化的要求，可能还是不能把主观的构成要件要素从构成要件要素中排除出去。因此，必须承认一定限度的形式的、主观的构成要件要素以实现犯罪个别化的机能。主观的构成要件要素可以分为一般的主观的构成要件要素和特殊的主观构成要件要素，即构成要件的故意、过失属于前者，而目的

---

①　李海东：《刑法原理入门（犯罪论基础）》，法律出版社 1998 年版，第34 页。

②　[日] 曾根威彦：《刑法学基础》，黎宏译，法律出版社 2005 年版，第 185 页。

③　参见张明楷：《外国刑法纲要》，清华大学出版社 1999 年版，第 73 页。

犯的目的等属于后者。"① 日本学者曾根威彦也对构成要件的个别化机能做出了阐述，他认为："由于犯罪个别化的机能是构成要件的罪刑法定主义机能的进一步化，因此构成要件不但从总体上明示非犯罪现象与犯罪全体的界限，而且还可以赋予个别的各个犯罪的轮廓。当彻底贯彻犯罪个别化机能时，构成要件就不能仅包括客观的、记述的要素，主观的要素、规范的要素特别是主观的要素就不可避免的进入构成要件之中。"② 他所阐述的主观的要素就包括作为一般的要素即构成要件的故意、构成要件的过失；而特殊的要素是指目的犯的目的、倾向犯的内心倾向、表现犯的心理过程。另外，不但作为主观的构成要件要素应当进行这种理解，也有一些客观的构成要件要素承载着这种区分机能。我国学者李洁教授经过对不同法系犯罪构成论的体系性特征进行比较后得出："构成要件诸要素之一便是行为主体要素，也称客观的行为者要素。在他们的理论体系中，由于行为主体的责任能力问题是放在责任论中加以说明，因而作为构成要件要素的行为主体，一般没有特殊的限定，只要是自然人，就可以成为行为主体。但在身份犯中，行为主体必须具有特定的身份。"③ 这种对构成要件要素的理解是较为客观和全面的，笔者深以为然。

总之，只要能将罪与罪互相区别（也包括犯罪行为与非罪行为的区分）而完成犯罪个别化任务的因素就应当成为构成要件的要素，不论是主观的抑或是规范的要素都是如此。这不仅是我们在判断构成要件该当性时需要考虑的，也是判断某一行为是

---

① ［日］内田文昭：《改订刑法Ⅰ（总论）》，青林书院 1986 年版，第 94～112页；转引自王充：《论构成要件理论的行为类型说》，载《当代法学》2006 年第 4期，第 139 页。

② ［日］曾根威彦：《刑法总论（第三版）》，弘文堂 2000 年版，第 67～68 页；转引自王充：《论构成要件理论的行为类型说》，载《当代法学》2006 年第 4 期，第140 页。

③ 李洁：《三大法系犯罪构成论体系性特征比较研究》，载陈兴良主编：《刑事法评论》（第 2 卷），中国政法大学出版社 1998 年版，第 426 页。

否是实行行为，时需要顾及的综合指标。正是这种综合指标的特质决定了实行行为是价值论意义上的行为模型而非存在论意义上的行为事实，是对象评价而非评价对象。

（二）我国刑法语境下的实行行为

实行行为概念在我国刑法中也存在，在研究犯罪停止形态过程中对犯罪行为着手的认定，以及探讨共同犯罪之参与行为类型的时候都离不开对实行行为的阐释。从理论功能上而言，似乎我国刑法中的实行行为完全等同于大陆法系刑法的概念，但就目前的理论研究来看，我国学者对实行行为的认识和定义存在较大偏差甚至误读，这不仅对实行行为理论本身的发展造成桎梏，也可能阻碍了相应理论问题的进一步展开。[①]

我国刑法中对实行行为的定义一般有两种表现形式：一种是将实行行为定义为刑法分则规定的具体犯罪构成要件的行为；[②]还有一种则直接将实行行为等同于我国刑法分则所规定的犯罪构成客观要件的行为。[③] 后一种观点直接将大陆法系刑法中的实行行为等同于我国四要件构成理论中的客观要件行为，而前者尽管没有做出这种直白的表达，但是从其语言表述上似乎也可以看作与后一种观点基本一致。正是在这种认识基础之上，有学者认为："犯罪类型不同，其构成要件行为一般也相异，但是由于犯罪现象错综复杂，也由于我国刑法是以犯罪客体的性质来确定犯罪，因此，导致了刑法中虽不相同的犯罪，却具有相同的实行行

---

① 我国刑法中作为犯罪构成四要件之一的客观要件强调的是行为事实的客观性，更注重的是事实层面，这便区别于实行行为所强调的价值层面。这种本质上的差异当然会直接影响到对相关问题的结论。例如，后文将要探讨的共同犯罪中共同正犯的构成等。

② 陈兴良：《共同犯罪论》，中国社会科学出版社 1992 年版，第 91 页。

③ 高铭暄、马克昌主编：《刑法学》，北京大学出版社、高等教育出版社 2000 年版，第 168 页；孙膺杰、吴振兴主编：《刑事法学大辞典》，延边大学出版社 1989 年版，第 756 页。

为，形成了实行行为的共同性。"① 而直接得出相异犯罪会存在共同的实行行为的结论。② 传统观点限于刑法分则中研究实行行为是对的，但是却将实行行为直接等同于犯罪构成客观要件行为则大可商榷。诚然，不可否认的是，在进行比较刑法研究的同时，并不一定要追求概念及其表述上的完全一致。但是作为概念表述同一，意图使得某一概念的定位以及所承载的理论功能等都完全一样，而在内涵阐述上却不相同，这只能从反思我们的比较研究方法上入手。

通过对上文有关大陆法系刑法中实行行为的还正性解读，我们不得不重新将实行行为与我国刑法犯罪构成要件诸要素进行全面的对应性分析。基于对实行行为应当具有综合指标的认识，而在我国刑法中进行对应性寻找必然会打破我国刑法耦合并列式犯罪构成四要件的规整性。个别学者也注意到了这一点，认为"尽管我国刑法犯罪构成理论公认实行行为作为犯罪客观方面的内容，故意过失作为主观方面的内容，但这只是论述问题的便宜手段而已，其实客观方面讨论的行为仅仅是实行行为的体素而已，而实行行为的心素的内容即故意、过失则放在主观方面加以研究，但必须要注意，体素与心素的结合才是完整的实行行为，客观方面中探讨的所谓'行为'并非实行行为而是实行行为的体素，尽管理论上有时把实行行为的体素称为客观行为，但绝不能把体素视为实行行为之全体，把心素又视为与实行行为并列的东西"。③ 笔者初步赞成这一看法，因为毕竟论者已经朝着意图在我国刑法中全面认识实行行为的方向前进了一步。但是，论者在认识实行行为的心素和体素时，似乎有所顾忌而给人意犹未尽之感，实行行为的心素仅仅指故意、过失么？而体素则仅是客观

---

① 熊选国：《刑法中行为论》，人民法院出版社1992年版，第76页。
② 在我国刑法理论中，这种将实行行为直接等同于犯罪构成客观要件行为（即仅重视行为的客观面）的做法可谓是真正的"形式"客观说。这种观点在解决身份犯的共同正犯时又被重申和坚持。可见其影响之深。
③ 董玉庭：《论实行行为》，载《环球法律评论》2004年夏季号，第193页。

构成要件行为么？显然并不是这样。

事实上存在于刑法分则中的其他相关要素也是作为实行行为的必备要件之一。例如，目的犯的目的也应当作为实行行为的心素之一，因为目的也可以实现"犯罪个别化"的功能。例如，刑法第239条第2款规定以勒索财物为目的偷盗婴幼儿的，依照前款（绑架罪）的规定处罚；第240条第1款第（六）项规定以出卖为目的，偷盗婴幼儿的构成拐卖儿童罪。同样是偷盗婴幼儿的行为主观目的不同，则分别满足不同犯罪构成要件之"该当"。同理，身份犯（纯正身份犯与不纯正身份犯稍有不同）的身份也是判断构成要件"该当性"（即实行行为性）的必备要素。

二、身份犯的实行行为之特殊内涵

对实行行为的认识与本书将要论及的对身份犯的实行行为的认识应当是一脉相承的，作为身份犯的实行行为同样要满足一般意义上的实行行为之基本要求。只是本书的研究主旨是身份犯问题，因此为了配合身份犯相关问题的展开将其实行行为单独进行说明。

（一）纯正身份犯的实行行为

正如前文所言，纯正身份犯作为身份犯的基本类型之一，系指身份的存在决定犯罪是否成立的犯罪。纯正身份犯又包括积极身份犯与消极身份犯，因此从实行行为的角度，积极身份犯的实行行为只能由具有身份者实施了分则所规定的犯罪客观方面的行为（当然还要同时具备实行行为的其他要素），例如，只有国家机关工作人员收受他人财物的才能认定为受贿罪的实行行为，否则作为国家机关工作人员之外的其他人员即使收受了他人财物也绝不能视为受贿罪的实行行为；而消极身份犯则与积极身份犯恰好相反，作为消极身份犯的实行行为只能由不具有该消极身份的人才能实施，例如，非法行医罪，其实行行为只能是指未取得医生执业资格的人的行医行为，而只要具备医生执业资格则无法实施本罪的实行行为，当然可能构成本罪共犯。

有的学者对于纯正身份犯的实行行为通过区分自然身份与法定身份之不同而得出相异的结论。认为"在真正身份犯的犯罪中，应当区别法律身份与自然身份，而作为自然身份的犯罪中，非特定身份的人能够与真正身份犯成立共同实行行为"，"法律身份能够具有评价是否为实行行为的功能，而自然身份则不具有"。① 不可否认，法律身份与自然身份固然有其差异之处，但是论者直接认为法律身份的存否决定实行行为的有无，而自然身份则否，这一结论的依据何在？不得而知。如果说论者是站在实行行为等同于我国刑法中犯罪构成客观要件的行为（事实上论者在文中对实行行为也是如此定义的），那么无论是自然身份犯还是法律身份犯，如果完全从自然意义上认识实行行为则无身份者都可能实施，强奸罪的暴力、胁迫行为可以由妇女完成，而受贿罪的收受他人财物行为也同样可以由非国家机关工作人员实施。论者进一步解释，作为法律身份犯的实行行为一般都是利用职务之便而完成的（事实上并非所有的法律身份犯的构成都需要利用职务之便构成），那么这样的话就应当将结论完整的表述为只有利用职务之便（或者其他条件）才能构成的法律身份犯之实行行为只能由有身份者实施，但是论者并没有这么定义。笔者认为，该论者对实行行为的认识仍旧是一种模棱两可的态度才导致了其若即若离的结论——一边完全主张实行行为等同于犯罪客观要件，而另一边又似乎要顾及实行行为的综合指标（犯罪个别化机能）。因此是不彻底的。

（二）不纯正身份犯的实行行为

作为身份犯另一基本类型的不纯正身份犯，由于构成上的特殊性其实行行为尚有其特别之处。

从一般意义而言，不纯正身份犯的实行行为应当具有区别于

① 林亚刚：《身份与共同犯罪关系散论》，载《法学家》2003年第3期，第57~58页。

其他犯罪实行行为之功能；但是作为不纯正身份犯具有构成上的特殊性，即其存在都应当有一个基本犯罪构成要件与之对应，台湾地区学者林山田教授将某一不纯正身份犯的构成同与之对应的基本犯罪构成称之为变体构成要件与基本构成要件①较能准确概括这一关系。因此，不纯正身份犯实行行为的依附性特征应当作为我们讨论不纯正身份犯的实行行为以及其他相关问题尤其需要把握的一点。一言以蔽之，就形式上来说，由于特殊身份的具备不纯正身份犯的实行行为之构成应当区别于其他犯罪；但是从实质意义而言，作为不纯正身份犯的实行行为除了特殊身份有所"超出"外，完全等同于与之对应的基本构成要件之犯罪，这一点是后面研究不纯正身份犯的间接正犯以及共犯等相关问题的关键。

第二节　身份犯与间接正犯

一、间接正犯的一般理论

间接正犯（又称间接实行犯）理论古已有之，但是现代意义上的间接正犯概念还是在 19 世纪末提出的，而在法律上明确规定间接正犯则始于 20 世纪初的 1919 年德国刑法草案。

应当说这已经是个不算年轻的理论。但是该理论从产生时起就注定了其备受关注的理论品格。首先，对其是否应当存在的问题上，总的说来，作为大陆法系刑法基本流派的客观主义和主观主义就持截然相反的态度，具体而言客观主义的犯罪共同说和共犯从属性说承认间接正犯的概念，相反主观主义的行为共同说和共犯独立性说则否认间接正犯的理论。其次，在承认间接正犯概

---

① 林山田：《对"共犯"刑章之刑法修正的检讨》，载《月旦法学杂志》，元照出版有限公司 2006 年 8 月第 135 期，第 170～171 页。

念的理论当中对间接正犯范畴本身的诠释也是大相径庭，学说林立。但是总的来说，承认间接正犯的理论并对其充分关注是现今刑法理论的主流。①

具体到我国刑法，对于间接正犯理论的探讨尚处于初级阶段。论文和专著寥寥，对间接正犯基本理论问题的探讨不够。以至于有人得出间接正犯不是刑法典的规定内容，而是适用解释上的理论，即不是立法论，而是解释论的范畴。② 更何况理论上的空白或者说缺乏理论指导的刑事司法是危险的。以司法实践中经常发生的较为典型的国家工作人员通过妻子等家属收受贿赂的行为来看，至少在理论上就存在三种主张：第一种观点认为，此时国家工作人员作为教唆犯、非国家工作人员是从犯；③ 第二种主张认为，这种情况下国家工作人员应当构成间接正犯，而被教唆的非国家工作人员则构成间接正犯的从犯；④ 第三种观点则认为，类似情形下国家工作人员构成间接正犯，非国家工作人员一般可不作为构成犯罪处理，而运用行政手段加以解决，某些无身份者行为确实需要处罚的，如受贿行为中无身份者行为情节严重的，可以认定为介绍贿赂罪。⑤ 同样一个案例，理论上却存在不同的主张，这无疑会给司法实务工作者增添很多烦恼。就笔者看来，如上观点的第一种主张是一个共犯本身的问题，弊端较为明显：按照共同犯罪理论，在没有实行犯的情况下，教唆犯与帮助犯如何存在不无疑问。而第二种主张与第三种主张尽管都是以间接正犯为出发点来寻求对类似案件的处罚根据，但是二者所得出

---

① 关于间接正犯理论的产生、历史发展以及存在理由请见林维：《间接正犯研究》，中国政法大学出版社 1998 年版，第 14 ~ 19 页；韩忠谟：《刑法原理》，中国政法大学出版社 2002 年版，第 220 ~ 221 页。

② 甘雨沛、何鹏：《外国刑法学》（上册），北京大学出版社 1984 年版，第 428 页。

③ 马克昌主编：《犯罪通论》，武汉大学出版社 1999 年版，第 585 ~ 586 页。

④ 吴振兴：《论教唆犯》，吉林人民出版社 1986 年版，第 169 页。

⑤ 林维：《间接正犯研究》，中国政法大学出版社 1998 年版，第 122 页。

的结论却不完全相同，这可能会导致在量刑上大相径庭。例如，国家工作人员通过家属等非国家工作人员收受他人 10 万元以上财物的，按照第二种观点国家工作人员构成受贿罪（间接正犯），[①] 而非国家工作人员构成受贿罪的从犯（帮助犯）。按照刑法相关规定，数额达到 10 万元以上的受贿犯罪，无论是作为受贿罪的（间接）实行犯还是作为从犯（帮助犯）的非国家工作人员都应该判处至少 10 年的刑罚；但是，按第三种观点的理解，国家工作人员应该判处 10 年以上的刑罚，而非国家工作人员只能依据介绍贿赂罪，最多判处 3 年有期徒刑。二者处罚程度相差如此悬殊可见一斑。通过对后两种主张所得出的结论作进一步思考，便可知道，由于他们各自对间接正犯本身的不同理解，为了贯彻自己理论上的一贯性，导致如此结论以及法定刑可能迥异现象的出现。

---

① 这一点理论上有争议，主要源于对受贿罪客观要件的不同理解所致。一种观点认为受贿罪是复行为犯，包括利用职务之便的行为和收受贿赂的行为（参见赵秉志、许成磊：《贿赂罪共同犯罪问题研究》，载《国家检察官学院学报》2002 年第 1 期，第 43 页）。如此一来，如上案例中国家工作人员和非国家工作人员共同构成共同实行犯（而非间接实行犯）。另一种观点则认为，受贿罪是单一行为犯，其实行行为仅为索取、期约和收受行为，而利用职务之便只能结合整个受贿行为加以理解，不能单独视为是受贿罪实行行为的一部分（参见于宏、范德繁：《事后受贿的认定》，载《国家检察官学院学报》2003 年第 1 期，第 52 页）。我国刑法中利用职务上的便利，尽管由刑法明文规定在某些犯罪的客观要件中，但它不是一个独立的行为要件，其作为犯罪构成的内容自无争议，但就其属性而言，不能以一独立行为的面貌出现。……利用职务之便本身并未表现为独立的有社会意义的身体举止。……利用职务之便的犯罪也属于单一型实行行为（参见范德繁：《犯罪实行行为论》，中国检察出版社 2005 年版，第 162～163 页）。本书同意后一种主张，因为国家工作人员没有亲手实施受贿罪的实行行为，而是通过非国家工作人员的收受行为，进而完成其受贿罪的，所以构成间接实行犯。本书是站在这个角度理解受贿罪的。需要提出的是，正文中第二种观点也是通论观点，而且司法实践中也是这样操作的，笔者也同意这种结论。但是经过考察可以得知，无论通论观点抑或实践中的惯常做法都是没有经过理论论证而仅仅是从一种事实合理性的需求出发。这种单单顾及事实上的合理性，不去考虑理论上的根据以及论证有可能导致司法的随意和不确定。因此笔者在赞同该结论的同时认为更需要在理论层面上对间接正犯等相关问题进行探讨。

因此，如何认识和界定间接正犯就是我们不能回避的一个问题。

（一）间接正犯的概念

综观大陆法系及我国学者的不同主张，对间接正犯概念的理解可谓众说纷纭，莫衷一是。归纳众多学者的不同界定，至少可以从三个角度来理解间接正犯：

第一，利用工具说。从工具论的角度，笼统地指出利用他人实施犯罪的行为是间接正犯，尔后通过对其类型的列举来限定间接正犯的范围。这种定义方式是目前理论上的通用做法。例如：德国学者李斯特（Liszt）认为，正犯（间接正犯）还指虽非因行为人自身的行为，而是通过其他人（甚至是被害人自己）而实现构成要件之人；① 德国学者耶赛克（Jescheck）认为，间接正犯是指为了实施构成要件该当行为，以利用他人作为"犯罪工具"的方式来实现犯罪构成要件者；② 意大利学者帕多瓦尼（Padovani）认为，间接正犯是指本身没有直接实施刑法分则规定犯罪行为，但利用了因各种原因而不受处罚的主体实施犯罪的人；③ 日本学者川端博认为，所谓间接正犯，系指利用他人为道具而实现犯罪之正犯形态；④ 除此之外我国台湾地区及大陆也有许多学者从这个角度给间接正犯下定义。台湾地区学者林山田认为间接正犯与直接正犯相对之一种正犯，系指行为人利用他人之行为，实现构成要件，以遂其犯意之正犯。⑤ 我国学者张明楷教

① ［德］弗兰茨·冯·李斯特：《德国刑法教科书》，徐久生译，法律出版社2000年版，第363页。
② ［德］汉斯·海因里希·耶赛克、托马斯·魏根特：《德国刑法教科书》，徐久生译，中国法制出版社2001年版，第801页。
③ ［意］杜里奥·帕多瓦尼：《意大利刑法学原理》，陈忠林译，法律出版社1998年版，第336页。
④ ［日］川端博：《刑法总论二十五讲》，余振华译，中国政法大学出版社2003年版，第374页。
⑤ 林山田：《刑法通论》（第二版），三民书局1986年版，第204页。

授认为，间接正犯是指利用非正犯的他人实行犯罪的情况，[①]等等。

　　该种定义模式似乎过于追求概念应当简洁、抽象以达到高度概括，但是未免"简而不明"，以致其理论价值大打折扣。我们至少可以看到其如下不尽如人意之处：其一，概念理应具有与其他相类似事物区分开来的功能，但是该种定义模式并未完成自己的使命。单单遵循其概念本身尚不能将间接正犯与其他的"利用他人犯"相区别，例如所谓"片面共犯"也存在利用他人的犯罪行为以实现自己犯意的情形，以至于有学者已经明确提出"片面共犯"应当视为间接正犯的一种。[②]另外，教唆犯也存在利用他人实现犯罪的情形，如何区分该种定义仍没有给出明确地说明。当然，部分学者似乎看到了这一弊端，对其概念稍加改动，将笼统地利用他人改成利用非正犯的他人或因各种原因而不受处罚的主体，但是这样又缩小了间接正犯的存在范围，如把利用过失行为的间接正犯、利用有故意而无目的的间接正犯、利用有故意而无身份的间接正犯等类型排除出去，又未免有些矫枉过正。其二，由于存在上述原因，采用这种定义方式的学者一般都在其概念之后罗列间接正犯的种种存在类型，以对其概念加以补充。但是，这种做法往往是行不通的。因为其概念本身都没有将间接正犯进行精准的范围划定、没有提供一个标准，又怎么能仅仅通过类型的列举对其加以说明呢？这无非只会徒增理论研究的被动性和滞后性。实践也证明了这种方式是不可行的——同是持该种概念定义方式的学者对间接正犯的类型也有多寡不同的认识。其三，这类定义几乎都是从"行为支配"、"行为控制"这一工具论的角度对间接正犯加以认识的。认为被利用人无非是利用人所利用的"活的工具"，如此一来，间接正犯就同直接正犯

---

　　① 张明楷：《刑法格言的展开》（第二版），法律出版社 2003 年版，第 255 页。

　　② 肖中华：《片面共犯与间接正犯观念之破与立》，载《云南法学》2000 年第13 期，第 53 页。

没有什么差别，理应作为正犯处理。但是，由于间接正犯存在类型的广泛性和多样性，如果用工具理论解释利用无责任能力人、不自由的工具等情形尚可，不过对于利用有故意而无目的或者有故意而无身份的人实施犯罪的情形，工具论似乎无法圆满地作以诠释。"在这种情况下，如果不能放弃对于间接正犯的处罚，刑法理论上就不得不通过规范上的界定满足于一个可能'十分不公正'（耶赛克语）的结论，即在这种场合的所谓规范物理行为控制说。根据这一认识，利用人间接正犯成立的条件降低为利用人对被利用人以与教唆犯成立相同的物理作用发生了影响。"[1]这样一来就使得工具理论不能贯穿一致。

第二，列举说。直接通过对间接正犯类型的限定来界定间接正犯。如日本学者福田平、大塚仁认为：间接正犯是自己本身不直接插手，利用合法的行为人、无责任能力人或不具备故意的人实行自己的犯罪。[2] 台湾地区学者蔡墩铭认为利用无责任能力人、无故意者或阻却违法行为者之行为以实施犯罪者，称为间接正犯，[3] 等等，相似的观点还有很多。

应当说这种列举式的定义方式更能让我们对间接正犯的情形一目了然，而且更能给司法实践以指导，只要将实践中发生的情形同间接正犯概念中所列举的情形比照适用即可。但是，鉴于此种概念列举的类型背后并没有一个统一的标准，其无非是将已存的"通论"的间接正犯的若干情形加以罗列，无法顾及尚存争论并未形成统一意见的诸种类型（因为它没有一个统一化的标准）和将来可能会出现的类型，缺少前瞻性。更由于间接正犯理论本身的复杂性，间接正犯存在类型的多样性，决定了该种方式的列举尚不能括其全部，恐有遗漏。如果说概念不能摄其理论

① 李海东：《刑法原理入门》（犯罪论基础），法律出版社 1998 年版，第 177 页。
② ［日］福田平、大塚仁：《日本刑法总论讲义》，李乔等译，辽宁人民出版社 1986 年版，第 160 页。
③ 蔡墩铭：《刑法总则争议问题研究》，五南图书出版公司 1988 年版，第 247 页。

所指的全部情形，那么此概念的存在就是一个疑问。而且，若按这种思路将所有间接正犯的存在类型在其概念中加以表述则会导致概念本身过于冗长。

第三，"非共同犯罪性"说。该说从间接正犯的非共同犯罪性来界定间接正犯，这主要是我国学者的一些主张（当然，大陆法系绝大部分学者也是从间接正犯是为了弥补共犯从属性说的不足而产生的概念之角度认识间接正犯的，但是，他们并没有从这一角度给间接正犯作以界定）。陈兴良教授认为：间接实行犯把一定的人作为中介实施其犯罪行为，其所利用的中介由于具有某些情节而不负刑事责任或不发生共同犯罪关系，间接实行犯对于其所通过中介实施的犯罪行为完全承担刑事责任。这种实施犯罪行为的间接性和承担刑事责任的直接性的统一就是间接实行犯。[①] 林维教授认为：间接正犯是指本身不直接实施完全满足构成要件的行为，而是通过因具有一定情节而与之不构成特定行为的共同犯罪关系的人，实施符合构成要件的危害行为。[②] 姜伟教授则直接指出间接实行犯也叫间接正犯，是指犯罪人利用不构成共同犯罪的第三人实行犯罪的形态。[③]

该种晚近才提出来的间接正犯的概念，避开了传统定义的诸多不足，而直接抓住了间接正犯的"非共同犯罪性"，似乎给我们提供了一个崭新的思路。然而，间接正犯和共同犯罪真的像这些学者所云是水火不能共存吗？在一些学者看来答案是肯定的。为了支持自己的观点，对于本书前面列举的国家工作人员通过非国家工作人员收受贿赂的案例，他们的回答或者是有意回避，仅仅认为此时被利用者由于无特定身份而不构成法律要求特定身份之犯罪，但因有故意而构成一般故意犯罪（笔者推之依此观点

①　陈兴良：《共同犯罪论》，中国社会科学出版社 1992 年版，第 487 页。
②　林维：《间接正犯研究》，中国政法大学出版社 1998 年版，第 43 页。
③　姜伟：《犯罪形态通论》，法律出版社 1994 年版，第 249 页。

本案无身份者应为介绍贿赂罪),①至于无特定身份者的行为若没有相对应的犯罪规定,该如何处理未置可否;或者是对是否存在该种类型的间接正犯予以否认;②或者明确提出无身份者要么不构成犯罪,要么构成相应的故意犯罪,③直接认为本案无身份者应构成介绍贿赂罪。这就又出现了前文所提出的法定刑相差过于悬殊的问题。

笔者认为,该问题的妥善解决至少关涉这样几个问题:无身份者能否同有身份者构成有身份之罪的共同犯罪?理论上的通说认为是肯定的,笔者也认为无身份者能够与有身份者构成有身份之罪的共同犯罪且只能构成组织犯、教唆犯和帮助犯(此问题后文还有涉及,这里不作展开)。进而在行为人构成间接正犯的情况下能否再与被利用人构成共同犯罪?如果不能,如上的刑罚相差悬殊的状况如何解释?如果能,那么按照现行的间接正犯概念(对于非共同犯罪性地执着)是行不通的,我们如何设计一个更为完善的间接正犯概念?对于后面问题的解决,笔者认为,理论研究绝不应先给自己设立个框框式的前提,然后"再为某些带有根本性偏差的做法提供理论论证"。④而应该破除一切框框的束缚,达到问题的有益解决。拿本书所指的间接正犯之情形,我们没有必要先给自己树立一种间接正犯与共同犯罪"有你没我"的观念——在利用人构成间接正犯的情况下,被利用人一定不能与其构成共同犯罪(否则有违间接正犯的非共同犯

①　陈兴良:《间接正犯:以中国的立法与司法为视角》,载《法制与社会发展》2002 年第 5 期,第 8 页。

②　姜伟:《犯罪形态通论》,法律出版社 1994 年版,第 249 页。

③　参见林维:《间接正犯研究》,中国政法大学出版社 1998 年版,第 122 页。

④　周光权:《法治视野中的刑法客观主义》,清华大学出版社 2002 年版,第 4 页。

罪性）①。然后，在这一前提之下再去寻找一些牵强附会的理由，无视司法实践处罚不均的恶果。在本书提及的国家工作人员通过非国家工作人员收受 10 万元以上贿赂的案例中，作为被利用人非国家工作人员的行为与介绍贿赂罪的构成行为是绝对不能够相提并论的，"从罪刑均衡的角度而言，行贿、受贿的帮助行为不可能独立成为介绍贿赂罪的实行行为"。②

如此一来，我们似乎应该从间接正犯概念本身入手，既要克

---

① 这一看法充分注意到了间接正犯的产生根源是为了弥补客观主义所坚持的共犯从属性说之不足而出现的，所以木村龟二教授指出：间接正犯概念是共犯从属性理论产生的无父之子，是没有祖国的永远的犹太人，其正犯的论证是不可能的，具有与共犯从属性原则共存亡的命运。但是，笔者认为，这种观点仅仅说明了间接正犯的产生背景，随着司法实践及理论研究的纵深发展，我们不应该再满足于间接正犯所扮演的这种"替补者"的角色，而应该为其独立的理论价值正名。例如，日本著名刑法学家小野清一郎说道："间接正犯概念是以共犯从属性理论为机缘而产生的，……但是，如果很好地思考一下'间接正犯'的概念，就会发现，它不过是正犯的一种，……它在本质上应当是与共犯的构成及其从属性没有任何关系的问题。"（［日］小野清一郎：《犯罪构成要件理论》，王泰译，中国人民公安大学出版社 1991 年版，第 54～55 页），德国学者提出"首要的正犯概念"，认为正犯分为直接正犯、间接正犯和共同正犯，而如何区分该正犯与共犯呢？学者认为，这种区分必须从正犯概念入手，因为只有这样才能解释狭义的共犯的含义。相反，在一定程度上通过减法，即在因果关系范围内每一个不是共犯之人均被视为正犯，来获得正犯概念是行不通的，因为以此方法正犯概念将会失去其法律轮廓（［德］汉斯·海因里希·耶赛克、托马斯·魏根特：《德国刑法教科书》，徐久生译，中国法制出版社 2001 年版，第 780～781 页）。台湾地区学者柯耀程也提出：间接正犯的出现，主要系在共犯成立尚采"严格从属"时代，为填补因加功于无责任能力人，致无法成立共犯之漏洞而产生之参与形态。虽然从属性已由"严格从属"进至采用"限制从属"，似乎原先所出现之漏洞已被填补，但间接正犯业已发展成独立之形态。亦即所谓"利用他人犯罪者"（柯耀程：《变动中的刑法思想》，中国政法大学出版社 2003 年版，第 358 页）。正如本书所述，笔者并不赞同完全将间接正犯称之为"利用他人犯"，但是十分同意论者对间接正犯的定位态度。当然，这里无论是为了给间接正犯正名也好，抑或主张间接正犯脱离共同犯罪理论的独立地位也罢，在对间接正犯的具体运用中我们仍旧不能完全不去考虑共同犯罪的相关问题，这种考虑可以从另一方面对间接正犯进行印证。例如，如果被利用人完全具备利用人所构成犯罪的正犯全部特征，则利用人就不能构成间接正犯。

② 张明楷：《受贿罪的共犯》，载《法学研究》2002 年第 1 期，第 44 页。

服如上诸种概念之不足，亦应该顾及间接正犯理论本身的特殊性，来寻求问题之解决。所以，笔者认为，间接正犯应当定义为：是指通过他人不完全充足刑法所规定之特定犯罪构成要件的定型行为以实施犯罪的情形。[①]

（二）间接正犯的特征

在给间接正犯作出新的界定以后，接下来的任务就是我们要对其特征加以考察，以期达到对间接正犯全面的认识，同时一并对此概念的准确性予以反思。

笔者认为，间接正犯至少具备如下特征：

首先，从利用人角度，既然称之为"间接正犯"，则应该从这么两个方面来理解：其一，所谓"间接"，在语义学上意为"非直接的"，也就是说利用者（正犯者）本人并"没有直接实施"（形式上是这样的）构成本罪的实行行为，而是通过被利用人的"定型行为"以实现自己的犯罪意图，进而完成犯罪。另外，德国刑法典第25条规定，自己实施犯罪，或通过他人实施犯罪的，以正犯论处；[②] 日本改正刑法草案第26条也规定，自己实行犯罪的是正犯，利用非正犯之他人实行犯罪的也是正犯。[③] 单单从法条的字面表述上是否给我们这样一个感觉：法条中将"利用他人"实施与"自己直接"实施并列加以规定，是否也在告诉我们，该种"利用他人"实施即是非"自己直接"实施，也即"非直接"实施？如果这一推论成立，则更加印证了间接正犯的"间接"这一形式上的特性。其二，所谓"正犯"是从两个方面对利用者的规制。第一个方面在于说明尽管利用者是"非直接"的实施本罪的实行行为，但是透过这个形式上的

---

① 该定义应当说最大化的消解了上述诸种定义之不足，很好地划定了间接正犯的成立范围。另外，尽管笔者使用了"通过"一词而非"利用"，但为了说明上的方便，后文仍将间接正犯者本人称之为利用人。

② 《德国刑法典》，徐久生、庄敬华译，中国法制出版社2000年版，第49页。

③ 《日本刑法典》，张明楷译，法律出版社1998年版，第103页。

"非直接" 我们可以看到，无论是被利用人所实施的 "定型行为"，以至于该 "定型行为" 所侵害的客体无不是利用者本人主观恶性的外化，都是在其主观恶性的引导、贯穿之下所产生的。这里我们暂且不去考虑被利用人意识的存否及其形式，而完全可以将其视为利用人 "肢体的延伸"，通过无身份的人收受贿赂相当于自己 "亲手" 收受了贿赂。如此一来，将利用人称之为 "正犯" 就理所当然了；第二个方面还说明了利用人应当承担本罪正犯之责。

其次，从被利用人角度，有三点需要注意：其一，这里的 "定型行为" 如何理解？我们国家的传统刑法理论认为，构成犯罪需要具备四个方面的要件：客体要件、客观方面要件、主体要件和主观方面要件。然而由于理论和法律规定各自的特殊性，决定了犯罪构成理论与法律规定的犯罪构成二者并非是同一的，但是他们在本质上是一致的，即都是为了说明什么是犯罪。[①] 所以在罪刑法定原则的指引下，我们仍可以通过法律条文的规定来认定和惩罚犯罪。刑法是通过总则和分则结合的方式来规定犯罪构成要件，一般来说，分则各条文是对犯罪实行行为的规定。刑法也正是通过对该实行行为的定型化来区分此罪和彼罪。在客观方面，实行行为是人符合构成要件的一定的身体的动静，表现为积极动作的作为和消极动作的不作为。[②] 我们这里强调的被利用人实施的 "定型行为" 正是取其客观面之 "定型" 意，至于该定型行为的主观面要从利用人的主观罪过中寻找，进而以主客观相统一为原则来认识该间接正犯的实行行为，对利用人加以准确定罪、处罚。其二，被利用人实施该定型行为仅仅是利用人所构成犯罪的客观要件行为（还包括说明行为的结果、情况、因果关

---

① 李洁：《法律的犯罪构成与犯罪构成理论》，载《法学研究》1999 年第 5 期，第 91 页。

② ［日］大塚仁：《犯罪论的基本问题》，冯军译，中国政法大学出版社 1993 年版，第 79 页。

系等），除此之外，被利用人不可能完全具备利用人所构成犯罪的其他构成要件，如利用无责任能力人的行为时被利用人不具备主体要件，利用被利用人的有故意而无目的的行为时被利用人不具备主观要件，利用被利用人的合法行为时其不具备犯罪客体要件；等等。所以本书将其表述为通过他人"不完全充足刑法所规定之特定犯罪构成要件的"定型行为以实施犯罪。这里的"特定"是相对于利用人所构成的犯罪而言的。其三，被利用人所实施的定型行为具有相对性。其相对于利用人所构成的犯罪来说仅仅构成了其犯罪客观方面，然而，该定型化的行为相对于被利用人本人来说，又有可能不构成犯罪或构成其他犯罪。比如，将拌好毒药的咖啡吩咐佣人递给自己的妻子喝，利用人构成故意杀人罪，而被利用的佣人则属于意外事件；后一种情况如盗窃枪支罪以明知是枪支而进行窃取为前提，如果甲明知包内有枪支，骗说乙为一般财物令其窃取，甲构成盗窃枪支罪的间接正犯而乙则构成盗窃罪。

再次，对概念当中的"通过"一词的理解。传统的概念均使用的是"利用"被利用人的行为，这里的通过和利用应当理解为：客观上"通过"一词具有强烈的先后序列性，表明诱致行为（利用者的行为）在前，而后才能借助他人后发生的行为产生危害结果；而"利用"并无序列的含义，它可以指借用后发生的事实间接达到目的，也可以对已经发生的事实状态加以运用，直接达到其目的，而这并非是间接实行范畴。[①] 另外，"利用"一词似乎将间接正犯中利用人的主观罪过限制在直接故意，因为只有在明知并希望的情况下才谈及利用，在概念当中就想当然地将间接故意和过失的间接正犯排除出去，人为地限制了间接正犯的成立范围。

最后，也是更为重要的一点就是，间接正犯的概念仅仅解决的是利用人实施犯罪行为的间接性——通过被利用人的"定型

---

① 林维：《间接正犯研究》，中国政法大学出版社 1998 年版，第 45～46 页。

行为"以实施自己的犯罪。而至于利用人构成了间接正犯之后，其能否与被利用人构成共同犯罪、构成何种组合形式的共同犯罪，则还应该通过各行为人的行为特征，并结合我国的共同犯罪原理综合加以判断。如此一来，既能更好地贯彻罪责刑相适应原则，对各行为人做出准确的罪责判断，同时更能达到刑法理论之间的紧密衔接和配合适用。

（三）间接正犯的构成

特征是从事物的自在属性来认识该事物的，是一种平面式的认识；而构成则是涉及事物的组成成分问题，是一种立体化的解构。所以，笔者在阐释了间接正犯特征之后，欲再从间接正犯的内在组成上加以论证。

传统刑法理论在论证直接单独正犯的犯罪构成时采用的是四要件的构成理论。笔者认为，对于间接正犯的构成我们不妨也从这四个方面来认识（这实质上是对形式的客观说之重申）。但由于间接正犯的特殊性，导致了其与传统的四要件理论的差异性。

第一，间接正犯的主体就是利用者本人。利用人应当具备构成间接正犯之罪的相关主体要素，包括刑事责任年龄要素等。

第二，间接正犯的主观方面要求利用者本人必须具备构成间接正犯之罪的主观方面的要素，这是一种单独实施犯罪的罪过。凡是正犯，都得有自己去实行犯罪的意志，该意志必须是构成要件中包含特别的（超过）主观要素在内的完整的犯意。不具备这些条件的场合，就不可能考虑间接正犯问题。[①] 包括犯罪故意、犯罪过失以及目的犯当中的特有目的；等等。这一要件是利用人之所以承担正犯之刑责的主观根据，被利用人所实施的定型行为正是在利用人这一主观恶性的引导、笼罩之下完成的，其定型行为是利用者本人主观恶性的外化。

第三，间接正犯的客观方面在于被利用人实施的定型行为

---

① ［日］小野清一郎：《犯罪构成要件理论》，王泰译，中国人民公安大学出版社 1991 年版，第 56 页。

（严格意义上来说，该种定型行为只能称之为符合间接正犯之罪客观要件的身体活动，因为在考察间接正犯之罪时，我们是不考虑被利用者本人的主观方面的，仅仅借用的是被利用人符合法律所定型化了的身体活动）。形式上看，利用人本人的主观恶性与被利用人的定型行为相分离。而实际上这只不过是"法律上的责任主体与自然意义上的行为主体的分离"。不是将二者绝对分开，在法律意义上他们是融为一体的，该定型行为是利用人主观恶性的外化，利用人的主观罪过始终贯穿于该定型行为。二者紧密结合，构成了利用人承担刑事责任的主客观基础。当然，由于该定型行为的相对性，对被利用人定型行为自身的法律评价（或者无罪或者构成其他犯罪），则是另外一个问题。

第四，间接正犯的客体也可以理解为刑法所保护而被犯罪行为所侵犯的社会关系。但是这里客体的认识是比较复杂的，由于被利用人实施定型行为的相对性，也导致了该被犯罪行为所侵犯的客体具有了相对性。它既构成了间接正犯之罪的犯罪客体；同时相对于被利用人而言他可能不是犯罪客体，如通过被利用人的合法行为实施的间接正犯，被利用人并未侵犯刑法所保护的客体；而通过被利用人有故意而无目的的行为实施的间接正犯，如果被利用人有故意的行为也为刑法所禁止，那么被利用人的行为又构成了他种犯罪，触犯了刑法所保护的另一种客体（法益）。

综上，笔者认为，间接正犯四个方面的构成要件应当是相互依存、紧密联结的，每一个构成要件都不能脱离其他要件而独立存在。

二、身份犯是否能以间接正犯形式实施的具体分析

在研究了间接正犯相关本体性问题之后，对于身份犯是否能以间接正犯的形式实施以及怎样构成间接正犯等相关问题便可以顺利进行。

（一）身份犯与亲手犯的关系考察

亲手犯与间接正犯两个概念是相互纠缠且彼此制约的关系，

因此在论及间接正犯的问题时避不开对亲手犯的相关探讨；同时，身份犯与亲手犯的关系也较为微妙，身份犯如果均是亲手犯便根本不存在本部分所研究的"身份犯以间接正犯方式实施"的论题了。所以对于身份犯与亲手犯的关系进行考察尤为重要。

所谓亲手犯又称自手犯、亲身犯、亲自犯或者己手犯，简单的说是指只能由行为人亲自实施，而不能以间接正犯形式实现的犯罪。

亲手犯概念的提出在于限制间接正犯的范围，并将不能构成间接正犯的各种犯罪涵括于一定犯罪概念之内予以理解。因此亲手犯概念的承认是以先有间接正犯概念之存在为前提的，对于欠缺间接正犯概念的国家或者对间接正犯概念持否认态度的学者来说，亲手犯的概念并无存在价值。[①] 即使在承认间接正犯的前提下，是否需要另外确立亲手犯的概念也存在肯定说和否定说两种不同观点：

1. 否定说认为一切犯罪都有以间接正犯形式实施的可能，从而否认亲手犯的存在。理由各不相同：首先，主张因果关系论的学者认为，正犯必须是引起犯罪结果者，犯罪的核心为结果的引起，除此之外，诸如行为样态或行为人身份仅属次要不应关注。间接正犯就因果延续而言，同直接正犯相同，不应因其间接而异其评价。因而对一切犯罪均有成立间接正犯之可能，无须就各种犯罪分别而论，而将亲手犯作为间接正犯成立之例外。德国学者李斯特就认为，正犯是指引起结果发生者，并不以结果由行为人之举动直接导致为前提，从而否定亲手犯的概念；此外日本学者大场茂马也主张此说。其次，扩张正犯论者认为，对实现构成要件的结果提供某些条件的人，都是侵害犯罪有关法益的人，应视为正犯。E. 休密特、宫本英修、竹田直平等持此说。他们认为，不但亲自实现犯罪构成要件者，即利用他人为工具以实现构成要件者，也是正犯，一切犯罪皆能构成间接正犯。在一般情

---

① 蔡墩铭：《刑法基本理论研究》，汉林出版社 1970 年版，第 315 页。

况下，被利用者的行为应与一定身份相伴相随，但即使被利用者欠缺此身份，利用者仍是犯罪结果的起因者，即引起侵害法益之人，从而成立间接正犯。这样一来，并无承认亲手犯概念的必要。①

作为否定亲手犯概念的观点，无论因果关系论抑或扩张正犯论都存在不当之处。其中，因果关系论仅将惹起结果者视为正犯，但是并非一切犯罪的成立均需要结果的发生，因此按照该说则在结果并未发生时如何认定正犯不得而知。另外，该说全然不顾分则对构成要件定型性的规定，并不关注分则对某一犯罪个别化之行为样态以及身份这些规范要素，仅从自然主义的思维方法分析间接正犯的利用关系，并未对该种利用在法律意义上加以辨析，因而纰漏明显，不足为取。扩张正犯论过于重视法益侵害结果，而忽视侵害法益的行为过程中身份的重要性，这便犯了与因果关系论同样的错误；况且依照扩张正犯论便极大地扩张了直接正犯之范围，间接正犯似无存在余地，这与论者在承认间接正犯的前提下而否认亲手犯的立场相矛盾。因而更不科学。

2. 肯定说基于构成要件的立场从两个方面进行考察，② 该说认为：一是基于对构成要件的外部观察。即着眼于构成要件行为之形态，欲就此而发现亲手犯的特色，认为身份犯的构成要件，应由所预定的主体实行一定的行为，主体与行为不可分离，实施特定构成要件行为的主体无法替代，因此在法律上或事实上要求有特别资格或关系的正犯，在主体上有限制的犯罪，不得利用他人以犯，否则便失去处罚的意义。易言之，法律每预定某种主体之行为，对此加以处罚，并不欲处罚此种主体以外者的行为，其人格之身份所以限定，无非认为不合于此种主体者实施该特定行为，对法益的侵害欠缺抽象危险性，并无对其予以处罚的必要。

① ［日］木村龟二：《刑法学词典》，顾肖荣等译，上海翻译公司1991年版，第340页；蔡墩铭：《刑法基本理论研究》，汉林出版社1970年版，第320页。
② 蔡墩铭：《刑法基本理论研究》，汉林出版社1970年版，第318~319页。

因此，不能根据充为工具的直接行为人的身份，作为处罚利用人的根据，人格的身份非正犯本身莫属，无此可直接认为事实的欠缺，而不予处罚，即使存在利用有身份者的事实，也不成立间接正犯。二是基于对构成要件内部的观察。即基于法律规范的性格来理解亲手犯，以为正犯的成立必须限于实行不法之人，这对间接正犯而言亦同。所谓不法不外乎对主体的禁止，亲手犯是指其行为对一定行为主体所命令或禁止的直接违反，对于此种主体以外者的行为，并不认为有规范的违反，故无非难的价值。由此可见亲手犯与非亲手犯的区别在于前者以一定之资格或关系为违法性之基础，后者则无此情形。若命令或禁止系对于不特定之一般人，则任何人皆不得为违反之行为，从而亦无妨利用他人为工具实施，在此情形有间接正犯之成立。

应当说，肯定说从构成要件角度论证亲手犯概念的存在是较为科学的，但认为身份犯只有在特定主体实施时，才对侵害之法益具有抽象危险性，从而有处罚上的必要，这种"一刀切"的做法并不完全符合身份犯的相关特征，因为身份犯主体身份的不同导致对法益侵害的可能性之不同。① 有些身份犯规定身份要件，是因为无此身份绝对不能对所述法益进行侵害。因而法益基于身份而存在，法益的侵害是对自己身份的违背，主体与行为不可脱离。而有些身份犯法益并非基于身份而存在，身份主体可以作为一个工具而使用，法益的侵害注重于某个结果的实现，一般不是对身份的侵害而是对他人身份的侵害。或者说在一定意义上，前者的身份与法益共存，身份为法益侵害的对象，没有身份就没有法益的侵害；而后者的身份是侵害的工具性要件，并非侵害的对象。这种对于身份犯的成立以及身份犯之身份与所保护的法益之间的关系描述是较为中肯的。肯定说实则是直接将身份犯等同于亲手犯了，因此结论过于单一，并没有对身份犯的相关问

---

① 林维：《间接正犯研究》，中国政法大学出版社1998年版，第125~126页。

题进行深入剖析。

在肯定亲手犯概念存在的学者中，对亲手犯的定义也有广义和狭义的区分："广义亲手犯包括一切身分犯及目的犯在内；狭义亲手犯除具有一定身份外，尚须其亲自实施犯罪行为，不得由他人代替为之，倘由他人为之，则不能构成该罪或另行成立其他罪名。"① 类似的观点在我国刑法中也有所体现。我国学者林维教授认为亲手犯应当从两个层面上认识，而且从不同的层面认识的亲手犯其定义和存在范围是不同的：第一个层面即任何场合都不存在间接正犯的亲手犯，包括纯正不作为犯和直接作为必要犯；第二个层面即是不能为直接正犯者也不能为间接正犯意义上的亲手犯，其又区分出能力犯和义务犯，认为能力犯是亲手犯，而义务犯不是亲手犯。② 这里的第一个层面的亲手犯基本等同于前面的狭义亲手犯，些微差异便是狭义的亲手犯仅在身份犯范畴之内进行认定，而论者认为的第一个层面的亲手犯包括纯正不作为犯和直接作为必要犯（林维教授也认为纯正不作为犯与直接作为必要犯"基本"都属于身份犯，可见其本人也并未直接认为第一层次的亲手犯就完全属于身份犯）；而这里的第二个层面的亲手犯与广义的亲手犯如出一辙，都意在说明该种犯罪的不完全亲手性。③

笔者认为，通过这两个方面或两个层次来认识亲手犯，可以对以往存在的有关亲手犯内涵及外延混乱不堪的认识状况加以厘清。但是，传统刑法理论认为，亲手犯是与间接正犯概念相辅相

---

① 张灏主编：《中国刑法理论及实用》，三民书局 1980 年版，第 237 页。

② 林维：《间接正犯研究》，中国政法大学出版社 1998 年版，第 123 ~ 147 页。

③ 所谓不完全亲手性，也可以称之为单向亲手性。以身份犯或目的犯为例，就是说有些犯罪有身份（或目的）者可以通过无身份（或目的）者实施而构成该罪的间接正犯，但是反过来则否；也有些犯罪无身份者可以通过有身份者实施而构成该罪的间接正犯，但是反之则不然。因此该亲手性只能是"单向"的。具体在下文讨论身份犯是否能以间接正犯方式实施的时候会对此问题进行说明。

成的，是为了限制间接正犯的成立范围而出现的。也就是说亲手犯与间接正犯的存在范围是互相排斥的，二者是此消彼长的关系。因此，从上述第一个层面（或狭义）上来认识亲手犯更能实现亲手犯这一概念的存在价值及历史使命——界清间接正犯的范围。① 而第二个层面（或广义）上认识的亲手犯被界定为不能为直接正犯者也不能为间接正犯的犯罪，那么，作为亲手犯，那些能成为直接正犯者（例如有法定身份的人）能否成为（该身份犯的）间接正犯呢，按照该层面上的定义答案显然是肯定的。如此一来，该种层面上的定义似乎又无法完成亲手犯所具有的天然的界清（间接正犯）功能。因此，笔者主张从第一个层面（或狭义）上定义亲手犯。其实，传统理论上也是在第一个层面上定义亲手犯的，只是在讨论亲手犯的存在范围问题上是在第一个层次（或狭义）还是在第二个层次（或广义）上论说，则学者的立场就有些摇摆不定了，因此导致列举亲手犯的存在范围时观点很不一致。

在讨论了亲手犯的基本问题之后，我们再来考察一下身份犯。笔者认为，对于身份犯是否都是亲手犯和身份犯能否通过他人实施而构成间接正犯是一个问题的两个方面。因此，我们有必要首先考察一下作为身份犯罪其完成犯罪的方式都存在哪些。日本学者大塚仁认为身份犯完成犯罪的方式无非包括三种：（1）伪证罪，不要说无身份者利用有身份者，就连有身份者也不能利用其他身份者或无身份者进行犯罪的；（2）收贿罪，有身份者可能利用其他身份者或无身份者进行犯罪，然无身份者是不可能利用有身份者进行犯罪的；（3）强奸罪（不过也有相反说法），有身份者虽不可能利用无身份者进行犯罪，但是，无身

---

① 有学者认为：亲手犯之特质，在于正犯以外之人仅得为加功行为，而成为教唆犯、帮助犯，但不得为共同正犯或间接正犯。参见华满堂：《几种特殊身分犯罪之共犯问题》，载《刑事法杂志》，刑事法杂志社编印1995年版第39卷第2期，第90页。

份者则可能利用有身份者进行犯罪。① 笔者基本赞同该三种方式的列举和归纳，但是，大塚仁教授在列举完三种方式后得出第（1）、（2）种均属于亲手犯的结论［第（3）种显然不是亲手犯］，笔者不敢苟同。因为，亲手犯就是指构成要件之实现需要由正犯亲自实施行为，而不能利用他人为工具，以间接正犯之形态实施之情形。那么，既然第（2）种情况下有身份者可能利用其他身份者或无身份者进行犯罪，又怎么能被认为是亲手犯的一种呢？自相矛盾。显然又落入了林维教授所言的第二层次的亲手犯概念之中了。

综上所述，基于身份犯与亲手犯的理论功能和价值取向所决定，② 二者的关系就只能是一种交叉而非包含关系：身份犯不等于亲手犯，身份犯当中只有一部分犯罪是亲手犯，其他种类的身份犯仍可通过间接正犯的形式实施。至于哪部分的身份犯应当被认为是亲手犯，还应当仔细研究。某些要求特殊主体的犯罪的实行行为，如果从其性质上看只能由有特殊身份者亲自实施的，如脱逃罪、叛逃罪等，只有本人亲自实施了该犯罪行为才能构成本罪，否则，该罪是无法成立的，即林维教授所谓的"直接作为必要犯"应当是亲手犯的一种。而某些身份犯罪的实行行为，从其性质上看无须有身份者完全亲自实施，而可以由不具有该特殊身份者实施部分符合该实行行为客观面的举动，如受贿罪的收

---

① ［日］木村龟二主编：《刑法学词典》，上海翻译出版公司1991年版，第341页。

② 对此有学者认为：亲手犯是从实行行为的角度进行分类的结果，其本质在于犯罪行为方面，即在其行为的存在论结构中，存在从主体中无法分离的性质。因此，在亲手犯的情况下，为实现构成要件，只能要求行为人亲自实现，不能将构成要件行为委以他人，利用他人来实现构成要件（参见郑军男：《论受贿罪的共同犯罪》，载高铭暄、马克昌主编：《刑法热点疑难问题探讨》，中国人民公安大学出版社2002年版，第1112页）。而身份犯是从犯罪主体的角度说明该类犯罪特征的，即对于有些犯罪，法律明确规定具有特定身份的人才能实施，行为人欠缺成为正犯的资格，不能独立实施该罪（杜国强：《身份犯研究》，武汉大学出版社2005年版，第17页）。

受财物行为（通过前面的论述，非身份者由于不具该特殊身份不能成为身份犯的实行犯），那么该种身份犯罪就非亲手犯。①

（二）不同类型的纯正身份犯并不完全②能以间接正犯的形式构成

1. 利用人有身份而被利用人无身份

对于该种情形的间接正犯问题理论上一般称之为利用"有故意而无身份的工具"。

从大陆法系以及我国的刑法理论上看，对于利用"有故意而无身份的工具"问题如何处理，主要有如下几种观点：③
（1）大多数学者认为，在这种情况下，有身份者成立间接正犯，而无身份者则为有身份者的从犯（帮助犯）。其理由在于，无身份者欠缺构成要件上所规定的资格，即使其知道也不能成为实行者（正犯），只有将之作为工具来使用的有身份者才是正犯，无

---

① 德国学者对犯罪的分类问题上直接将身份犯与亲手犯并列为两个类型的做法似乎能给我们在认识身份犯与亲手犯的不同方面一点启示：根据可能的行为人范围，可分为一般犯（Allgemeine Delikte）、特殊犯（Sonderdelikte，也称身份犯）和亲自犯（Eigenhaendige Delikte）。在一般犯情况下，任何人均可能是行为人，如同大多数条款在开头所表述的"谁……"但在真正的特殊犯情况下，只有构成要件中特别加以规定的人员才能成为行为人（如公务员或士兵）。非真正的特殊犯虽然可由任何人实施，但是，特殊身份人员为正犯的要加重处罚。在亲自犯情况下，构成要件以身体的或至少是身份的实行行为为前提条件，该实行行为必须由行为人自己实施，因为否则的话就将缺乏相关犯罪种类的特殊的行为不法（［德］汉斯·海因里希·耶赛克、托马斯·魏根特：《德国刑法教科书》，徐久生译，中国法制出版社 2001 年版，第 324～325 页）。

② 这种"不完全"实则是对上文提到的"不完全亲手性"的诠释。另外，本部分对纯正身份犯与间接正犯问题的探讨仅局限于作为纯正身份犯的积极身份犯并不包括消极身份犯在内。由于消极身份犯在构成上的特殊性，一般来说它不存在以间接正犯方式完成的情形，例如医生无法通过不具有医师执业资格的人实施非法行医罪（因为此时不具有医师执业资格的人已经完全符合非法行医罪的构成），反之也无法成立（这是对法益侵害说立场的贯彻）。但是消极身份犯的共犯问题则颇有研究价值，具体见本书第五章。

③ 江溯：《共犯与身份——大陆法系与我国之比较研究》，载陈兴良主编：《刑事法评论》（第 15 卷），中国政法大学出版社 2004 年版，第 231～232 页。

身份者只能是从犯（帮助犯）。我国学者陈兴良教授也认为："此时没有特定身份的人虽然也是帮助犯，但既不是实行犯的帮助犯，也不是教唆犯的帮助犯，而是间接实行犯的帮助犯。"[①]这是我国以及日本刑法理论上的通说。（2）在这种场合下，从承认共谋共同正犯的立场上看，应当直接承认二者成立共同正犯。不承认成立共同正犯的情况下，有身份者作为教唆犯、无身份者作为从犯来进行处罚。（3）根据无身份者参与方式的不同，在有身份者一方支配犯罪的情况下，有身份者成立间接正犯，无身份者成立从犯（帮助犯）；在双方协力的情况下，二者成立共同正犯。（4）间接正犯的成立，应当以被利用者在规范上是否能形成犯罪实现之障碍为标准。法秩序期待有责任能力人回避违法行为而实行适法行为。如果存在这种法秩序的被期待者，那么从法秩序的立场上看就可以认为其乃犯罪实现之规范的障碍。即使有其他人存在，但却无规范的障碍时，该种利用行为与自己亲手实现犯罪相同，可以承认其正犯性。反之，其他人有规范的障碍存在时，则不能承认利用者的正犯性。从这种"规范的障碍"理论出发，有学者认为，在这种情况下，有身份者成立教唆犯而无身份者成立从犯（帮助犯）。（5）还有一种观点在我国学者中存在，认为此时有身份者应当作为间接正犯，但是被利用的无身份者则或者不构成犯罪或者通过行政手段解决，如果作为无身份者确实有处罚必要的，也绝不能作为有身份者所构成间接正犯犯罪的从犯进行处罚，而需要在分则中寻找相应的罪名另外进行处理。[②] 我国台湾地区也有学者认为，此时有身分者为"间接正犯"，无身分者则无罪，因其没有特定义务，只能成为间接正犯的道具。[③]（6）近来又有学者从实行行为决定论的立场否认此时的有身份者构成间接正犯，提出应当将此种情形中的身份者认定

---

① 陈兴良：《共同犯罪论》，中国社会科学出版社 1992 年版，第 364 页。
② 林维《间接正犯研究》，中国政法大学出版社 1998 年版，第 122 页。
③ 甘添贵等：《共犯与身分》，学林文化事业有限公司 2001 年版，第 173 页。

为直接实行犯，而将无身份者认定为帮助犯。[①] 理由在于，无论对身份者按照间接正犯还是教唆犯论处，都忽略了身份者其实在所假设的完整身份犯罪比如受贿罪过程中，不可避免地，至少具有部分的直接实行尤其是核心实行行为，因此无论认定为间接正犯还是教唆犯或者其他非直接实行犯，均忽视了身份者在其中的该部分直接实行行为。

如何对林林总总的观点进行评价和取舍，这不仅关系到对间接正犯理论本身的认识，而且更与共同犯罪（包括共同正犯）的相关问题须臾不可分离。通过对诸多观点的整合与分析，笔者赞同第（1）种观点，相应的其他主张都各自存在不可克服的缺欠。

首先，第（2）种观点的前半部分即认为此时构成共同正犯，是以在共同犯罪理论中承认共谋共同正犯为前提的，而共谋共同正犯即使是在其发源地日本也备受争议且大有商讨之余地，因此建立其上的结论是否妥当就不无疑问。

其次，第（2）种观点的后半部分以及第（4）种观点尽管论证理由不同，但是结论一致，即认为此时利用人成立教唆犯而被利用人构成从犯（帮助犯）。这显然不符合共同犯罪的基本原理。因为作为共同犯罪当中的教唆犯和帮助犯都是相对于实行犯而言的，没有实行犯的存在怎么会有教唆犯和帮助犯呢？正如有的学者所言：教唆犯是对实行犯的教唆呢，还是对帮助犯的教唆？如果是对帮助犯的教唆，那么，帮助犯又是对谁的帮助？由于不存在实行犯，当然也就谈不上对实行犯的帮助。如果是对教唆犯的帮助，那么就犯了逻辑学上的循环论证的错误。[②] 况且，

---

① 林维：《真正身份犯之共犯问题展开——实行行为决定论的贯彻》，载《法学家》2013 年第 6 期，第 138 页。

② 陈兴良：《共同犯罪论》，中国社会科学出版社 1992 年版，第 364 页。

作为间接正犯理论本身而言，从被利用人是否具有"规范的障碍"①来判断其是否存在也不符合间接正犯的本质属性，导致诸多问题无法解释。而且在日本刑法理论上，也有从"规范障碍"理论出发支持通说的观点，②这就无疑表明"规范障碍"内容本身就是不清晰的。

再次，观点（3）从犯罪的实现是基于"一方支配"抑或"双方协力"完成的而区别对待。这种观点也给人一种若即若离、不甚明了的感觉。因为就我们所讨论的利用"有故意而无身份的工具"来说，以受贿罪为例，国家工作人员利用非国家工作人员的妻子收受他人财物的，则如果没有国家工作人员身份要件的前提性存在，即使非国家工作人员收受了不应得的财物也显然无法作为受贿罪处理，从这一点而言，国家工作人员对犯罪的完成固然存在"支配性"；而如果仅仅存在国家工作人员这一身份，并没有非国家工作人员收受财物行为与之"协力"完成，则受贿罪也无从构成。可见似乎对于利用"有故意而无身份的工具来说"既有"一方支配"也存在"双方协力"。除非还有其他补充标准，否则仅仅从是否协力抑或支配的角度来认定是共同正犯还是间接正犯并不科学。日本学者大谷实教授认为："在视为利用工具的场合，有身份的人就应当是间接正犯，而无身份的

---

① 通常人在知道实情，具有故意的场合，就可能形成停止该行为的反对动机，这种可能就是规范障碍。在有规范障碍的场合，不能说在背后的人是单方面地利用该行为，因此，原则上不成立间接正犯，但是，即便在具有规范障碍的场合，具有像帮助工具一样单方面的支配、利用关系的时候，也成立间接正犯。大谷实教授又进一步阐述为：有身份的人将没有身份的人作为工具加以利用，是否能够实现犯罪，由于能够将没有身份的人按照自己的意志加以利用，所以，在比较窄的范围内，有可能成立间接正犯；在该种场合，利用人是间接正犯，被利用人是帮助犯。在称不上是作为工具加以利用的场合，成立共同正犯（［日］大谷实：《刑法总论》，黎宏译，法律出版社2003年版，第119页）。

② ［日］川端博：《刑法总论二十五讲》，余振华译，中国政法大学出版社2003年版，第387～388页。另外，前述日本学者大谷实作为"规范障碍"概念的鼓吹者也不得不承认在此问题上仍旧存在原则与例外两种情形，也可以看出"规范障碍"理论尚有其不彻底性。

人就应当是帮助犯；在认定为具有共同实行的意思的场合，就应当看作为共同正犯。"① 这里似乎将判断是否双方协力的标准求诸于行为人是否具有"共同实行"的故意这一主观层面，显然对这种在客观行为上不做区别而仅仅希求主观层面的"准确"判断有些不切实际。

复次，观点（5）在承认此时有身份者构成间接正犯的结论与通论观点相同，但是在对此时的无身份者之处理问题上并不能叫人满意。究其根源主要是对间接正犯概念的理解出现偏差所致，这一点在上一部分已经涉及，此不赘述。

最后，观点（6）对实行行为决定论的基本观点笔者表示赞同，但是论者一味地认为此时的有身份者由于实施了一部分核心实行行为，而应当作为直接实行犯对待不免有失偏颇。该论者认为，具有国家工作人员身份的丈夫向不具有国家工作人员身份的妻子说明了受贿意图，让其接受财物，在此过程中，作为一个完整的身份犯罪，作为国家工作人员的丈夫至少必须实施受贿罪的核心行为（利用职务便利为他人谋取利益），因为无身份者无论如何都无法实行这一核心行为。② 按照这种观点，实际上是认为受贿罪是复行为犯，即该罪的构成至少需要"利用职务便利"+"收受财物"+"为他人谋取利益"等几个"实行行为"。很显然这并不符合受贿罪的构成原理以及理论、实践中对受贿罪认定上的基本认识，一般认为，受贿罪中的利用职务便利并不是一个单独的行为，而只是行为人实施收受财物行为的依凭，甚或只可以看成是行为人身份存在的表征；同时，一般认为受贿罪中的为他人谋取利益也并非需要明确的意思表示。因此，该论者所言的身份者实施了部分"核心实行行为"，其实并不存在。

---

① ［日］大谷实：《刑法总论》，黎宏译，法律出版社2003年版，第340页。
② 林维：《真正身份犯之共犯问题展开——实行行为决定论的贯彻》，载《法学家》2013年第6期，第138页。

当然，对其他观点的驳斥并不必然成为支持自己观点的理由。笔者原则上赞同观点（1），这是对间接正犯理论的准确定位——解决犯罪的实施方式，由此便与在成立间接正犯后再与无身份者构成共同犯罪并不矛盾。与此同时，对观点（1）还应当进一步分析。作为不同类型的身份犯是否均能以利用"有故意而无身份"的方式完成要区别对待。"这种利用'有故意而无身份的工具'并不是在任何真正身份犯中都存在的。由自然身份构成的真正身份犯，不具有该种身份者就不可能完成该种真正身份犯的客观方面行为，因而有身份者就不可能成为这种情形下的间接正犯；而由法律身份构成的真正身份犯，不具有该种身份者虽不能构成该种真正身份犯的实行犯，但在事实上还是能够实施该种犯罪的部分实行行为的。这种情况下有身份者则能成为间接正犯。"[①] 这种对纯正身份犯依据其在客观要件行为的完成方式之不同，而对能否构成该类型的间接正犯作出肯否判断的做法是切合实际的。但是仅仅以纯正身份犯的身份是自然身份抑或法律身份是否能准确完成这一判断则不无疑问。有些属于法律身份的纯正身份犯，其客观要件行为的完成也必须本人亲自实施，并无利用他人完成的可能，例如刑法第 109 条规定的叛逃罪只能由具有法律身份的国家机关工作人员亲自完成"叛逃"行为即是。因此，并不能完全以身份的法律抑或自然属性来判断这种类型的间接正犯是否存在，应当将这一标准等同于前文对亲手犯的认定标准，也就是判断某一身份犯罪的客观要件行为是否应当由身份者亲自完成为必要。

2. 利用人无身份而被利用人有身份

理论上又将这种情形转化为对"不能成为直接正犯者，能否构成间接正犯"的问题进行探讨，即为无身份者能否利用有身份而无责任的人构成身份犯的间接正犯。

对于某种犯罪因缺乏一定之身份，敢不得为直接正犯者，可

---

① 马克昌主编：《犯罪通论》，武汉大学出版社 1999 年版，第 587~588 页。

否成立间接正犯，学者间观点不一，大体而言有三种主张：[①]（1）肯定说。一切犯罪莫不可以成立间接正犯，纵属以一定之身份为成立要件之犯罪，若无身份之人，利用有身份而无犯罪责任之人而为实施者，该无身份之人仍为间接正犯，例如普通人利用心神丧失中之公务员犯渎职罪，以及妇女利用疯癫之男子犯强奸罪，均应成立各该罪之间接正犯。（2）否定说。犯罪以一定之身份为成立要件者，苟无此身份者即与要件不合，纵利用有身份而无责任之人为之，其自身亦不能成立该罪。我国台湾地区学者林山田认为："利用者若不具备该特定之行为人资格，即无法成立间接正犯，纵使所利用之工具人具有该特定之行为人资格者，亦同。"（3）折中说。以一定之身份为成立要件之犯罪，无身份者对之可否成立间接正犯，应视身份对于犯罪之性质定之，凡依法律之精神，可推知该项处罚规定专对有一定身份之人而设者，则无此身份之人不能成为直接正犯，亦不得成立间接正犯，例如渎职罪以有一定之官吏身份为法定要件，无此身份者即无成立该罪之余地，虽以欺罔之手段使公务员滥用职权，以达其侵害他人之目的，亦不能成立间接正犯。反之，以身份为要件之犯罪，其身份仅为侵害法益事实发生之要件者，则无身份者仍可利用有身份者以完成侵害法益之事实，而无妨于犯罪之成立，应认为该罪之间接正犯，例如强奸罪必须男子始能发生侵害之事实，若系女子则其身体上之机能不足以独自实施，然利用有此能力之男子而为实施时，亦与自己实行者无异，应成立间接正犯。上列三说各陈所见，而折中说为多数学者主张。

　　笔者认为，无论是肯定说还是否定说，这种非此即彼的做法都没能准确把握身份犯内部构造，以及作为主体特殊身份之于身份犯的构成意义。肯定说认为一切犯罪都存在间接正犯，这无疑不适当地扩大了间接正犯的成立范围，如果认定非国家工作人员可以利用无故意的国家工作人员构成受贿罪的间接正犯，这同受

---

　　① 　韩忠谟：《刑法原理》，中国政法大学出版社2002年版，第222页。

贿罪的渎职属性相矛盾，因为受贿罪具有权钱交易性，作为非国家工作人员并无"权"可与之交易（如果此时国家工作人员有故意则就不是这里研究的被利用人无故意而有身份的情形了，而转化为一般的共同犯罪问题），进而言之，对于相应的利用职务之便完成的犯罪而言，都强调"渎职性"这种对职务本身的背反，所以无身份者不能构成这种情形的间接正犯。而否定说认为身份犯中一概不存在无身份者的间接正犯则走向另一个极端，不适当地缩小了间接正犯的成立范围，而且可能造成处罚上的尴尬。例如，有刑事责任能力的妇女（无身份者）利用无刑事责任能力的男子（有身份者）强制奸淫被害妇女的情形。若按照否定说的观点，则利用者既无法成为强奸罪的直接正犯（妇女无法完成性交的行为）也不能构成强奸罪的间接正犯，作为被利用者由于不具有责任能力也无法承担强奸罪的刑事责任。但此时，作为刑法所保护的被害妇女性的不可侵犯的法益[1]已然受到了侵害，显然对此不作为犯罪处理则使得刑法没有完成法益保护之目的而放纵了犯罪。

这里有必要对张明楷教授的观点进行说明。张明楷教授明确否定折中说，认为无身份者不可能构成纯正身份犯的间接正犯。[2] 主要理由有二：一是否定强奸罪是真正身份犯。支持折中说的主要理由之一便是对强奸罪的认定，即对女子利用不具有奸淫故意的男子实施奸淫行为的，以强奸罪的间接正犯处理较为妥

---

[1]　对强奸罪侵犯的法益存在不同理解的学者，也可能得出此时妇女不能构成间接正犯的结论。例如，有学者认为强奸罪之设立不仅在于强奸行为侵犯了妇女的性的自由权利，而且行为人可以从该种侵犯中使其自身得益，满足其某种欲望。日本学者野村稔也认为："强奸罪的行为本身的违法性的内容不仅仅侵害性的自由，违法地满足性欲的侧面也应当考虑。"（孙运梁：《论大陆法及我国法上的亲手犯》，载陈兴良主编：《刑事法评论》（第 15 卷），中国政法大学出版社 2004 年版，第 603、615页）。但是现在的通论观点一般仅仅认为强奸罪侵犯的法益为被害妇女的性自由权利。

[2]　参见张明楷：《论身份犯的间接正犯——以保险诈骗罪为中心》，载《法学评论》2012 年第 6 期，第 128～133 页。

当，否则既无法处罚直接实施奸淫行为的男子也无法处罚无身份的女子，进而产生处罚漏洞。为了回应折中说的观点，张明楷教授提出强奸罪非真正身份犯的观点，认为我国刑法第236条并没有将强奸罪的主体限定为男子，从法条表述上看，强奸罪的行为主体并不是特殊主体，只是行为对象具有特殊性（仅限于妇女）。论者又援引日本和我国台湾地区等地立法例加以佐证。不可否认，其他国家或地区在刑法中的确有将强奸罪不限定在男子的立法例，但是我国刑法则明确规定"以暴力、胁迫或者其他手段强奸妇女的"构成强奸罪，应当尊重刑法的规定；另外，从司法习惯以及普通人的法感情而言，强奸妇女的行为似乎只有男子才能完成，这不仅仅是对行为对象的设定，这种对象的限定直接反推出行为主体的范围。

二是从共犯的处罚根据理论，认为不将无身份者认定为间接正犯也不会产生处罚漏洞，此时应当将无身份者认定为教唆犯，因为"直接引起法益侵害的是正犯，介入正犯行为间接引起法益侵害的是共犯，正犯与共犯的差异在于引起法益侵害的样态不同。在通过介入正犯的行为间接引起法益侵害这一点上，教唆犯与帮助犯是相同的。教唆犯与帮助犯的区别在于，前者使原本不实施法益侵害行为的人实施了符合构成要件的法益侵害行为，或者说，前者使他人实施了正犯行为；后者只是使正犯行为更为容易。但是正犯行为只是就符合客观构成要件的违法行为而言，因此，只要使他人实施了正犯行为，即使他人没有产生犯罪的故意，也具备了教唆犯的处罚根据。就教唆犯的成立而言，没有理由要求被教唆者产生故意；就帮助犯的成立而言，没有理由要求被帮助者具有故意"。[①] 这一论点至少有两个问题：第一，其是建立在共犯从属性理论中的限制从属性说基础上的，但是这种限制从属性说本身并非没有问题，这从大陆法系学者一直争议不断

---

① 张明楷：《论身份犯的间接正犯——以保险诈骗罪为中心》，载《法学评论》2012年第6期，第132页。

的要素从属性理论中即可见一斑。① 第二，将此时的无身份者一律以教唆犯对待并不能达到罪责刑相适应，毕竟间接正犯与教唆犯的刑罚是有所不同，通常对于教唆犯的处罚比间接正犯轻。②

综上，折中说的观点较为客观和全面，但是仅仅从纯正身份犯主体身份的法律抑或自然属性，仍无法将该种类型的间接正犯准确把握，似乎并未找到解决问题的根本。有学者提出对纯正身份犯作出"能力犯"和"义务犯"的区别来判断该种情形下间接正犯的构成：③ 所谓能力犯，是指在身份犯中，当身份成为一种能力或称造成损害的条件时，这种能力与主体是可以分离的，

---

① 有学者经过对大陆法系共犯从属性理论进行对比分析，认为，随着关于要素从属性的各种学说的发展，共犯对于正犯的从属程度不断降低，但是，我们也清晰地看到，这个过程正是共犯从属性难以为继直至最终崩溃的过程：共犯从属于正犯的构成要件符合性、违法性和罪责甚至处罚条件（极端从属形式）——共犯从属于正犯的构成要件符合性、违法性和罪责（严格从属形式）——共犯从属于正犯的构成要件符合性和违法性（限制从属形式）——共犯从属于正犯的构成要件符合性（最小限度从属形式）。从共犯的不法和罪责均从属于正犯到共犯的不法和罪责均独立于正犯，我们看不出共犯还"从属于"正犯的什么（江溯：《犯罪参与体系研究——以单一正犯体系为视角》，中国人民公安大学出版社 2010 年版，第 90 页）。

② 江溯：《犯罪参与体系研究——以单一正犯体系为视角》，中国人民公安大学出版社 2010 年版，第 86 页。

③ 参见林维：《间接正犯研究》，中国政法大学出版社 1998 年版，第 143～145 页。还有学者从刑法身份的功能角度提出，以刑法身份建构身份犯可以有两种形式：1. 将社会生活中的以身份为"结构要素"的不法行为予以犯罪化。所谓"结构要素"是指不法行为在物理上不可能脱离有身份者的行为。刑法身份成为不法行为的物理性要素，无身份者不可能在物理上实施该不法行为。这种类型的身份犯被称之为"表见的身份犯"，强奸罪是表见的身份犯的典型代表。表见身份犯之所以成立犯罪，是因为有身份者的行为支配性地侵害了法益，它的不法本质是法益侵害。2. 将社会生活中的以身份为"前提要素"的不法行为予以犯罪化。所谓"前提要素"是指不法行为在物理上可以由无身份者实行，刑法身份不是不法行为的物理性条件，但在有身份者实施该行为时才具有相应的规范意义。这种类型的身份犯包括"义务犯"与"责任身份犯"。义务犯在不法本质中有义务违反的特质，我国刑法的贪污罪、受贿罪是义务犯的典型代表。参见陈山：《刑法身份的功能建构——以"共犯与身份"问题为中心》，载《贵州警官职业学院学报》2013 年第 4 期，第 25 页。这里论者对"表见身份犯"和"义务犯"的分类与本书所指的能力犯和义务犯的划分有异曲同工之趣。

无身份者利用某个具有这种能力的工具实施，只要造成了法律规定的对法益的损害，就足以构成该罪，如强奸罪即属之，该种能力犯一般属于自然身份的纯正身份犯。义务犯则是指身份意味着承担了一定的义务，而实施该种身份犯则构成对该身份法益的侵害或者义务的违反，法定身份的纯正身份犯都是义务犯，同时部分自然身份的纯正身份犯也属于义务犯（例如刑法第360条之传播性病罪、第261条之遗弃罪等）。因此，纯正身份犯之能力犯可以由无身份者以间接正犯的方式构成；而纯正身份犯的义务犯则不能为直接正犯亦不能构成间接正犯。笔者认为，这种能力犯与义务犯的划分较为准确地抓住了纯正身份犯的根本特征，从身份与主体能否分离（这种分离是法律上的责任主体与自然意义上的行为主体的分离）的角度区分这种情况下的间接正犯构成能够较好地解决行为人的相应刑事责任。当然，这里的义务犯还应当狭义解释，因为从广义来说，所有的犯罪都是行为人对刑法所规定的不得实施犯罪的义务之违反，那么，如此一来，所有的犯罪都是"义务犯"了，这显然不是这里所研究的义务犯之本意。因此，我们只能从行为主体身份的"背反性"方面来掌握义务犯的存在。

（三）不纯正身份犯不能构成利用无身份者形式的间接正犯

对于无身份者能否利用（无故意）有身份者实施不纯正身份犯而构成间接正犯的问题，学界探讨的不多，这是因为传统观点对不纯正身份犯的认识一般仅停留在量刑身份上，似乎这种情况的间接正犯可以化解为其他相应问题，例如行为人利用未达刑事责任年龄的人实施犯罪就是一般的间接正犯。即使在本书对不纯正身份犯进行重新诠释，该种情形如何认定也比较简单：无论是同罪异罚型还是异罪异罚型不纯正身份犯，无身份者利用（无故意）有身份者实施该不纯正身份犯的，都只能构成与该不纯正身份犯相对应之基本构成要件犯罪的间接正犯，此时无须考虑该特殊身份，例如一般人利用无故意的邮政工作人员开拆他人信件的只能构成侵犯通信自由罪（间接正犯）而非私自开拆邮件罪。这是由不纯正身份犯的"变体构成要件性质"以及特殊身份对不纯正身份犯主体的依存性决定的。顺便提及一点，如果无身份者"利用"的有身份者也存在犯罪故意，则问题便转化为"不纯正身份犯的共犯"之研究（见本书第五章第二节之一"无身份者教唆、帮助有身份者实施不纯正身份犯"部分相关论述）。

在不纯正身份犯框架下探讨的间接正犯情形，学界一般集中在有身份者利用有故意而无身份的工具（如果被利用人是无故意且无身份则依照一般的间接正犯原理）实施不纯正身份犯的问题上。此时，无身份者是故意的实施与不纯正身份犯相对应的基本构成要件之犯罪，完全可以构成该基本犯罪并无疑问。因此，这种情形的"利用"性质实际上转变为一种"教唆"：因为如前文所述，严格说来，不纯正身份犯并无独立的构成要件，其作为变体构成要件是依附于与其对应的基本构成要件之上的，可以说二者仅因有身份之不同但共用一个实行行为要件。故而，就无所谓有身份者利用无身份者实施不纯正身份犯的实行行为问题了（此时被利用人正是实施与之相对应的基本构成要件行为，这就如同某甲"利用"具有行为能力的某乙实施杀人行为，此时某乙显然构成杀人罪，而某甲要作为杀人罪教唆犯处理。但是不纯正身份犯的这种教唆共犯情形有些复杂，因为可能涉及不同罪名的问题。在本书第五章将有详细阐述）。

第四章 身份犯的正犯（Ⅱ）

——共同正犯

第一节 立论前提——共同犯罪人的分类序说

所谓共同犯罪人的分类，又称共犯的种类或共犯者的种类，是依照一定的标准，对共同犯罪人所进行的适当分类，其目的在于确定各个共同犯罪人的刑事责任。[①] 古今中外不同国家刑法只要存在关于共同犯罪人分类的立法规定，[②] 无论对共同犯罪人的分类采取几种分法，都无非是围绕着分工分类法与作用分类法展开。

---

① 陈兴良：《共同犯罪论》，中国社会科学出版社 1992 年版，第 170 页。

② 从世界范围来看，在共同犯罪的立法中存在二元参与体系和一元参与体系的区分，在一元参与体系之下由于将所有共同参与犯罪实行的人均视为正犯，因此就无所谓正犯与共犯的区分问题。近几年来，我国学者中，主张一元参与体系的学者逐渐增多，不但对二元参与体系进行全方位反思，同时对一元参与体系也进行了更深刻地阐释。应当承认一元参与体系具有简单、直接、经济等诸多优势（参见江溯：《犯罪参与体系研究——以单一正犯体系为视角》，中国人民公安大学出版社 2010 年版，第 336~337 页；阎二鹏：《扩张正犯概念体系的建构——兼评对限制正犯概念的反思性检讨》，载《中国法学》2009 年第 3 期；任海涛：《统一正犯体系之评估》，载《国家检察官学院学报》2010 年第 3 期；等等）。而二元参与体系纵有其理论烦琐、观点不一、个别问题亟须理论澄清等积弊，但是，对任何一种理论或者观点的主张都不应脱离我国基本现状，包括理论传统、制度环境和司法实践等——在别国已是通论或者共识的东西未必可以直接拿来（这绝非盲目排外），或者具有前瞻性的先进理论未必适用于当下（这也不是固步自封）。对两种参与体系的反思已超出本书研讨的重点，这里不作过多评说。

一、分工分类法之坚持与修正——对大陆法系刑法的考察

以犯罪分子在共同犯罪中的分工为标准对共同犯罪人进行分类就是分工分类法。一般而言，按照共同犯罪人在整个共同犯罪中的不同分工可以将其分为实行犯（正犯）、教唆犯和帮助犯三类。刑法分则规定的是犯罪的实行行为，实施这种行为的人是正犯，对正犯可以直接按刑法分则之规定处罚；而教唆行为和帮助行为刑法分则没有规定（已经实行行为化了并在分则中独立成罪的教唆行为和帮助行为除外），由刑法总则加以规定，从而使得处罚该教唆行为和帮助行为存在法律依据。

（一）立法规定上的坚持

分工分类法始于 1810 年《法国刑法典》。《法国刑法典》把共同犯罪人分为正犯与从犯二类，从犯又包括教唆犯与帮助犯，并对从犯处以与正犯相同之刑。直到 1871 年《德国刑法典》在继承 1810 年《法国刑法典》关于共同犯罪人分类的立法例的基础上，又有所发展与完善。其不仅在共同犯罪人的分类上实行三分法（正犯、教唆犯和从犯），较之《法国刑法典》的二分法有所进步；而且对共同犯罪人实行区别对待，对从犯的处罚采得减主义。正因为 1871 年《德国刑法典》具有如上优点，它对共同犯罪人的三分法至今为大多数国家刑法所沿用。[①] 从现在大陆法系国家刑事立法中，有关共同犯罪人种类的划分绝大部分采用了分工分类法而言，笔者将之称为立法规定上的坚持。

分工分类法之所以得到绝大多数国家立法上的青睐，是因为该种分类法具有较为明显的优越性：其一，定罪原则在共同犯罪

---

① 参见陈兴良：《共同犯罪论》，中国社会科学出版社 1992 年版，第 172 页。

理论中得到全面贯彻。如前所述，作为共犯①行为的教唆和帮助行为于分则中并无直接规定，而是由刑法总则规定的；反之，如果总则不存在对共犯行为的规定，则处罚该种行为就失去了法律上的根据，不符合刑法中"法无明文规定不为罪"的定罪原则。其二，分工分类法也是构成要件理论的伴生物。一般而言，构成要件具有定型化的机能，只有实施了刑法分则所规定的构成要件的行为才是一种实行行为（正犯行为），共犯行为并不符合该种构成要件之规定，因此，刑法总则便将对正犯行为的实施发挥不同作用的教唆和帮助行为类型化地加以规定：实施了符合构成要件的行为便是正犯行为，唆使行为人使其产生犯意而实施犯罪的行为是教唆行为，帮助他人完成犯罪的行为便是帮助行为。因此，对共同犯罪人按照分工进行分类是坚持构成要件定型性的必然结果。在以构成要件理论为中心构建刑法体系的大陆法系国家，坚持分工分类法就显得理所当然。②

总之，如果以有效保障人权为主要的价值追求，共同犯罪的规制方式选择分工分类法应该是更合适的，因为分工分类法体现了以行为作为刑法学的根基这样的基本理念，以犯罪是行为为基础，在此基础上对非实行行为进行必要的扩张。……如果从法治的要求来看，分工分类法的优点是明显的。③ 这种对分工分类法的结论性认识笔者完全赞同，这也可能是绝大多数大陆法系国家刑法采分工分类法的原因之所在。

---

① 共犯有广义和狭义之分，广义上的共犯既包括教唆犯和帮助犯也包括共同正犯，这一意义上的共犯实则是共同犯罪的简称；而狭义上的共犯则仅指教唆犯和帮助犯两种，共同正犯则属于正犯的范畴。本书如无特殊强调则均是在狭义上理解共犯。

② 从这一点也可以看出，最初意义上的分工分类法是建立在对正犯与共犯的区别采取形式的客观说基础之上的。所谓形式的客观说是以犯罪构成要件为基础，认为直接实施符合构成要件的定型实行行为者是正犯，除此之外的行为加功者都是共犯。对形式的客观说以及建立之上的正犯问题的探讨后文还会有所涉及。

③ 李洁：《中日共犯问题比较研究概说》，载《现代法学》2005年第3期，第114页。

但是，需要加以甄别的是，如上对于分工分类法优越性的阐述仅仅是相对于纯粹意义上的分工分类法而言，尽管在法律规定上不同国家都存在类似的不同分工的共同犯罪人规定，然而这种"分工"在经过学理的实质解释之后已经有所"松动"，区别于纯粹意义上的分工分类法。

（二）理论解释上的修正

正如前文所言，隐藏在同一分工分类法相关立法例的规定之下，基于对不同共同犯罪人所实施之行为（主要是共同正犯行为）理论上的实质解释，已经使得现在的分工分类法与最初意义上的分工分类法有所区别。以对作为分工分类法所划分共同犯罪人种类之一的共同正犯（行为）的理解为例[①]：无论是较早的实质的客观说，抑或现在较为流行的行为支配论，都是为了在理论上对共同正犯（行为）作出实质的解释而不再拘泥于构成要件的定型性不可突破原则这一限制。[②] 笔者将这种经过实质解释而有所松动的分工分类法称作修正的分工分类法。[③]

那么，这种对分工分类法进行修正理解的原因何在呢？只能从刑法对共同犯罪以及共同犯罪人处罚原则的相关规定当中寻找。在分工分类法产生之初，是以分则所规定的犯罪构成要件为标准来区分正犯与共犯的，实施符合构成要件的定型的实行行为者是正犯，除此之外的行为者便是共犯，这样就较好地解决了对共同犯罪人的定罪问题。但是，在对不同种类的共同犯罪人进行

---

① 有学者将正犯理论的发展概括为物理性到功能性、主观性到客观性、形式性到实质性的三个发展趋势（参见刘艳红：《论正犯理论的客观实质化》，载《中国法学》2011 年第 4 期，第 126～131 页）。

② 例如，属于实质的客观说一种的必要说认为某一行为对结果的发生来说是必不可少的原因时，其行为者为正犯；重要作用说认为对犯罪的实现起了重要作用的是正犯；行为支配论则认为"共同实行"就意味着"共同行使行为支配"等。所有这些关于（共同）正犯判断标准的实质性解释都基本不去考虑构成要件定型性的存在与否。

③ 下文如不作特殊说明，则分工分类法均指建立在形式的客观说基础之上的最初意义上（原始）的分工分类法。

处罚时则不作区分。因此有学者认为："这种分类过于简单化，而且对正犯与从犯采取所谓责任平等主义，使这种共同犯罪人的分类的意义大为逊色。"① 可以肯定的是，对不同种类的共同犯罪人在处罚上不作区分而平等对待，不仅无法体现量刑适当的原则，也使得这种意义上的分工分类法之价值大打折扣。但是，这也应当是分工分类法的题中应有之义。除非在分工之外附加另外的标准，否则分工分类法缘其本意就是为了解决不同种类共同犯罪人的参与方式问题。

刑法总则对共同犯罪作出规定，并且对共同犯罪人进行分类，其最终目的便是解决各行为人的刑事责任问题——既要准确定罪又要适当量刑。因此，从 1871 年《德国刑法典》开始便对基于分工分类法而产生的不同种类共同犯罪人作出了区别对待的处罚原则之规定：② 教唆犯之刑依被教唆的人之刑而决定，这就是说，教唆犯之刑参照正犯决定，而正犯之刑在刑法分则都有明文规定，这样教唆犯的量刑问题也就解决了；又规定从犯（即帮助犯——笔者注）采得减主义，这也就解决了从犯的量刑问题。直到现在以德、日为代表的大陆法系刑法对从犯（帮助犯）的处罚原则均采必减主义原则。③ 这样我们就可以看到刑法关于帮助犯在处罚原则上的变化：从开始的对帮助犯与正犯同等处罚，到今天的对帮助犯的处罚以正犯为标准而减轻刑罚。

笔者认为，正是在对帮助犯处罚原则上的变更而导致了理论

---

① 陈兴良：《共同犯罪论》，中国社会科学出版社 1992 年版，第 172 页。

② 陈兴良：《共同犯罪论》，中国社会科学出版社 1992 年版，第 174 页。

③ 《德国刑法典》第 27 条规定：对帮助犯的处罚参照正犯的处罚，并依第 49 条第 1 款减轻其刑罚（参见徐久生等译：《德国刑法典》，中国法制出版社 2000 年版，第 50 页）；《日本刑法典》第 63 条规定：从犯的刑罚，按照正犯的刑罚予以减轻（参见张明楷译：《日本刑法典》，法律出版社 1998 年版，第 26 页）。

上对分工分类法作出修正解释。① 因为按照分工分类法，帮助行为是指实施了构成要件以外的对正犯行为进行加功的行为，对帮助犯应当比照正犯减轻处罚。这样就有可能将在犯罪中起主要作用，但并不符合正犯形式要件的行为排除在正犯概念之外，而处以较轻的刑罚，这与普通国民的法感情相违背。为此，德、日等国不得不放弃形式主义的立场，侧重考虑犯罪人在共同犯罪中的作用，将起主要作用的犯罪人认定为正犯，而不再拘泥于构成要件定型性的束缚，在实质意义上对正犯作出解释和限定，这也就使得正犯这种按照分工标准所划分的犯罪类型在事实上便成了按照作用分类法所确定的"主犯"。② 也就是说这种修正了的分工分类法与实质意义上的作用分类法基本无差别，如此则基本丧失了前文所述分工分类法所具有之保障机能（当然，这种保障机能的发挥可能需要通过其他配套制度而完成，例如较好的法治环境、优越的程序设计等）等优点。

---

① 这一结论的得出可能只是表象上的归纳。作出如此修正解释的根本原因可能是大陆法系国家不断进化的刑法理论，以及刑法新旧学派观点相互论战并不断趋同的结果，但至少从一个侧面而言，这种处罚原则的变化与修正解释二者之间存在如此表象上的勾连。当然这里可能存在一个类似"鸡生蛋与蛋生鸡"的问题，是处罚原则的变更导致修正解释，还是因为修正解释而促使处罚原则作出相应修正，还须深入研究。

② 参见陈家林：《共同正犯研究》，武汉大学出版社 2004 年版，第 24～25 页。也有学者认为，在当今德、日等国普遍采纳实质客观说与犯罪事实支配论为标准区分正犯与共犯的前提下，正犯的内容与范围确实与我国的主犯颇为相近。但是，毕竟两者是按照不同的分类标准对共犯人所作的分类，两者的出发点本身不同决定了不能将两者等同视之（参见阎二鹏：《区分制共犯设立模式之前提》，载《国家检察官学院学报》2008 年第 5 期，第 102 页）。应当说最初意义上的或者原始的形式客观说之下的正犯的确与作用分类法之下的主犯不可同日而语，但是随着对正犯标准的实质化理解（即本书所指的对分工分类法理论解释上的修正）使得分工分类法与作用分类法几乎无异。

二、作用分类法的产生及其变通——以我国刑法共同犯罪之规定为视角

作用分类法是以犯罪分子在共同犯罪中的作用大小为标准对共同犯罪人所作的分类。严格意义上说，作用分类法源于我国《唐律》创立的共同犯罪人的分类法。但这时的作用分类法是将教唆犯与帮助犯排斥于共同犯罪的范畴之外，而仅仅是对现在意义上的共同正犯按其行为人作用的不同所进行的分类。因而，这个作用分类法的局限性是显而易见的。① 也可以说，这种作用分类法与分工分类法并不是同一层次上的两个概念。

但是以我国刑法为例，现在刑法中关于共同犯罪人的分类所采取的作用分类法已经对原始意义上的作用分类法有所变通，这一变通表现在两个方面：其一，现在刑法总则关于作用分类法的相关规定是对所有共同犯罪参与人按其作用所作的划分，不再局限于共同正犯的范围之内。这一变通使得作用分类法更具有普适性，提升其理论地位更肯定了其存在价值。其二，从我国法律的规定来看，对共同犯罪人的划分种类除了包括主犯和从犯②这两个典型的按作用分类法所产生的共同犯罪人种类外，还包括了教唆犯这一按分工分类法所产生的共犯人种类。传统理论一般称之为混合分类法或者折衷分类法，即以作用为主兼顾分工的共同犯罪人的分类。③

就目前来看，对我国刑法中关于共同犯罪人的分类问题争议较大，焦点主要集中在作为分工分类法项下的教唆犯是否是独立

---

① 陈兴良：《共同犯罪论》，中国社会科学出版社 1992 年版，第 175 页。

② 我国刑法中胁从犯的分类标准较为特殊，它不是单纯依作用分类法所作的划分，不是将作用小于从犯的共同犯罪者作为胁从犯，而是重点考虑了行为人主观上被胁迫的方面，而主观上的胁迫与在共同犯罪中所起的作用不是同一标准（参见李洁：《中日共犯问题比较研究概说》，载《现代法学》2005 年第 3 期，第 110 页）。

③ 高铭暄、马克昌主编：《刑法学》，北京大学出版社、高等教育出版社 2000 年版，第 177 页。

的共犯人类型（当然这一争论也引申出了对我国混合分类法的优劣评价问题）。肯定说是理论上的通说，认为主犯、从犯、胁从犯是按作用分类的共同犯罪人的基本种类，而教唆犯则是按分工分类的共同犯罪人的特殊种类。……在理论上可以将我国刑法中的共同犯罪人分为两类：第一类，以分工为标准分为组织犯、实行犯、帮助犯、教唆犯；第二类，以作用为标准分为主犯、从犯、胁从犯。在以分工为标准的分类中，除教唆犯外，组织犯、实行犯、帮助犯都不是法定的共同犯罪人种类。① 否定说论者认为，教唆犯，应当根据情况分别归入主犯或从犯，因而不能与主犯、从犯并列成为共同犯罪人的独立种类。② 笔者原则上赞同肯定说的结论，因为毕竟刑法将教唆犯并列规定在作为共同犯罪人种类的主犯与从犯之后，这是法律事实，至少从法律解释的角度我们不能无视这一事实存在；然而从法条评判的角度，刑法仅将教唆犯这一分工类型作为共同犯罪人的种类之一，规定教唆犯根据其在共同犯罪中的作用或者作为主犯或者作为从犯处罚，而对于作为分工类型的帮助犯的处罚原则未置可否，使得人们在对待帮助犯的处罚原则时模棱两可，一般的认识均将帮助犯直接作为从犯的一种进行处罚，这未免过于武断。因为在我国，正犯与主犯的概念与功能是分开的。正犯只意味着行为人实施了分则所规定的构成要件的实行行为，并不说明犯罪人在共同犯罪中的作用大小。正犯自然可能是主犯，但却无一一对应关系，而教唆犯、帮助犯同样也有可能是主犯。③ 也就是说，分工分类法与作用分类法是并列的两种对共同犯罪人之分类，作为分工类型之一的教唆犯按其作用可能是主犯也可能是从犯，同样的作为分工类型的

---

① 马克昌主编：《犯罪通论》，武汉大学出版社 1999 年版，第 541 页。

② 张明楷：《教唆犯不是共犯人中的独立种类》，载《法学研究》1986 年第 3 期，第 42～44 页；杨兴培：《论共同犯罪人的分类依据与立法完善》，载《法律科学》1996 年第 5 期，第 55～56 页。

③ 陈家林：《析共同正犯的几个问题》，载《法律科学》2006 年第 1 期，第 80 页。

正犯与帮助犯也可能是主犯或者从犯，现在的理论界一般也将正犯（实行犯）区分为主犯和从犯，但是帮助犯却并没有这样理解，显然缺乏充分的理由。[①] 这是我国刑法对共同犯罪人分类标准作出不彻底的混合规定的结果。解决的办法或者是直接将帮助犯与正犯等分工类型也像教唆犯的处罚原则一样作出规定；或者也取消单单规定分工类型的教唆犯处罚原则，而只将分工类型在适用中充分考虑，作为理论上的共同犯罪人种类。[②] 但是，尽管在没有对法条进行相应修改之前，仍应当对帮助犯的处罚原则进行客观的判断——按照帮助行为在共同犯罪中的作用为标准作出处罚，绝非一味地按照从犯进行处理。

三、本书的检讨——分工分类法与我国共同犯罪法律规定之契合

总之，分工分类法将共同犯罪人按照不同参与方式进行不同分类，确实能较为客观地反映共同犯罪人的实际分工和行为人彼此间的联结形式，进而很好地解决共同犯罪人的定罪问题，但无法更好地体现各类共同犯罪人在共同犯罪中的实际作用，而在对不同类型的共同犯罪人的处罚能力上略显不足；作用分类法则能

---

① 有学者认为，帮助犯的帮助行为，在通常情况下危害程度最低，将帮助犯认定为从犯是合适的，但也有应认定为主犯的例外情形。例如，甲提供保险箱密码，乙用密码打开保险箱窃取大量财物，二人平分了赃物。没有甲提供保险箱密码，乙不可能打开保险箱窃取到财物，因此，很难说作为帮助犯（共犯）的甲所起的作用比作为实行犯（正犯）的乙小（参见刘明祥：《主犯正犯化质疑》，载《法学研究》2013年第5期，第117页）。有学者甚至认为，胁从犯所谓的"被胁迫"，揭示的是行为人参加犯罪的被动性和主观上的非自愿性，并不必然表明行为人在共同犯罪中所起的作用大小，因而理论上关于胁从犯在共同犯罪中所起的作用次于从犯的见解并不妥当。进而主张被胁迫参加犯罪的人既可能是主犯，也可能是从犯（参见钱叶六：《双层区分制下正犯与共犯的区分》，载《法学研究》2012年第1期，第127页）。

② 当然，这种仅仅在理论上把握分工分类法的做法降低了分工分类法的地位，可能会遭到在立法上单独规定作用分类而忽略对共同犯罪人定罪的诟病。这一问题较为复杂也非本书主旨，这里不作太多阐述。

较为充分地反映共同犯罪人在共同犯罪中的地位和作用，但难以全面反映各类共同犯罪人的分工和彼此间联结的不同形式，跳过对行为人行为性质的判定，直接作出行为人刑事责任轻重的处罚有违定罪量刑的基本原则。

因此，笔者认为，在法律规定上理想的共同犯罪人类型划分应当采取将分工分类法与作用分类法相结合的方法。通过对分工分类法的规定解决不同参与人的行为性质问题，在此基础上按照不同参与行为的作用大小进行轻重不同的处罚。这样就克服了大陆法系刑法试图"毕其功于一役"——在分工分类法中解决不同类型的共同犯罪人刑事责任的大小问题，而不得不对正犯作出实质解释最终滑向作用分类法的泥潭；[①] 也可以避开单独规定作用分类法而导致忽视定罪直接量刑的违背刑法基本原则的做法。"事实上，对于任何一个共犯案件的处理，都必须是定罪在前，量刑在后。不根据分工分类法解决定罪问题（确定谁的行为符合分则具体罪名和构成要件的规定，谁的行为依附于正犯），要准确界定共犯的作用大小，解决量刑问题，就是无源之水，无本之木。"[②] 有学者建议在我国刑法中增设"教唆犯、实行犯和帮助犯应按他们在共同犯罪中的作用处罚"之规定，[③] 可谓切中要害。当然，在法律没有对共同犯罪人分类方法作出完善之前，我们仍应当对分工分类法加以足够重视，即在适用中重视共同犯罪

---

① 有学者也指出，本应进行双层次操作的参与类型与参与程度问题，却因德、日刑法中单一分工分类的规定而变成单层次的操作，这在一定程度上混淆了共犯的定罪和量刑的功能和界限（参见钱叶六：《双层区分制下正犯与共犯的区分》，载《法学研究》2012年第1期，第129页）。

② 周光权：《论正犯的观念》，载《人民检察》2010年第7期，第8页。

③ 甘雨沛主编：《刑法学专论》，北京大学出版社1989年版，第224页。

人的参与方式问题，这理应成为对共同犯罪人量刑的基本前提。[1] 在对分工分类法与作用分类法作出这种协调性的理解之后，就能为判断正犯与共犯的区分标准以及实行犯与正犯的关系等相关问题的探讨提供前提。

第二节 共同正犯的一般理论

一、正犯与共犯的区分标准[2]

就采用何种标准将正犯与共犯进行区分，大陆法系刑法学者争论甚烈且各执一词。大别之，主要存在如下几种观点。

（一）客观标准说

该说主要从犯罪行为的客观面区分正犯与共犯，又分为形式的客观说和实质的客观说。

1. 形式的客观说。该说主要系以构成要件所描述之行为，作为认定之标准。依其见解，完全或一部实现犯罪类型构成要件

---

① 有学者反对这种二元化的立场，但又主张在认定主犯时，可以适当借鉴、参考德日等国认定正犯的经验，有必要将实施帮助行为者，除对犯罪的完成具有决定性作用的情形外，均认定为从犯；对实施实行行为的，除了有足够的证据证明是起次要作用的情形外，原则上认定为主犯（参见刘明祥：《主犯正犯化质疑》，载《法学研究》2013 年第 5 期，第 120 页）。

② 只有在正犯·共犯分离体系下才存在这种区分问题。从现在世界各国立法例来看，存在单一的正犯体系和正犯·共犯分离体系两种类型。所谓单一的正犯体系是将所有犯罪的成立赋予条件者都视为正犯，以意大利的立法为代表。与单一的正犯体系相反，将共同犯罪按参与方式区分为正犯（共同正犯）、教唆犯与帮助犯，而教唆犯与帮助犯合称为狭义共犯的立法例称之为正犯·共犯分离体系，从罪刑法定以及法治国基本思想等要求下，单一正犯体系有诸多不足，因此现在绝大多数国家刑法都采分离体系立法例。一般认为，我国刑法也倾向于分离体系（近来也有学者主张我国刑法规定的犯罪参与体系属于单一制，参见刘明祥：《论中国特色的犯罪参与体系》，载《中国法学》2013 年第 6 期，第 117～130 页），本书的相关研究也以分离体系为前提。

之人，即为正犯；其余之参与者，皆为共犯。也就是凡对犯罪构成要件所规定之行为加以实现者，即为正犯，如所实施者为构成要件以外之行为，而对于该犯罪行为之发生具有直接或间接之作用者，仅成立共犯。① 由于形式的客观说严格地以构成要件为主线来判断正犯，这样便能较好地贯彻罪刑法定主义之理念，有利于实现刑法的人权保障机能。因此，从其产生开始便备受学者和实务界的青睐，并一度成为德国的通说，主张者有贝林格、迈耶、李斯特等。而且该说对其他大陆法系国家刑法也影响深远，如日本学者山中敬一认为："正犯与从犯的区别，以行为者是否实施实行行为来区分的形式客观说是妥当的。"然而，正是形式的客观说提出明确、划一的标准，使得其也面临着诸多需要解决的问题：其一，将正犯行为直接等同于构成要件行为，但是由于构成要件行为的"类型性"描述，使得如何认定构成要件行为也不是那么容易。其二，无法很好地解决共谋共同正犯的刑事责任问题。因为在背后操纵犯罪活动的犯罪集团头目从其本身来讲，并没有亲自实施实行行为，也就不能认定为正犯，这可能轻纵犯罪也不符合人们的法感情。其三，形式的客观说无法解释间接正犯现象。间接正犯是行为人本人不亲手实施符合构成要件的行为而利用他人实施犯罪的情形，根据该说却不能作为正犯处理，显然结论并不妥当。

2. 实质的客观说。一般认为，实质的客观说是为了克服形式的客观说之不足而产生的学说。但其中的"实质"究竟指什么，则没有形成统一的认识，出现了各种不同主张。

必要性说认为凡是对于犯罪事实属于不可或缺的加功者，就是正犯，其余皆为共犯。所谓不可或缺的加功者，是指如果没有其加功，则无由发生犯罪事由。这里如何判断"不可或缺"的加工者仍旧是个难题。况且必要性说虽然可以解决部分共同正犯在形式客观说上认定的困难，在一定程度上提供了一个界定共同

① 柯耀程：《变动中的刑法思想》，中国政法大学出版社2003年版，第159页。

正犯与帮助犯的判断标准，但是对于界定正犯、间接正犯以及教唆犯仍力不从心。

同时性说以实施犯罪行为的时间为标准，认为在犯罪行为实施的同时进行加工的人都是正犯，而在犯罪行为实施之前进行加功的则只能是共犯。与必要性说相比较，同时性说对于认定共同正犯确实提供了一个明确、易操作的标准，即以犯罪实行之时作为认定点，简便易行，但是该说非但解决不了间接正犯的问题，而且对于事中帮助犯也无法认定。

重要作用说主张应从实质意义上进行判断，对犯罪的实现起重要作用的就是正犯，反之只起从属性作用的就是从犯。而判断是否起重要的作用，则需要以共同者内部的地位、对实行行为加功的有无、样态、程度等为标准。该观点是日本的通说，平野龙一、西原春夫、大谷实等学者都支持这种观点。这里所谓的重要作用实际上是一个综合概念，如日本学者认为："正犯是指在犯罪中起重要作用的人的'重要作用说'是妥当的。如果可能的话，正犯概念最好应当尽量形式化、明确化，在此意义上说，限制的正犯概念（即形式的客观说——引者注）是出色的。但在当前复杂的理论状况下，限制的正犯概念的结论是僵硬的，不具有实践性。在确定正犯概念时，应当根据各种情况，进行实质性的考察。'重要作用'是规范的要素，因此，不可避免地要介入法官的价值判断。但在目前的刑法学中，存在为数相当多的必须进行实质考虑的现象，如间接正犯、实行的着手、原因自由行为等，根据实质的客观说，在确定正犯概念时也采取这种见解是符合实态的。根据这一立场，教唆犯、帮助犯因为没有起重要作用而成为狭义的共犯。"① 应当说重要作用说论者对形式客观说过于形式化和僵化的批评是中肯的，这也是原始的形式的客观说逐渐淡出人们视野的原因，但是这并不符合学者现在关于形式的客观说之认识（新形式的客观说逐渐对原始形式客观说进行了

---

① 张明楷：《刑法的基本立场》，中国法制出版社 2002 年版，第 289 页。

改造，以适应刑法之发展，见下文）；同时论者所主张在现在刑法理论中"规范的要素"不乏其例确属事实，但是所有这些并不能当然论证重要作用说之优越性。事实上，主张者本人似乎也做不到对"重要作用"进行准确描述，这样一个过于笼统的标准只想求助于法官的"价值判断"似乎在推卸责任，尽管在刑法较为发达的大陆法系国家勉强可行，但是在我国这样的缺乏法治传统的司法背景下可能并不合适。与重要作用说相得益彰的还有优势理论，该理论认为共同正犯与帮助犯之间的区别，并非根据固定之标准，而系依各种不同的具体情况加以判定。共同正犯与共犯最大的区分标准，应在于对于犯罪事实欤者具有优势关系，共犯所加功之犯罪事实部分应为局限且附属之部分。① 这种优势关系基本等同于重要作用的判断，都是一个笼统且较为原则的标准，因此对重要作用说的批判也同样适用于优势理论：这种论点虽然提供一个区分正犯与共犯的可用标准，但如何确定究竟系优势或对等，抑或是附属，则未有一明确之说明。

（二）主观标准说

从上文可知，无论是形式的客观说还是实质的客观说都不是完美无缺的，且均存在各自需要着重克服的理论障碍。因此学者便转换视角，不再纠结于犯罪的客观层面而试图从主观层面进行思考，以区分正犯与共犯。主观标准说是以因果关系理论中的条件说为基础的，其认为对构成要件结果的出现设定条件的人都对结果的发生具有原因力，所有的条件都是原因，同时所有的条件又都是等价的，因此，单纯从因果关系的角度无法区分正犯与共犯而要求助于行为人的主观方面。

主观说由于考察行为人主观内容的不同又可以分为故意说和利益说。

故意说又叫意思说是一种纯粹主观说，该说以意图公式为理

---

① 柯耀程：《变动中的刑法思想》，中国政法大学出版社 2003 年版，第 161 页。

论基础，认为以"实施自己的行为的意思"或自己行为的意思而实施行为的，是正犯；而以"加担他人的行为的意思"或加担行为的意思而实施行为的，是共犯。① 依故意说不去考虑行为的客观表现而单纯判定行为人是否自己行为的意思或者加担行为的意思有些强人所难；况且，有时即使行为人以所谓加担行为的意思实施行为，从法秩序的见地来看完全可能是正犯行为。例如，产妇甲意欲杀死婴儿，但由于身体虚弱，便请求乙女将婴儿置入浴缸中溺死。乙女出于加担的意思，但其行为却不是帮助行为，而是独立的实行行为。利益说也叫目的说认为，为了实现自己的目的或者为了自己的利益而实施行为的，是正犯；为了实现他人的目的或者为了他人的利益而实施行为的，是共犯。如采此说，则行为人受嘱托杀人的、为了第三人利益而盗窃的都不能作为正犯来处理，显然十分荒谬。

　　总而言之，主观说不顾行为人的行为，完全根据主观方面来区分正犯与共犯，根本不可能区分清楚。因为犯罪乃是行为人客观方面与主观方面的统一。有些西方刑法学者也对主观说提出尖锐的批评，指出这种学说不仅不能区分正犯与共犯，有时甚至会得出荒谬的结论。例如，某甲从商店为自己的妻子乙窃取了珍珠项链，若其妻子未参与任何行为，会得出甲仅是盗窃从犯，此案并不存在正犯的错误结论。②

　　（三）犯罪事实支配理论③

　　该说是以判断行为人是否具有犯罪事实（行为）支配的特征来区分正犯与共犯的理论，有学者也将之称为行为支配理论。

---

①　参见张明楷：《刑法的基本立场》，中国法制出版社 2002 年版，第 287 页。
②　马克昌：《比较刑法原理——外国刑法学总论》，武汉大学出版社 2002 年版，第 625 ~ 626 页。
③　关于犯罪事实支配理论的历史沿革以及沿革过程中的不同观点请参见柯耀程：《变动中的刑法思想》，中国政法大学出版社 2003 年版，第 163 ~ 166 页；张明楷：《刑法的基本立场》，中国法制出版社 2002 年版，第 289 ~ 291 页；陈家林：《共同正犯研究》，武汉大学出版社 2004 年版，第 13 ~ 24 页。

以往无论是客观标准说还是主观标准说都没能很好地完成区分正犯与共犯的标准问题，因此学者为了此参与问题的判断更为准确，遂提出了"行为支配"理论。

从理论发展史来看，最初产生的"行为支配"概念并不是一开始就用于解释参与形态问题，而是用于作为犯罪行为可罚性之判断方法上。首先，将"行为支配"一词导入刑法基本概念中的是德国刑法学者赫格尔（Hegler），他在自己的"犯罪的要素"一文中仅是将行为支配作为刑法罪责之实质要件，并不以之来区分正犯与共犯。而最先将"行为支配"用于界定正犯与共犯者，当属布伦斯（Bruns）。依照布伦斯的基本构想，正犯之成立，至少应以行为支配的可能性为先决条件，但他本人并未对此问题进行具体阐述。真正使得行为支配概念在参与理论中，发挥其界分参与形态作用者应当归功于威尔泽尔（Welzel），他被后人称为行为支配理论的奠基人。威尔泽尔认为，要构筑正犯的概念，不能像以前的学说那样严格地区分主观的要素与客观的要素，只从一方面加以论述；也不能简单地将主观要素与客观的要素相堆积，而应视其为不可分的统一体，从目的的行为论角度均衡地对待主观的要素与客观的要素，在此基础上进行综合的判断。需要注意的是威尔泽尔并不用行为支配说明过失犯问题而仅局限在故意犯之内，他认为正犯应具备对于犯罪事实之目的性支配，也就是对于所发生及将发生之事实，均具备有目的性之认知；而共犯则仅对其参与具有支配，而非对于犯罪事实本身的目的性支配。综合威尔泽尔之见解，其认为正犯之成立应具备四个要件：其一，目的的行为支配；其二，客观之行为人条件；其三，主观之行为人条件；其四，亲自实现犯罪事实。如果不具备以上四个条件，则充其量只能成立狭义的共犯。威尔泽尔这种建立在自己目的行为论基础之上的行为支配理论也被称为目的的行为支配理论。其缺欠之处较为明显：[①] 首先，目的的行为支配论以

---

① 张明楷：《刑法的基本立场》，中国法制出版社2002年版，第290页。

目的行为论为基础，但目的行为论本身是存在疑问的。因此"皮之不存，毛将焉附"。其次，教唆行为与帮助行为也可能具有行为支配。例如，麦耶（Mayer）认为："吾人亦不能说，教唆犯非如正犯之属于'知目的'的行为主使者；正犯知其所为，教唆犯何尝不然。"德国学者博克尔曼（Bockelmann）亦认为："盖教唆犯除其本身之行为外，亦是知目的者，故如何区别正犯与共犯之'行为支配'，除较确定之心理特征外，亦即是否其故意依存于他人之行为决定，别无其他方法可循，倘非只顾虑此点，则正犯之'目的行为支配'理论，殆无被采取之可能。"①最后，对行为支配的理解形形色色，莫衷一是。突出的是，所谓行为支配是指现实的行为支配还是可能的行为支配，是不明确的问题。如果说行为支配是现实的行为支配，则只有既遂行为是正犯行为，未遂行为因为不是现实的行为支配而不是正犯行为；如果说行为支配是指可能的行为支配，则过失行为也是支配行为。

德国学者罗克辛发展了前述理论，形成了颇为精致的"犯罪事实支配理论"，并在其积极倡导下，犯罪事实支配理论已经为现在德国刑法学理所认同。该理论指出，正犯是具体犯罪事实的核心角色，犯罪过程的关键人物。此一核心角色由犯罪事实支配要素、特别义务之侵害及亲手实施建构而成。就故意犯而言，犯罪事实支配由三大支柱形成：一是行为支配，主要针对亲手且具有目的性之构成要件实现（单独直接正犯）而言。即任何犯罪行为的实现，必然有行为支配存在；在数人参与犯罪时，其中实现构成要件的人，必定有行为支配存在。二是意思支配，主要作为认定间接正犯的标准。即如果参与者之间存在纵向的前后关系时，对于幕后者的参与形态，必须通过意思支配基准来认定。凡是事实情状是借助强制、被利用者的错误（即利用优势知识）及组织机制所形成的，则幕后人具有意思支配，因而成为间接正犯。三是功能性支配，主要是为了认定共同正犯的犯罪事实支配

---

① 蔡墩铭：《刑法基本理论研究》，汉林出版社1970年版，第93页。

的共同性。即在多数参与者之间，存在对等的横向参与关系，如果功能性支配确立，则所有参与者皆为共同正犯。功能性支配表现为：在实行阶段，对实现构成要件提供了不可或缺的条件，换言之，就所实现的结果而言，共同的犯罪计划是必要的；就实现共同犯罪计划的功能而言，能发挥功效的行为是重要的，而且是最具决定性的。也就是说，对于共同正犯而言，重要的是互相分工的共同作用，而不是行为对过程的主观看法。根据罗克辛的见解，共犯是相对于正犯的次要概念，属于犯罪事实的边缘角色，共犯对于犯罪事实不具有支配性、不具有特别义务，而且并不亲手实施构成要件的行为。

应当说罗克辛主张的"犯罪事实支配理论"作为"行为支配论"的延伸和发展，一定程度上克服了行为支配论之不足，并依不同犯罪状况提出不同"支配"情形，似乎给人耳目一新的感觉。但是，该理论也有其需要着重研究和克服的弊端：首先，就什么是"犯罪事实（行为）支配"似乎没有一个统一的内涵。论者只是指出了相当于正犯的各场合的中心要素，尽管不存在严密的共通性，却随意地给予了行为支配这种共通的称呼。① 就连罗克辛本人都认为，"犯罪事实支配"是一个开放性的概念，即无法定义而只能描述。这样可能给行为支配理论提供了充分的施展空间，但同时也降低了其作为区分正犯与共犯参与形态问题的标准意义。其次，罗克辛的"犯罪事实支配理论"在对身份犯的共同正犯以及间接正犯问题上备显尴尬。如何对"无身份有故意的工具"情形进行处理，罗克辛感到很为难：因为，"无身份有故意的工具"可以由故意而支配犯行全体，背后者无法支配作为犯行全体的"事象"，这个所谓的"工具"，除了身份，从对事象的支配这个事实的侧面来看就是直接正犯（按照他的观点具有行为支配），因此，无法承认将其作为工具

---

① ［日］大塚仁：《犯罪论的基本问题》，冯军译，中国政法大学出版社1993年版，第76页。

来加以利用。① 一边不得不承认被利用者具有"行为支配"；另一边又不能主张其构成正犯，所以在行为支配的领域之外，需另外设立别的原理来给其正犯性设定根据。罗克辛本人即认为："行为支配，并非毫无例外的，对所有的构成要件而言，都是决定正犯性的普遍原理。对于构成要件中的两种类型，即义务犯与自手犯，正犯性需要从别的观点来加以判断。"② 作为一个基本理论不能得到完全贯彻而还要在理论之外另立原则，这不得不使理论本身的价值大打折扣。最后，以往的行为支配论，都以构筑统一的正犯理论为目标，而罗克辛放弃了这一点，这使行为支配论作为正犯理论的地位受到怀疑。毕竟，各种正犯之所以都是正犯，应当有其共通的基础。③

综上所述，在判断正犯与共犯的区分标准问题上任何一种学说都并非尽善，④ 因此，无论采取哪一种学说都不是必然的，无不需要进行必要的修正与完善。

相比较而言，笔者赞同形式的客观说，当然仍要对该说进行纠偏和论证。形式的客观说以构成要件为原点进行展开，更能发挥构成要件的罪刑法定以及人权保障机能。但是，在认同形式的客观说基础上我们不能再对构成要件进行完全形式化的理解和把握。正如有学者所言："放弃用实施构成要件定义共同正犯，其实就是放弃罪刑法定原则，如果罪刑法定原则是不可放弃的，以实施构成要件定义正犯和共同正犯即属当然，那么为了扩张共同正犯的成立范围，找寻构成要件的实质内涵，扩大解释构成要件

---

① 罗克辛将身份犯等同于义务犯，即重视行为人对某一法律规定的义务之违反，因此无身份者无论如何都没有违反义务的可能性而不能构成义务犯的正犯。

② 陈家林：《共同正犯研究》，武汉大学出版社2004年版，第19页。

③ 陈家林：《共同正犯研究》，武汉大学出版社2004年版，第23页。

④ 有学者认为，合理区分正犯与共犯不仅十分困难，而且发展的趋势是区分越来越离谱，即不是按原有的正犯与共犯相区分的理念来作区分，而是逐渐模糊了二者的界限，纯粹从合理处罚的需要出发来操作，从而动摇了区分制的根基（参见刘明祥：《论中国特色的犯罪参与体系》，载《中国法学》2013年第6期，第122页）。

行为的范围，是一个完全可以理解的发展方向。"① 因此在遵守形式的客观说基础上，应当对构成要件进行实质性认识，我们称之为新形式的客观说。当然，这种对构成要件的实质性把握可能会受到如下指摘：一方面强调构成要件所具有的定型性，另一方面又扩张构成要件，或者从整体上认定构成要件符合性，这是自相矛盾的，而且使构成要件的定型性丧失意义。但是笔者认为，除了主观说不足之处甚为明显，实质的客观说以及行为支配说无非都是欲从更为实质的意义上综合判断正犯问题，既然哪种主张都是想在实质意义上判断正犯，因此就不能揪住新形式的客观说欲从实质意义上把握构成要件的观点，这无非是"搬起石头砸自己脚"的做法。另外，如前文所言，尽管对构成要件进行实质理解也不能毫无限制地超出其定型性界限，这种有一定限制的实质理解总要比几无束缚的随意（实质标准五花八门可见一斑）认定正犯的标准更让人信服。

在主张新形式的客观说以后，如何重新认识构成要件的定型性并对构成要件进行实质把握是我们需要面对的一个问题，这更多的涉及对构成要件理论的深入探讨，限于篇幅所限，本书不作详细论述。但基本思路是：正犯行为等同于构成要件行为，而作为构成要件符合性应当是诸多构成要素的完全具备。有几点需要说明：

其一，正犯行为的成立以符合构成要件为已足，在区分出共同犯罪人的正犯以及其他参与犯的类型后，再依各行为人的作用进行处罚。这样正犯与主犯的概念与功能是分开的，正犯只意味着行为人实施了分则所规定的构成要件的实行行为，并不说明犯罪人在共同犯罪中的作用大小。这种分离关系使正犯的概念简单化、正犯功能单一化。而这种做法在大陆法系国家刑法中对正犯赋予更多功能期许的做法而言可能并不适合（见本节二（一）

---

① 许玉秀：《检视刑法共犯章修正草案》，载《月旦法学杂志》，元照出版有限公司 2003 年 1 月第 92 期，第 47 页。

"区别说及其必然"部分），尽管大陆法系刑法从形式客观说发展到形形色色的实质客观论的这种做法可以理解，但是其对我国目前而言并不是必然和最好的选择。

其二，构成要件符合性是由诸多要素组成的综合体。因有构成要件规定而可对于各类犯罪予以辨别，亦即由于所适用之构成要件不同，使甲罪异于乙罪。[①] 构成要件的这种个别化机能，使得其在构成上应当具备完整性。

其三，共谋共同正犯在新形式的客观说之上并无存在之余地。无论对形式的客观说进行如何修正，作为新形式的客观说仍旧以构成要件理论为核心，以行为人实施符合构成要件的行为作为正犯的认定依据。而共谋共同正犯则是指二人以上就共同犯罪的实行进行谋议，确定担当实行行为者，在担当实行行为的一部分人实施实行行为的情况下，没有担当实行行为只是单纯参与谋议的人，也承担共同正犯责任的情况。[②] 可见，依新形式的客观说，无论对构成要件在定型意义上如何进行实质之理解，都无法将仅参加谋议未实施实行行为的行为人作为正犯对待。如此一来，是否会产生处罚上的漏洞或者轻纵犯罪人呢？日本学者泷川幸辰指出："今日是集团犯罪的时代，在集团犯罪中，担当犯罪的实行者，原则上说是地位低下的小人物，而可称为中心人物的大人物，则是幕后的主持者，只处罚实行者，不能达到处罚的目的。何人实行的问题实在是无大关系的。所以要求处罚指导者、大人物。因为此种必要，所以扩大共同正犯的范围，而设计出来称为共谋共同正犯的一种共犯。"[③] 应当说从现实需要而言，共谋共同正犯确实有其积极意义，但是这也仅是局限在日本等国之刑法规定之内。正是基于日本等国单一的分工分类法之下正犯兼

---

① 蔡墩铭：《中国刑法精义》（第三版），汉林出版社1982年版，第56页。

② 林亚刚：《共谋共同正犯研究》，载《法学评论》2001年第4期，第35页。

③ 周冶平：《共谋共同正犯引论》，载蔡墩铭主编：《刑法总则论文选辑》（下），五南图书出版有限公司1984年版，第594页。

具分工与作用分类这一复合功能的要求，"无奈"并自然地催生了共谋共同正犯理论之诞生。① 有学者直接认为："共谋共同正犯这种'错误'理论的提出及在日本成为通说的经历，正是日本刑法理论向司法实践妥协与让步的真实写照。"② 可谓一语中的。而反观我国刑法有关共同犯罪之规定，似乎并无日本刑法所面临的尴尬与无奈，我国刑法中的共同犯罪可以分为两类：第一类，以分工分类为标准分为组织犯、正犯、帮助犯和教唆犯；第二类，以作用为标准分为主犯、从犯等。因此，在我国，正犯与主犯的概念与功能是分开的，这为我们采取新形式的客观说作为正犯判断标准以及在此基础上对"共谋"问题化解为组织犯等相关问题提供了便利和可能。③

二、正犯与实行犯关系辨析

正犯与实行犯的关系问题直接决定正犯与共犯的划分标准以

---

① 有学者认为，所谓共谋共同正犯，参与共谋但并未直接实行犯罪者，有可能是犯罪的组织领导者即幕后操纵者，在共同犯罪中所起的作用有可能比直接实行犯罪者还要大，如果仅从其行为形式看，充其量只能算是教唆犯，有的甚至连教唆犯也算不上。……将这种幕后的策划者或操纵者仅作为共犯（或从犯）来处罚，明显是罚不当罪，违反处罚的公平性。为此，采用区分制的国家或地区又不得不承认所谓共谋共同正犯，也就是将参与共谋者作为共同正犯来认定，给予较重的处罚。这样处理也是迫于无奈（参见刘明祥：《论中国特色的犯罪参与体系》，载《中国法学》2013 年第 6 期，第 124 页）。

② 陈家林：《共同正犯研究》，武汉大学出版社 2004 年版，第 148 页。

③ 这里可能存在一个理论与法律何者为先的问题。在日本刑法对共同犯罪人的种类仅规定了正犯和共犯（教唆犯和帮助犯），在这种单一且明确共同犯罪人种类的法律规定之下，并无对"共谋者"进行处罚的余地，因此理论上产生"共谋共同正犯"的相关研究，这可以看作法律规定在前而后有弥补不足之理论产生；而我国学者对待"共谋共同正犯"的态度似乎正好相反，看到日本关于"共谋共同正犯"的相关论述，便试图移植到我国刑法并力求在刑法理论中找到一席之地，全然不顾我国刑法中是否具备解决日本刑法无法解决的"共谋"现象之规定，在理论上引进"共谋共同正犯"理论后再将刑法已明确规定共同犯罪人类型之一的组织犯划归到"共谋共同正犯"当中，这种先标新立异的主张理论而后试图"硬性"地将自己之理论"贯彻"到法律（尽管无此理论也不影响法律之适用）之中的做法笔者并不赞同。

及正犯的成立范围。关于二者的关系理论上存在不同认识：

（一）区别说及其必然——以大陆法系刑法之发展为基点

区别说也可以称之为包含说，即认为正犯的概念包含实行犯但不只如此，作为正犯的共同正犯还包括实行犯以外的人，或者是对犯罪的完成起主要作用的人，或者是具有行为支配的人等，对共同正犯采取不同判断标准的学者所得结论并不一致。如日本学者认为《日本刑法典》第 60 条规定"二人以上共同实行犯罪的，都是正犯"。由于正犯是自己实施实行行为者，所以，共同正犯当然也是正犯。凡二人以上分别实施实行行为的，则都已经是正犯，那么，第 60 条并不一定再有必要去作所谓的"都是正犯"的规定。也就是说，第 60 条很清楚地包含有这样一个立法趣旨，即尽管本来不能称之为正犯，但仍与"正犯"作相同的处理。① 也就是说这里认定的正犯除了包括本来可以作为正犯的实施了实行行为的实行犯而外，尚包括那些并没有实施实行行为但是应当与"正犯"同等对待的其他类型参与者，该种类型的参与行为依据不同的实质性指标可能是教唆行为、帮助行为或者共谋行为②（包括组织行为）等。

前文已经述及，在德、日等大陆法系国家之所以对正犯作扩张之实质性解释是有其缘由的，主要是为了弥补可能产生的处罚上的漏洞；除此而外，纯粹把持以实施实行行为与否判断正犯也使得刑法对仅参与共谋而未进入实行阶段的共谋者（共谋共同正犯问题日本学者争议很大，以我国刑法规定为视角如何对其认识和评价？下文在讨论共同正犯的时候会有所涉及，此不赘

---

① ［日］大谷实：《日本刑法中正犯与共犯的区别》，载《法学评论》2002 年第 6 期（总第 116 期），第 118 页。

② 有学者从发生学角度认为，共谋共同正犯概念的提出是随着对构成要件的规范评价特性的承认以及对实行行为为规范性、实质性价值考量的进行，实行行为概念得以突破形式客观说的标准而递进为当今德日普遍承认的实质客观说，从而正犯概念也随之扩张，这便产生了共谋共同正犯的概念。刘艳红：《共谋共同正犯论》，载《中国法学》2012 年第 6 期，第 118 页。

述。）缺乏处罚依据。正如有学者所言："从实质意义上界定正犯与狭义共犯的界限实际上是调和德日刑事立法与司法实践的一种选择。"① 因此，这种为了调和的目的而做出对正犯进行实质理解的"无奈"举措是区别说存在的基本前提。这一点是在认识和评价德、日等国对正犯判断采取实质的客观说以及行为支配说时应该注意的地方，也是在我国刑法中如何对待形式的客观说、实质的客观说和行为支配说时必须考虑的因素。

（二）合一说及其考察——以我国刑法为背景

与区别说相对，合一说认为正犯即为实行犯，"正犯和实行犯仅是一种事物的两个不同的称谓而已"②。在合一说看来，正犯就是实行犯，而实行犯则是实施了刑法分则所规定的构成要件行为（即实行行为）的人，因此正犯的判断实则归结为实行行为的认识之上。

从新中国成立后的立法发展史来看，有的刑法草案使用正犯一词，有的则使用实行犯一词。1950 年中央人民政府法制委员会制定的《中华人民共和国刑法大纲草案》将共同犯罪人分为正犯、组织犯、教唆犯与帮助犯四类；1954 年中央人民政府法制委员会制定的《中华人民共和国刑法指导原则草案》（初稿）仍把共同犯罪人分为四类，但是将正犯改称为实行犯；1957 年全国人大常委会法律室草拟的《中华人民共和国刑法草案》（初稿）又将实行犯改称为正犯。立法者解释说："为什么在草案中用'正犯'这一名词，而不用'实行犯'？是因为'实行犯'这一名称不科学，实际上不但实行犯去实行犯罪，其他共犯也是实行犯罪的，而用了'实行犯'这一名词就意味着其他的共犯好像坐在那里什么都不干，这与实际情况是不符的。"③ 可见，

① 刘凌梅：《帮助犯研究》，武汉大学出版社 2003 年版，第 204 页。

② 林维：《间接正犯研究》，中国政法大学出版社 1998 年版，第 37 页。

③ 李淇：《有关草拟中华人民共和国刑法草案（初稿）的若干问题》，载《我国刑法立法资料汇编》，北京政法学院刑法教研室 1980 年印行，第 124 页。

立法者在对正犯与实行犯两个概念进行取舍的理由仅仅是从形式上而言哪个概念表述更为准确的问题，尽管这样的立法理由不一定充分，但是立法者在立法过程中对正犯与实行犯按照同一事物对待的立场与理论界的认识如出一辙。我国刑法理论界的通说一般也认为正犯就是实行犯，间接正犯也叫间接实行犯，共同正犯也称之为共同实行犯。[①]

（三）本书的主张

笔者原则上赞同正犯即实行犯的合一说主张，但尚有几点需要着重说明。

1. 合一说建立在形式的客观说（区别于原始的形式客观说，实际上应当是对构成要件进行实质理解的新形式客观说）基础之上。合一说认为正犯就是实行犯，将正犯的判断问题转化为实行行为的认定，而实行行为的判定又以构成要件为根基。所有这些认识都是形式的客观说之基本问题点。

2. 在我国贯彻形式的客观说更具有现实意义。尽管形式的客观说并非完美无缺，甚至仍旧有一些问题亟待解决，[②] 但是在我国刑法中采取形式的客观说仍应当是权衡后的理性选择。这是因为：第一，形式的客观说能够很好地解决共同犯罪人的参与问题，而其在量刑上稍显不足的弊端可以通过作用分类法配合解决。但是这一正犯概念仍应当是共同犯罪人的核心和对共犯人进行量刑的参照系——先将共同犯罪人中实施了实行行为的人确定

---

① 在我国刑法理论中，似乎想当然地就将正犯等同于实行犯，并不存在类似德、日刑法理论中对正犯与实行犯关系进行争辩的繁荣景象，这既有立法规定因素，也不排除曾经对大陆法系刑法中相关问题关注不够的理论粗疏因素。

② 例如，作为形式的客观说核心的构成要件行为仍旧需要对之进行解释，这也是实质的客观说等相异学说一直诟病形式的客观说的焦点之一。这一点的确是形式的客观说需要进一步阐述的问题。但是无论如何作为分则所规定的构成要件行为都是一种定型性的规定，这种定型性就决定了对之进行解释必须有一个范围上的限制，这样就要比没有这一定型性限定而"随意"（实质的客观说判定标准五花八门）对正犯进行实质化的理解更为理性和科学。

为正犯，其他参与者认定为教唆犯或帮助犯，再按各自作用（也要参考正犯之刑罚）进行主从犯判定；而不是像大陆法系刑法中先按照作用、危险程度或者是否有行为支配等实质标准将一些实施构成要件之外行为的共同犯罪人作为正犯，然后参考正犯刑罚对共犯人进行处罚。这两种做法前者可能更适合我国司法现状。因为作为法律传统较为缺失和法治基础比较薄弱的我国司法现状而言，似乎刚性标准（构成要件定型性的不可突破）比柔性指标（说法各异且较为弹性的实质判断）更为奏效；相反，作为刑法根基较为雄厚的德、日等大陆法系国家主张实质化的判定正犯也不难理解（当然，就是在大陆法系国家其实质化的判断学说也问题百出）。因此，形式的客观说从限制司法者手脚最大化，保证司法运行结果的公平公正方面而言，其更为理性的程序价值不可低估。① 第二，形式的客观说与传统观点的主客观相统一原则具有暗合之处。传统观点认为区分实行犯与非实行犯必须坚持主客观相统一原则，主观上需具备实行的故意，客观上实施了刑法分则所规定的构成要件行为。主客观相互结合才能认定为正犯。经过相关学者的深入研究认为，学术界的该主流观点在结论上与形式的客观说并无不同。……可以直接采用形式的客观说，没有必要抽象地强调主客观相统一原则。② 况且，即使是形式的客观说也并非全然不考虑行为人的主观方面。

3. 正犯与实行犯尚有细微差别。从用语习惯与理论功能方面言之，正犯一般存在于共同犯罪领域（个别不构成共同犯罪的情形如同时正犯等除外）中而与共犯相对应；而实行犯则一般在犯罪停止形态理论中出现，与预备犯作为对应概念。在我国刑法中前一种对应性不太明显，因为理论上在共同犯罪理论中基

① 区分制下的正犯与共犯，原则上从行为的形式来区分，相对比较客观，法官判断时的主观随意性较小，这是其明显的优势。刘明祥：《主犯正犯化质疑》，载《法学研究》2013 年第 5 期，第 120 页。

② 相关论述参见陈家林：《共同正犯研究》，武汉大学出版社 2004 年版，第 25～26 页。

本是将正犯与实行犯通用的；但是后一种对应性则基本保持着。因此，我们在运用正犯与实行犯两个概念的时候要稍加注意。

4. 正犯与我国刑法中的主犯互相区别。正犯的判断仅仅解决共同犯罪人之参与行为的类型问题，主犯则依共同犯罪人的作用大小解决行为人的刑责轻重。"正犯所依据的是分工分类法，是按照共犯人在共同犯罪中的分工或行为的形式所作的划分，其对应的是教唆犯、帮助犯与组织犯。而主犯所依据的是作用分类法，是按照行为人在共同犯罪中所起的作用进行的划分，其对应的是从犯、胁从犯，两者的界限可谓泾渭分明。"①

三、共同正犯的概念与性质

对于共同正犯的概念表述一般有两种渠道：其一，如德日等国的做法，在法律中直接将之进行规定，学理上基本遵从该法律定义，只是学者会依据自己的理论基点而对共同正犯之外延做不同的解释。例如，德国刑法第 25 条（正犯）规定："自己实施犯罪，或通过他人实施犯罪的，依正犯论处。数人共同实施犯罪的，均依正犯论处（共同正犯）。"日本刑法第 60 条规定："两人以上共同实行犯罪的，皆为正犯。"德日刑法对共同正犯之定义在法律上的用语有所不同：一个是共同"实施"犯罪，另一个则是共同"实行"犯罪。但是这种所谓的不同在德日刑法中似乎并不是问题，至少在理论上并没有对应当是"实施"还是"实行"进行争论。但是作为刑法用语对共同正犯的表述而言，"实施"与"实行"似乎也并不能完全等同。这一点从我国台湾地区"刑法"的修改上即可见一斑。我国台湾地区原"刑法"对共同正犯的定义用的是"实施"二字，导致实务本身对于"实施"之解读常因时制宜而作不同之理解，理论上也基本沿用理解为：实施系包含阴谋行为、预备行为、着手行为及狭义之实行行为，无论属于哪一阶段之犯罪，皆得为共同实施。因此在修

---

① 陈家林：《共同正犯研究》，武汉大学出版社 2004 年版，第 32 页。

订"刑法"的过程中，将"实施"修改为"实行"。理由是：由于原刑法之立法理由以及实务见解因地制宜地解释"实施"用语之后果，导致无限扩张阴谋共同正犯、预备共同正犯以及共谋共同正犯之成立范围，对于否定阴谋共同正犯、预备共同正犯以及共谋共同正犯之见解而言，则毫无解释空间，因此将"实施"修改为"实行"，不仅用以限缩其成立范围，而且亦赋予否定说法条明文之依据，可见此修正乃正确且妥适。① 其实，从根本意义上而言，无论法条用语为"实施"还是"实行"都不妨碍学者基于自己的立场对共同正犯进行实质的理解，德国刑法中的"实施"也不至于会对共同正犯进行漫无边际的认定；相反，日本刑法中的"实行"也有很多学者承认无"实行"的共谋共同正犯。

其二，共同正犯不是我国刑法的法定种类，因而在法律条文中并无共同正犯的定义。但是鉴于共同正犯概念的重要性，却不能忽视对共同正犯的研究。我国学者对共同正犯作出了几乎完全一致的理论描述。例如，马克昌教授指出："两人以上共同故意实行某一具体犯罪客观要件的行为，在刑法理论上叫共同正犯。"② 陈兴良教授认为："共同正犯是两人以上共同故意实施犯罪构成客观方面行为的实行犯。"③ 这种对共同正犯的定义实际上又犯了前文所说的将实行行为直接等同于犯罪构成客观要件行为的错误，当然学者在具体认定共同正犯时并不必然认为实施了客观要件行为即构成共同正犯（如被国家工作人员利用的非国家工作人员收受他人财物行为也是受贿罪客观要件行为，但论者一般均不认为非国家工作人员构成受贿罪的共同正犯）。

因此，对比如上定义，基于本书所主张的新形式客观说，笔

---

① 陈子平：《新刑法总则之理论基础——正犯与共犯》，载《月旦法学杂志》，元照出版有限公司 2006 年 8 月第 135 期，第 183 页。

② 马克昌主编：《犯罪通论》，武汉大学出版社 1999 年版，第 525 页。

③ 陈兴良：《论我国刑法中的共同正犯》，载《法学研究》1987 年第 4 期，第 25 页。

者认为：共同正犯是指二人以上共同故意实行刑法分则所规定的实行行为的犯罪形态。即共同正犯的犯罪人所实施的必须是符合整个构成要件的行为（实行行为），而不仅仅是从存在论角度符合（我国犯罪构成四要件之一的）客观构成要件的行为。

基于此概念实际上又引申出对共同正犯到底是正犯还是共犯性质的问题。对此学者争议较大：一种观点认为，共同正犯始终是正犯的一种，不是共犯。德国学者认为："与间接正犯一样，共同正犯也是正犯的一种形式。"① 日本学者木村龟二也认为："刑法上规定的'共同正犯'、'教唆犯'、'从犯'，虽然说是'广义的共犯'，但是，正确的理解应当说共同正犯是正犯的共同，即正犯的一种。"② 我国学者李海东博士也认为："由于共同正犯是正犯，每个行为人对于其他行为部分也必须是能犯才能成立。妇女不能成为强奸的共同正犯、非公务人员也不能成为公务犯罪的共同正犯。"③

另一种观点认为共同正犯是共犯的一种而不是正犯。例如，日本学者西原春夫就认为："共同正犯是共犯。多数学说对共同正犯使用单独正犯的理论加以论述，但不能完全贯彻始终，这是无视共同正犯共犯性的缘故。"④ 我国也有学者认为："事物的属性在于其本质特征，共同正犯是正犯的一种还是共犯的一种，关键还在于对这种类型的犯罪的处罚应当依据正犯还是共犯。我们认为，共同正犯虽然具有实行犯的特征，但是，共同正犯的共犯性是其主要方面，对它的认识和处罚的依据，应当是共同犯罪的

① ［德］汉斯·海因里希·耶赛克、托马斯·魏根特：《德国刑法教科书》，徐久生译，中国法制出版社2001年版，第815页。
② ［日］木村龟二：《刑法总论》，有斐阁1984年版，第404页；转引自陈家林：《共同正犯研究》，武汉大学出版社2004年版，第36页。
③ 李海东：《刑法原理入门（犯罪论基础）》，法律出版社1998年版，第180页。
④ ［日］西原春夫：《犯罪实行行为论》，成文堂1998年版，第315页。

原理和规定。"①

还有一种观点认为共同正犯兼具正犯与共犯双重性质。如我国台湾地区学者蔡墩铭即认为："共同正犯的正犯性在于，各个参与者莫不具有正犯意思，亦即认识其所实施之行为与他人之行为结合以后，足以实现构成要件，除此之外，各个参与者对于共同实施之行为，均得予以目的行为支配。易言之，行为之开始、进行或停止，莫不操作在各个参与者之手中，分别由各参与者予以决定。而共同正犯的共犯性则在于，共同正犯所实施之行为，不限于构成要件行为，其可能为一部构成要件行为或为构成要件以外之行为，从而共同正犯之行为实无异于教唆犯或从犯之行为，亦系对于犯罪之参与行为，具有共犯之性质。"②

笔者认为，对共同正犯是正犯还是共犯的争论，一定意义上仍旧涉及对正犯本身、正犯与共犯如何区分、正犯与实行犯的关系之认识，也与共同犯罪人的分类标准不可分离。主张共同正犯的共犯性学者理由基本有二：一是如前文所述，在分工分类法之下，严格限制（共同）正犯须在构成要件行为之内认定，可能会导致轻纵犯罪的问题，因此要在构成要件行为之外认定正犯，这就同狭义共犯一致。但是这种理由并不充分已如前述。二是作为共同正犯人并不是每个人都完成了全部构成要件行为，但是所有人都应当对犯罪承担既遂的刑事责任。应当说这是对共同正犯之"一部行为全部责任"原则的正确把握。但是，即使是认为共同正犯是正犯的学者，也并不认为所有的共同正犯人都应当完全将构成要件行为实施完毕，也承认共同正犯人之间的分工配合。因此这一理由也不是主张共同正犯是共犯的根据。

其实，主张共同正犯是正犯的观点实际上就是在强调各共同正犯人所实施的必须是符合构成要件的实行行为（当然要对构

---

① 林亚刚：《共同正犯相关问题研究》，载《法律科学》2000年第2期，第94页。

② 蔡墩铭：《刑法精义》，翰芦图书出版有限公司1999年版，第325页。

成要件进行实质把握），这正是（新）形式的客观说的观点。也就是说，每一个共同正犯人所实施的（部分）行为都应当符合构成要件的相关要素之规定，这种符合是一种法律意义上的符合，而非仅仅若干客观要素的简单相加。正如有学者所言："何以共同正犯须对于共同意思范围内之行为负责，盖其既对于共同实施之犯罪具有共同目的支配，则其可随时替他人实施在共同意思范围内之行为，亦即他人不实施，自己亦可接替而代为实施，以完成共同犯罪。从而在共同意思范围内之行为，究竟应归何人实施，并非重要之事，此所以共同正犯亦不能不对于他人所实施之行为负责。"① 因此，笔者主张共同正犯实质上仍旧是正犯，但是其在形式上又有些共犯的特征，如需二人以上实施且行为人相互配合等。

第三节　无身份者能否构成纯正身份犯的共同正犯

对于无身份者能否构成纯正身份犯的共同正犯问题，从大陆法系国家刑法来看，立法规定和理论探讨之间呈现一种胶着状态——有的国家立法直接承认，但这并不妨碍学者的坚决反对；有的国家立法明确否定，但这也阻止不了学者的积极肯定；当然有的国家刑法对此问题讳莫如深，这更给了学者充分的争鸣空间。

从相关国家以及地区的立法例来看，存在三种模式：第一种立法例明确规定无身份者可以成为纯正身份犯的共同正犯，可以称之为肯定说。例如《韩国刑法典》第 33 条规定，"参与依身份关系成立的犯罪的行为，在不具有身份关系的情况下，也适用前三款的规定"，这表明刑法虽然规定非身份人不能单独构成纯正身份犯的正犯，但是还具有可以与身份人共同实施身份犯罪的

---

① 蔡墩铭：《中国刑法精义》（第三版），汉林出版社 1982 年版，第 234 页。

特殊规定。① 此外台湾地区新修订的"刑法"第 31 条（正犯或共犯与身份）第 1 款规定："因身分或其他特定关系成立之罪，其共同实行、教唆或帮助者，虽无特定关系，仍以正犯或共犯论。但得减轻其刑。"第二种立法例则明确规定无身份者可以构成作为狭义共犯的教唆犯和帮助犯，将共同正犯排除在外。可以将之称为否定说。最有代表性的是 1912 年的《中华民国暂行新刑律》第 32 条第 2 款规定："凡因身份成立之罪，其教唆或帮助者虽无身份，仍以共犯论。"《德国刑法典》第 28 条第 1 款也规定："正犯的刑罚取决于特定的个人特征（第 14 条第 1 款），共犯（教唆犯和帮助犯）缺少此特征的，依第 49 条第 1 款减轻处罚。"从这种法律上仅强调无身份者可以构成纯正身份犯的教唆犯与帮助犯，而没有顾及共同正犯的规定来看，似乎已经表明法律不主张肯定说的倾向。第三种立法例以日本刑法典为代表，对无身份者可否构成纯正身份犯的共同正犯问题讳莫如深，仅规定无身份者可以构成共犯，但并未指明是广义的共犯（包括共同正犯）还是狭义的共犯（仅指教唆犯和帮助犯），而将这一结论诉诸理论探讨。如《日本刑法典》第 65 条第 1 款规定："对于因犯罪人身分而构成的犯罪行为进行加功的人，虽不具有这种身分的，也是共犯。"而在日本刑法理论中一般认为共犯既可以指称包括共同正犯的广义共犯，又可以特指仅包含教唆犯与帮助犯的狭义共犯。正是在此立法例指引下，日本刑法学者对无身份者是否能构成纯正身份犯的共同正犯问题讨论尤其激烈。

　　刑法上的硬性规定并没有阻碍理论上对此问题的热议。在刑法理论中，对于无身份者能否与有身份者构成纯正身份犯的共同正犯，学者间存在较大分歧。大别之主要存在肯定说②和否定说

---

　　① ［韩］李在祥：《韩国刑法总论》，韩相敦译，中国人民大学出版社 2005 年版，第 424 页。

　　② 以往我国刑法理论中所言的"折中说"实则是对肯定说的一种变异，笔者将之归类为肯定说之内。

两种主张：

一、肯定说及其批判

肯定说学者认为，无身份者可以与有身份者构成纯正身份犯的共同正犯。尽管不同学者基于不同的理论基点出发，但所得结论却相同。日本学者齐藤金作教授等人基于共同意思主体说①认为，在无身份者与有身份者共犯真正身份犯的情况下，两个以上异心别体的个人，为实现完成身份犯这一共同目的，变为同心一体，从而成立该身份犯的共犯了。这个理论是不分共同正犯、教唆犯和从犯的。② 也有学者从正犯与共犯区分标准之立场主张肯定说，如日本学者泷川幸辰等。我国台湾地区主张肯定说者也不乏其人。如韩忠谟教授认为："无身份之人与有身份之人共同实施因身份而成立之犯罪者，例如普通人与公务员分受贿赂之类，按犯罪以一定身份为成立要件者，无此身份之人在理论上原不成立该项犯罪行为，然事实上无身份之人与有身份之人共同实施因身份而成立之犯罪亦属常见，又不得不与其他正犯同其处罚，故刑法上对于无身份之共同正犯，殊有特设之规定之必要，学者有称此种规定为拟制的规定者。"③ 主张肯定说的理由无非与学者对共同犯罪的相关理论问题直接挂钩，主要是对正犯与共犯的区分标准不同导致对（共同）正犯的存在范围产生不同认识所致。鉴于前文已对其他不同区分学说进行了反驳，所以建立在其他区

---

① 共同意思主体说是指多数的行为人，如果形成了共同实行犯罪行为的意思，就会产生一个超越了各个个人的个别的存在的共同意思主体。只要其中一人实施犯罪，那么各个人都是共同正犯。该说是由时任大审院判事的草野豹一郎博士所创，在日本也影响较大。但是该说同样遭到猛烈抨击，如认为该说不适当地扩大共同正犯的概念，违反罪刑法定原则，违反近代个人责任原理，转嫁责任而违反责任论等。关于该说及其批判请参见陈家林：《共同正犯研究》，武汉大学出版社 2004 年版，第 114~122 页。

② 齐藤金作：《共犯判例与共犯立法》，有斐阁 1959 年版，第 126~135 页；转引自杜国强：《身份犯研究》，武汉大学出版社 2005 年版，第 202 页。

③ 韩忠谟：《刑法原理》，中国政法大学出版社 2002 年版，第 224 页。

分标准之上的肯定说也是站不住脚的。

折中说应当是我国学者所"首创",该说认为对此问题不能一概而论,而应当区分实行行为的不同性质,区别对待。例如马克昌教授认为:"在实际上,某些真正身份犯,无身份者并非不可能实施部分实行行为,在这种情况下,完全否认无身份者与有身份者构成共同实行犯的可能性,似与法律规定和实际情况不合。因而我们主张……凡无身份者能够参与真正身份犯的部分实行行为的,可以与有身份者构成共同实行犯;凡无身份者根本不能参与真正身份犯的实行行为的,即不能与有身份者构成共同实行犯。"① 我国学者赵秉志教授也认为:"对于无特定身分者可否与有特定身分者构成共同实行犯的问题……应当区分特殊主体犯罪的实行行为之性质,予以不同的对待。某些要求特殊主体的犯罪的实行行为,从其性质上看,不可能由其他无特定身分者与有特定身分者一起实施实行行为,而只能由具备特定身分者实施,在此种犯罪构成的情况下,无特定身分者就不可能与有特定身分者构成共同实行犯。……另一些要求特殊主体的犯罪的实行行为,从其性质上看可以由无特定身分者与有特定身分者共同实施,在此种犯罪情况下,应当承认无特定身分者可与有特定身分者构成共同实行犯。"② 可见这种区分"实行行为"的不同性质而不同对待的折中说与肯定说如出一辙,因为即使是肯定说也并不是认为在所有情况下,无身份者都可以构成纯正身份犯的共同正犯,亲手犯等某些必须由身份者亲自完成的犯罪无身份者也不能与有身份者构成共同正犯。另外,这种折中说无非是将实行行为直接等同于我国刑法中的客观要件行为,因此只要从事实层面进行判断,无身份者是否可以完成该事实行为作为是否能构成共同正犯的标准。如前文所言,这种纯粹"形式"化、事实层面的理解并没有真正把握实行行为的实质内核,基于此,建立该理

---

① 马克昌主编:《犯罪通论》,武汉大学出版社 1999 年版,第 582～583 页。
② 赵秉志:《犯罪主体论》,中国人民大学出版社 1989 年版,第 297 页。

论之上的"共同正犯"也已变味走形。实不足取。

二、否定说及其主张

否定说认为无身份者不能与有身份者构成纯正身份犯的共同正犯。至于否定的理由则有两种不同主张：其一，从实行行为的定型性角度主张否定说。日本学者福田平强调实行行为的定型性，认为："在真正身份犯中，非身份者的行为因为缺乏作为实行行为的定型性，不可能存在共同实行，非身份者只能成为教唆犯或帮助犯。例如，非公务员与公务员一起接受了与公务员的职务有关的金钱，这一行为对公务员来说虽然具备'贿赂的收受'这种收贿罪的实行行为性，但是，对非公务员来说，接受的金钱不是'贿赂'，接受金钱的行为不是'贿赂的收受'，这里是存在自然行为的共同，但不存在实行行为的共同。"① 小野清一郎认为："共同正犯必须是共同实行者。实行，是指符合构成要件的行为、实现构成要件的行为。关于身分犯，必须理解为以有身分者的行为为前提。无配偶者不能是重婚罪的正犯，女人也不能说是与男人共同实行了强奸罪。"② 日本学者吉川经夫亦认为：自不重视正犯行为的类型性之共犯独立性说以及将共同正犯解为"自然的行为之共同"的行为共同说之立场而言，或可比较容易的肯定所谓"由于第六十五条第一项之规定而对于无身分者亦扩大正犯性"一点。然而，如自"重视实行行为之类型性，并将共同正犯解为适合于基本的构成要件的行为之共同实行"之立场而言，则至少关于真正身分犯，因无身分者之行为欠缺实行行为类型性之故，纵因法律之规定，而将此视为正犯一事，亦应

---

① 李海东主编：《日本刑事法学者》（上），法律出版社、成文堂出版社 1995 年版，第 364 页。

② ［日］小野清一郎：《犯罪构成要件理论》，王泰译，中国人民公安大学出版社 1991 年版，第 96 页。

谓为不当。① 我国学者陈兴良教授也主张否定说，认为具有特定身分的人与没有特定身分的人之所以不能构成法律要求犯罪主体具有特定身分犯罪的共同实行犯，就在于没有特定身分的人不可能实施法律要求犯罪主体具有特定身分犯罪的实行行为。因为身分是犯罪主体的构成要素之一，身分决定着犯罪主体的性质。身分总是和犯罪主体的权利与义务相联系，尤其是法定身分，其身分是由法律赋予而具备的，法律在赋予其一定身分的同时，必然加诸一定的权利与义务。那种认为非国家工作人员把贿赂收受下来，就是实施了受贿罪的实行行为，因而与国家工作人员构成受贿罪的共同实行犯的观点，只是看到了非国家工作人员的行为与国家工作人员的行为之间形式上的一致性，而没有看到两者之间的本质上的差别性，因而错误地将其混为一谈。②

其二，从身份犯的义务违反性角度认同否定说。例如木村龟二教授则强调身份犯的义务性，认为身份犯是一种义务犯。他主张："身份犯是指具有一定的身份者负担这种特别义务，对不具有这种身份的人来说不具有这种特别义务，具有身份的人违反了这种特别义务始具有可罚性。因此无身份的人，无论是否分担实行行为的一部分或者是全部，在法律上原本就不能成为正犯。"③有学者认为：身份犯是以违反一定的义务为内容的犯罪（义务犯），只有负有该义务的有身份者才可能作为"正犯"来实施；并以此为前提，进一步认为，共同正犯归根结底还是"正犯"因而对于无身份者而言，就如同不可能构成身份犯的单独正犯一样，也不可能构成共同正犯。④

笔者赞同否定论的主张。但是认为仅仅从义务违反性的角度

---

① ［日］吉川经夫：《共犯与身份》，载《日本刑法判例评释选集》，洪福增译，汉林出版社1977年版，第133页。

② 陈兴良：《共同犯罪论》，中国社会科学出版社1992年版，第356～357页。

③ ［日］西田典之：《共犯与身份》，成文堂1982年版，第179页。

④ ［日］山口厚：《日本刑法中的"共犯与身份"》，载马克昌、莫洪宪主编：《中日共同犯罪比较研究》，武汉大学出版社2003年版，第135页。

把握身份犯时无法解释所有身份犯问题，如作为某些自然身份犯（如强奸罪）并无"义务"可违反。同时如果彻底贯彻义务违反说，则无身份者不但不能成立共同正犯，而且也不能成立狭义的共犯（教唆犯和帮助犯），这显然不符合实际。论者显然并没有作此主张。可见义务违反说无法贯彻始终，并不可取。

因此，从新形式的客观说出发，把握实行行为的定型性标准而得出否定说的结论是较为合适的。也有学者从主体身份之于构成要件的地位角度来把握实行行为的定型性，认为：对于参与关系的问题，唯有确认行为主体与行为的关联性之后，方得以妥善界分出各种参与形态，特别在认定共同正犯的问题上，如果无法先确认行为主体及其所得以成为共同性之行为适格关系，将使得共同正犯的认定流于"人的共同"，而非"行为事实的共同"的弊端。是故，我国刑法（即台湾地区"刑法"——笔者注）第三十一条第一项似乎有意透过法律的拟制关系，使原本不具有行为主体资格之人，亦得以成为正犯之形式，显然太过于一厢情愿。不具主体资格之人，不论如何均无法取得正犯之地位，即使其得以共同实现特别犯类型，仍旧不能与适格主体之参与地位等量齐观。[①]

需要强调的是，这里的无身份是相对于某一纯正身份犯的必备身份而言的，也就是说该"无身份者"可能具有不符合该纯正身份犯之身份要求的其他身份，但无论如何这种其他身份都不是该纯正身份犯的构成要件性身份。

---

① 柯耀程：《论行为主体于构成要件定位问题》，载《刑事法学之理想与探索》，学林文化事业有限公司 2002 年版，第 33 页。

第四节　无身份者与有身份者共同实施纯正身份犯的定性[①]

在否定无身份者可以作为纯正身份犯的共同正犯之后，接下来就产生一个问题：对无身份者与有身份者（包括不同身份者）共同实施纯正身份犯罪的如何解决各行为人的刑事责任呢？

一、异彩纷呈的观点及其评介

对于该问题的解决无论是相关司法解释抑或理论学说都大相径庭，不一而足。择其要者主要有如下几种观点：

1. 主犯决定说。该说主张根据主犯犯罪行为的基本特征来确定共同犯罪的性质，如果主犯是有身份者，按身份犯罪来定罪；如果主犯是无身份者，则以无身份者所犯之罪定罪。[②] 该说首先存在于司法解释中后被相关学者所主张。1985 年 7 月 18 日最高人民法院、最高人民检察院发布的《关于当前办理经济犯罪案件中具体应用法律的若干问题的解答（试行）》曾经指出："内外勾结进行贪污或者盗窃活动的共同犯罪（包括一般共同犯罪和集团犯罪），应按其共同犯罪的基本特征定罪。共同犯罪的基本特征一般是由主犯犯罪的基本特征决定的。如果共同犯罪中

---

① 理论上从共同犯罪人主体身份的有无或者相互之间主体身份是否一致的角度而将这种共同犯罪现象统称为混合主体共同犯罪或者混合身份共犯。笔者不采用这一称谓，因为所谓混合主体或者混合身份共同犯罪只是强调了作为共同犯罪人主体身份的有无及差异，但是对基于混合主体（身份）的共同犯罪人所共同实施的犯罪性质并没有限定，有学者对这种混合身份共犯概括了七种类型（参见杨辉忠：《身份犯研究》，吉林大学 2006 年博士学位论文，第 196 页）。本书仅探讨在构成纯正身份犯时各行为人主体身份不同时的刑事责任处理原则问题。当然，这一问题应当包含于混合身份（主体）共犯范围之内。

② 叶高峰主编：《共同犯罪理论及其应用》，河南人民出版社 1990 年版，第 280～281 页。

主犯犯罪的基本特征是贪污，同案犯中不具有贪污罪主体身份的人，应以贪污罪的共犯论处。……如果共同犯罪中主犯犯罪的基本特征是盗窃，同案犯中的国家工作人员不论是否利用职务上的便利，应以盗窃罪的共犯论处。"此外，最高人民法院 2000 年 6 月 27 日《关于审理贪污、职务侵占案件如何认定共同犯罪几个问题的解释》第 3 条规定："公司、企业或者其他单位中，不具有国家工作人员身份的人与国家工作人员勾结，分别利用各自的职务便利，[①] 共同将本单位财物非法占为己有的，按照主犯的犯罪性质定罪。"

2. 身份犯说。该说认为在此种情况下应当以纯正身份犯之罪对各共同犯罪人定罪处罚。具体理由有所不同：（1）实行行为性说认为，应以实行犯实行行为的性质来决定共同犯罪的性质。所以无身份者教唆、帮助有身份者或者与之共同实施真正身份犯时，应依有身份者的实行犯的实行行为定罪，即依有身份者所实施的犯罪构成要件的行为来定罪。[②] 有学者对实行行为性说做了进一步阐述：认为无身份者不可能实施真正身份犯的实行行为。实行行为反映共同犯罪的特征，判断无身份之人与有身份之人的共同犯罪是否成立真正身份犯之罪，应看是否有真正身份犯之罪的实行行为。"以贪污罪与盗窃罪的区别为例，有身份者与

---

① 该司法解释前两条对只利用一方行为人职务便利实施的犯罪如何定性作出了规定。第 1 条规定："行为人与国家工作人员勾结，利用国家工作人员的职务便利，共同侵吞、窃取、骗取或者以其他手段非法占有公共财物的，以贪污罪共犯论处。"第 2 条规定："行为人与公司、企业或者其他单位的人员勾结，利用公司、企业或者其他单位人员的职务便利，共同将该单位财物非法占为己有，数额较大的，以职务侵占罪共犯论处。"其实司法解释的这一定性仍有些含混，在行为人构成了贪污罪或职务侵占罪共犯以后如何衡量各自的刑事责任呢？各行为人的参与类型为何种？能否构成共同正犯？该解释并没有具体说明。这是由于我国共同犯罪采取作用分类法的结果。这种规定方式既为理论探讨提供了空间（例如肖中华博士就认为这里的"共犯"是"共同犯罪人"的简称，包括共同正犯在内。参见肖中华：《犯罪构成及其关系论》，中国人民大学出版社 2000 年版，第 324 页），同时也给司法的粗陋提供了"借口"。

② 马克昌主编：《犯罪通论》，武汉大学出版社 1999 年版，第 584 页。

无身份者共同实施窃取公共财物的行为，如果这种窃取行为利用了有身份者的职务上的便利，其实行行为就符合贪污罪的实行行为，应定为贪污罪，否则只能定盗窃罪。"① （2）利用特定身份说认为，混合主体共同犯罪性质的最根本、最关键的依据就在于有特定身份者是否利用其身份和职务上的便利实施了犯罪。如果没有利用其特定身份和职务上的便利进行犯罪，就不能认定构成要求具有特殊身份才能成立之罪的共同犯罪。如果在犯罪过程中，有特定身份者利用其身份和职务上的便利实施犯罪，就使无身份者的犯罪性质发生了质的变化，整个案件就应当依照有身份者的犯罪性质定罪。② （3）共同犯罪构成要件符合说认为，应当从整体上考察混合主体共同犯罪，只要各共同犯罪人具有共同的犯意，且他们之间有意思联络，其共同犯罪行为符合刑法分则所规定的纯正身份犯的犯罪构成，各共同犯罪人统一定罪，均以该纯正身份犯论处，否则以常人犯论处。论者又进一步从犯罪构成四个方面要件具体加以阐述：只要在共同犯罪主体中存在一个身份者，便可承认共同犯罪主体为有身份者的共同犯罪主体，从而符合纯正身份犯的主体条件；至于共同犯罪的客观、主观以及客体等方面要件都从这种由身份所决定的"整体性"角度出发进行是否符合纯正身份犯共同犯罪四个方面构成要件的判断。③ （4）更为特定身份说认为，对于无身份之人与有身份之人共同犯罪应以真正身份犯之罪，即特殊犯罪对各共同犯罪人定罪处罚；而对于两种不同特定身份之人共同犯罪，首先以共同犯罪的完成是利用何等身份之人的职务便利为依据；当该两种特定身份和职务便利均被

① 赵秉志主编：《刑法争议问题研究》（上卷），河南人民出版社1996年版，第458页。

② 肖介清：《论"内外勾结"犯罪以特定身份者的行为定性》，载《河北法学》1993年第2期，第43页。

③ 徐留成：《混合主体共同犯罪定罪问题研究》，载《人民检察》2001年第9期，第56页。

利用时，则按照更为特定之身份的真正身份犯之罪定罪处罚。[①]
（5）高身份地位者说认为，在所有的共犯人都有身份的情形，应当按照"一般社会观念上"身份地位相对较高的人的行为定罪，主要理由是：行为人虽然都有身份，但在身份高低可以比较时，身份地位相对较低的，该身份相对于较高的身份，等于是没有身份。此时，认定身份较低者"伙同"身份较高者犯罪，成立身份较高者的帮助犯和教唆犯，按照身份地位较高者定罪，就是合理的。[②]

3. 主要客体说。认为对此类共犯行为的定性，不可能超出各共同犯罪人所触犯的相关罪名的范围，但到底哪个罪名，应看整个共同犯罪行为主要侵犯了哪一个客体。根据该"主要客体说"论者得出两个结论：第一，无身份者与有身份者共同实行犯罪，没有利用有身份者的身份便利的，犯罪行为并没有对身份犯的客体造成侵害，应当直接根据犯罪实行行为的性质认定犯罪，以共同犯罪人在实施中所起的作用进行量刑。这时，如果刑法分则对有身份者和无身份者分别规定有罪名时，就出现了分别定罪的情形。第二，无身份者与有身份者共同实行犯罪，利用了有身份者的身份便利的，根据犯罪行为主要侵害的主要客体认定犯罪。[③]

4. 分别定罪说。该说在同样得出分别定罪的结论时，不同学者的理由各不相同：其一，有学者在否定共同犯罪成立的基础上主张分别定罪说（以下简称共犯否定说）。在非国家工作人员与国家工作人员相互勾结，分别利用了各自的职务便利的情况

---

① 肖中华：《犯罪构成及其关系论》，中国人民大学出版社 2000 年版，第 321、325 页。

② 周光权：《共犯论的特殊问题研究》，载《刑事司法指南》2008 年第 3 集（总第 35 集），第 10～11 页。

③ 高铭暄主编：《新型经济犯罪研究》，中国方正出版社 2000 年版，第 882 页；邓宇琼：《共同犯罪与身份若干问题研究》，载《中国刑事法杂志》2003 年第 2 期，第 29～31 页。

下，二者并不构成共同犯罪（该论者是以公司企业人员与国家工作人员共犯职务侵占罪和贪污罪为例来说明的）。从客观上看，非国家工作人员与国家工作人员指向的是完全不同的犯罪：非国家工作人员指向的是职务侵占罪，而国家工作人员指向的是贪污罪。从主观上看，虽然非国家工作人员与国家工作人员之间存在犯意联络，但是二者犯罪故意的内容是完全不同的：对于非国家工作人员来说是明知自己的行为会造成侵害公司、企业或者其他单位财产的结果，而希望或者放任这种结果的发生；对于国家工作人员来说则是明知自己的行为会造成侵害职务行为的廉洁性、会造成公共财产被侵害的结果，而希望或者放任这种结果的发生。因此，在非国家工作人员与国家工作人员相互勾结，分别利用了各自的职务便利的情况下，二者之间只存在犯意的共同、事实行为上的共同以及犯罪对象的共同，并不存在我国刑法意义上的共同犯罪。在这种情况下，应当对非国家工作人员和国家工作人员分别定罪处罚。[①] 其二，在主张成立共同犯罪的前提下，根据想象竞合犯等相关刑法理论得出分别定罪的结论（以下简称共犯肯定说）。例如我国学者陈兴良教授认为："在内外勾结进行贪污或者盗窃活动的情况下，国家工作人员应以贪污罪论处，而非国家工作人员实际上属于想象竞合犯，即一行为同时触犯盗窃罪（实行犯）和贪污罪（帮助犯）两个罪名。就非国家工作人员与国家工作人员相勾结，使国家工作人员的贪污得以实现而言，非国家工作人员的行为具有帮助贪污的性质，是贪污罪的帮助犯。但由于非国家工作人员的盗窃行为本身构成盗窃罪，属于盗窃罪的实行犯。在这种一个行为触犯两个罪名的情况下，按照以重罪论处的原则，我们认为盗窃罪（实行犯）重于贪污罪（帮助犯）。因此对非国家工作人员应以盗窃罪论处。"[②]

---

① 江溯：《共犯与身份——大陆法系与我国之比较研究》，载陈兴良主编：《刑事法评论》（第15卷），中国政法大学出版社2004年版，第236～237页。

② 陈兴良：《共同犯罪论》，中国社会科学出版社1992年版，第80～81页。

5. 综合说。所谓综合说就是对于此时共同犯罪的性质认定不只采取一个标准，而是以某一标准为主兼采其他作为补充的做法。其中最有代表性的主要有两个：其一，"为主的职权行为 + 就低不就高原则"（以下简称为主的职权行为说）。我国学者赵秉志教授认为：为主的职权行为确定共犯性质，即由共犯主要利用的职权决定犯罪性质。……在分不清主次职权行为的情况下如何定罪？论者尝试提出按照就低不就高的原则解决。以贪污罪和职务侵占罪为例，在分不清国家工作人员与公司、企业人员的职权行为孰为主次的情况下，应认定两个行为人构成职务侵占罪之共同犯罪，此种定罪对公司、企业人员是"对号入座"，对国家工作人员是"就低不就高"。① 其二，我国学者张明楷教授主张，以实行行为性为主兼顾考察"核心角色"的判断以及结合部分犯罪共同说的原理（以下简称核心角色说）。他认为："尽管大体上可以说共同犯罪的性质是由实行行为的性质决定的，但在不同角度看各行为人都有自己的实行行为时，恐怕关键在于考察谁是共同犯罪的核心角色。以一般人与保险公司工作人员内外勾结实施保险诈骗罪为例，认为如果投保人是共同犯罪中的核心角色，则可认定共同犯罪的性质为保险诈骗罪；如果保险公司的工作人员为核心角色，则可以认定共同犯罪的性质为职务侵占罪或贪污罪。而核心角色的确定，则必须综合考察各方面的事实。需要考虑各行为人的主观、客观内容、被害法益、行为人的身份等相关内容。在认定了共同犯罪的性质后，根据部分犯罪共同说的原理仍存在分别定罪的可能，这种是否分别定罪应当在比较法定刑的轻重基础上进行。"②

6. 想象竞合犯说。该说认为应当根据犯罪共同说对不同身

---

① 赵秉志：《共犯与身份问题研究——以职务犯罪为视角》，载《中国法学》2004 年第 1 期，第 127～128 页。

② 张明楷：《诈骗罪与金融诈骗罪研究》，清华大学出版社 2006 年版，第 448～452 页。

份者共同实施身份犯时进行统一定罪，才是符合共同犯罪的本质特征的。但不同身份者共同实施身份犯时，可能既触犯了身份犯的罪名，同时也触犯了非身份犯的罪名，甚至可能同时触犯了几种不同身份犯的罪名，此时不同身份者共同实施身份犯时触犯数罪名，也就是不同身份者基于一个共同故意所实施的一个共同犯罪行为触犯了数罪名，完全符合想象竞合犯"一行为触犯数罪名"的特征，这种情况实际上就是想象竞合犯，应按照想象竞合犯"择一重处"的原则，选择处罚较重的犯罪定罪量刑，这不仅符合共同犯罪统一定罪的本质要求，而且符合罪责刑相适应的刑法基本原则。①

7. 义务重要者正犯说。② 该说的基本观点认为，在身份犯竞合时，当某种身份所对应的义务相对而言显得特殊和重要时，违反该义务的行为就是正犯行为；根据其身份不可能直接违反该重要义务者，只能成立共犯。进而认为，身份犯的义务重要性是不相同的，行为人分别成立各自义务犯的同时犯；义务重要者根据其义务成立重罪的正犯，义务次要者同时成立轻罪的正犯和义务重要者身份犯的共犯，对其按想象竞合犯处理。

上述诸种观点都有其可取之处，但都未能圆满解决此时行为人的刑事责任问题：

主犯决定说虽有相关法律上的依据，但是其所受到的批判是最为激烈的：第一，该说最大的问题就是使得定罪与量刑的逻辑关系发生倒置。一般认为，主犯与从犯是按照行为人在共同犯罪中的作用对共同犯罪人的分类，主要是解决对共同犯罪人的量刑问题，即在犯罪性质业已确定的前提下，如何对在共同犯罪中起不同作用的共同犯罪人适用轻重不同的刑罚。而如果以主犯的基

---

① 古加锦：《不同身份者共同实施身份犯的定性探析》，载《山西警官高等专科学校学报》2013 年第 2 期，第 33 页。

② 周光权：《论身份犯的竞合》，载《政法论坛》2012 年第 5 期，第 130～139 页。

本特征来决定共同犯罪的性质，实则是先定量刑情节而后认定犯罪性质。这在逻辑上说不通。第二，如果在共同犯罪中出现不止一个主犯，且不同"主犯"所符合的犯罪构成要件并不一样时便无法依主犯的性质定罪。例如投保人等与保险公司的工作人员在共同犯罪中都起相同的主要作用，此时是以保险诈骗罪还是以贪污罪（或职务侵占罪）认定共同犯罪的性质呢？不得而知。①第三，作为主犯认定基础的"在共同犯罪中发挥主要作用"的判断基准并不明确，该"主要作用"的涵括性极强且较为抽象，即使是理论研究者之间的认识都不能统一。②这就为司法中的随意与任性埋下伏笔。第四，主犯决定说也为共犯人避重（刑）就轻（刑）指明了方向。例如，在公司中，国家工作人员与非国家工作人员为了避免贪污罪的刑罚，商定非国家工作人员起主要作用，即便以后被司法机关发觉也不可能成立贪污罪。③

　　身份犯说无论各自理由为何都无法做到全面评价和自圆其说：（1）实行行为性说并不彻底。以内外勾结盗窃公共财物案件为例，论者认为："有身份者与无身份者共同实施窃取公共财物的行为，如果这种窃取行为利用了有身份者职务上的便利，其

---

　　①　有学者进一步认为，且不说在无身份者和身份者都成立主犯因而存在多个主犯的场合，按照主犯决定说，罪名就无法顺利确定，而且由于主犯的判定完全基于具体个案而进行，因此可能出现同样的身份犯罪情形，由于具体情节导致主犯认定的不同，出现案件处理结论的差异，导致在定性上出现不必要的争议。参见林维：《真正身份犯之共犯问题展开——实行行为决定论的贯彻》，载《法学家》2013年第6期，第129页。

　　②　例如在无身份之人与有身份之人共同犯罪时，个别学者仅承认有身份者的主要作用，认为"……可以说有身份之人的特定身份，在共同犯罪中起了决定作用，决定了整个共同犯罪的特征；不通过有身份之人的身份（在贪污罪、受贿罪等犯罪中，当然也包括行为人的职务便利），共同犯罪不可能完成（参见肖中华：《犯罪构成及其关系论》，中国人民大学出版社2000年版，第321页）。"而大多数学者却不否认在不同身份者实施犯罪时无身份者也可能发挥主要作用（参见张明楷：《保险诈骗罪的基本问题探究》，载《法学》2001年第1期，第38~40页）。

　　③　张明楷：《保险诈骗罪的基本问题探究》，载《法学》2001年第1期，第38页。

实行行为就符合贪污罪的实行行为，应定为贪污罪，否则只能定盗窃罪。"的确，就国家工作人员而言，首先利用其职务之便而后实施盗窃公共财物的行为显然符合贪污罪的实行行为要件；但是作为非国家工作人员来说，在不考虑是否利用有身份者职务之便的前提下，其窃取公共财物的行为又何尝不是盗窃罪的实行行为呢（单就无身份者的行为而言完全符合盗窃罪的实行行为要件，利用职务之便在这里作为构成要件的超过要素暂不予考虑）？显然，该说只强调了前者而放弃后者是片面的。而且在存在两个实行行为时也面临着依据哪个实行行为认定共同犯罪的性质问题。（2）利用特定身份说无法解决不同身份者分别利用各自职务之便实施犯罪时，如何认定共同犯罪的性质问题。例如公司、企业中不具有国家工作人员身份的人与国家工作人员相勾结，分别利用了各自的职务便利共同将本单位财物非法占为己有的，应当依据所利用的哪个"特定身份"认定共同犯罪的性质？该说无法解答。而且并非所有的纯正身份犯都需要利用职务之便方能构成，因此该说并不具有普适性。（3）共同犯罪构成要件符合说基于一种整体性的考察视角但却忽视了行为人的"个性"差异。从有身份者所实施的行为角度固然可以说整个犯罪符合了身份犯（如贪污罪）的构成要件特征，但是如果从无身份者的行为现象而言其所实施的行为也完全符合无身份之罪（如盗窃罪）的构成要件。显然这种"整体性"的考察方式仍旧是一种"偏见"；另外，正如"利用特定身份说"所面临的难题一样，如果不同身份者各自利用职务之便共同实施犯罪行为的，无从判断此时符合哪个"整体性"的犯罪构成要件。（4）更为特定身份说首先是在承认以身份犯之罪定罪为原则的观点并不可取，已如前述。在此之上如果各自利用职务之便共同完成犯罪还要比较何者身份"更为特定"也并不合适。因为作为"身份"都是有别于他人的一种个性特质，从这一角度而言都是"特定"的，而在诸多特定之中再确定更为特定，显然并不具有可操作性。（5）高身份地位者说认为，在所有的共犯人都有身份的情形，在其身份高低可以比较时依照身份高的行为定罪，这里同样面临如何比较身份高低的问题，另外如果两种身份无法比较高低又或地位相同时又如何认定？不无疑问。

主要客体说将通常只适用于单独犯罪时主要犯罪客体决定犯罪性质的原理创造性地应用于共同犯罪的判断，不乏新意。但是这也只能是一种理想化的构想。因为在不同行为人共同实施了犯罪行为可能侵犯不同犯罪客体的情况下依据什么标准来确定何者为主要客体、何者为次要客体并不明确，这如同前一观点在不同身份中确定何者更为"特定"一样面临着缺乏判断标准的难题。

分别定罪说认为此时不能拘泥于对各共同犯罪人必须认定为一罪的看法较为适当，但是具体理由仍有待商榷：首先，共犯否定说学者直接否认此时不同身份者共同犯罪的成立，而将之分别作为各自独立的犯罪行为对待无法做到准确定罪量刑。因为毕竟不同身份者的行为人之间是在互相勾结、相互配合下完成整个犯罪行为，这应当区别于不同行为人各自毫不相干的单独实施犯罪的情况。"从实质上说，共同犯罪的特殊性表现在它比单独犯罪的危害程度更为严重。二人以上的参与使共犯人胆大妄为，二人以上的配合使共犯行为后果严重，因此需要区分共同犯罪与单独犯罪。"① 而且有很多问题似乎只能在共同犯罪的理论中才能适当解决，例如如果公司企业工作人员和国家工作人员相互勾结，各自利用职务之便将公共财物据为己有但分不开行为人各自侵占的财物数额时显然用共同犯罪理论这并不成为问题，但是如果认为此时仅是行为人的单独犯罪则无法认定。当然，主张此时各行为人间共同犯罪的成立仍需要对共同犯罪理论的相关问题（如部分犯罪共同说的理解）以及各行为人之行为特征作出深入探究，下文将详细论述。其实，反观共犯否定说论者的论证思路，其无非是将犯罪共同说和部分犯罪共同说等相关理论进行了简单套用和形式推理，显然这种结论是站不住脚的。其次，共犯肯定

---

① 张明楷：《刑法学》（第二版），法律出版社 2003 年版，第 314 页。

说主张此时应当在共同犯罪的范围内探讨各行为人的刑事责任是可取的，并认为"非国家工作人员实际上属于想象竞合犯，即一行为同时触犯盗窃罪（实行犯）和贪污罪（帮助犯）两个罪名"，这也是对非国家工作人员所实施行为的全面把握；但是作为国家工作人员而言仅仅承认其贪污罪（实行犯）的成立则并不全面，因为从非国家工作人员实施盗窃罪（实行犯）的角度而言，国家工作人员利用职务之便所实施的窃取行为也起到了一种（帮助）加功作用（这同非国家工作人员的盗窃行为对国家工作人员的贪污行为具有帮助加功作用的原理相同）。这一点在不同身份者相互配合各自利用职务之便共同实施侵占公共财物的情形中体现得更为明显。因此这种建立在"单向"想象竞合基础上的共犯肯定说并不全面。

综合说主张此时不能仅以一种观点进行认定而应当综合考虑，这充分注意到了不同身份者共同实施犯罪的情形较为复杂，而且每一种观点单独出现都无法做到准确定罪量刑的现实。但是这种"综合"的结论也不无疑问：首先，为主的职权行为说较为理想化且可能导致轻纵犯罪。因为要想在不同身份者所实施的行为中判断何者的职务行为为主要、何者为次要在有些情况下实属不易，这如同"主犯决定说"对于各行为人所实施行为发挥作用的主次判断一样无法找到一个切实可行的判断标准而使得该说过于理想化；另外，作为补充原则的"就低不就高"也会轻纵犯罪分子，缘何要对实施了贪污罪的国家工作人员要"就低"处理呢？理由并不充分，这种"偷懒"的做法既不利于理论上的深入研究也很难做到准确量刑，不足为取。其次，核心角色说借鉴了德国学者罗克辛所倡导的"犯罪事实支配论"，① 在此之上提出了"核心角色"的概念并主张以该"核心角色"认定犯罪的性质。但是所谓"核心角色"的概念仍旧有失空洞而无法

---

① 张明楷：《诈骗罪与金融诈骗罪研究》，清华大学出版社 2006 年版，第 449～450 页。

准确把握，尽管论者力图将"核心角色"的概念加以实质化且将之与主犯决定说中的主犯概念进行了对比性区分，认为①：首先，核心角色限定在实行犯中确定，而非在教唆犯、帮助犯中确定；所以，教唆犯、帮助犯不可能成为核心角色。而根据我国刑法的规定，教唆犯也可能是主犯，根据主犯定罪意味着可能根据教唆犯定罪，这便不是根据实行行为的性质决定共同犯罪的性质了。但是笔者认为，这就面临着同上述"实行行为性说"同样的问题——如果不同身份者同为实行犯时依据何者的行为性质认定整个犯罪性质。基于此论者在第三点理由中又提出"谁指使的谁就是核心角色"，这显然又是在实行犯的基础之上考虑了"教唆犯"的意义了。所以与主犯的这一点区别基本无法体现（可能存在些许区别就是主犯决定说会导致仅因为教唆犯为主犯而依教唆犯之罪认定犯罪性质）。其次，确定核心角色不仅要考虑各行为人的主观内容与客观内容，还需要考虑主要的被害法益、行为人的身份及其相互关系等内容；确定主犯则只要考虑行为人在共同犯罪中是否起主要作用即可。实际上作为"主犯"的判断又何尝不是一种综合的考察呢？② 主犯所发挥"主要作用"的判断可能比"核心角色"所要考虑的因素更为全面。最后，以主犯的性质确定共同犯罪的性质，存在具有特殊身份的人与不具有特殊身份的人都是主犯，因而无法确定共同犯罪性质的问题，而以核心角色定罪则不存在这一难题。换言之，核心角色理论不可能同时确定有身份者与无身份者都是核心角色，例如，保险公司的工作人员为了进行虚假理赔，而指使投保人编造尚未发生的虚假事故时，即使认定投保人在共同犯罪中起到了主要作

---

① 张明楷：《诈骗罪与金融诈骗罪研究》，清华大学出版社 2006 年版，第 450～451 页。

② 例如我国学者认为：作用的大小是在分析各共犯者的恶性程度、行为特征、参加犯罪程度、各共犯者行为之间的相互关系、各共犯者的行为与结果的因果关系的基础上得出的结论。参见林文肯、茅彭年：《共同犯罪理论与司法实践》，中国政法大学出版社 1987 年版，第 77 页。

用，也应认定保险公司的工作人员属于核心角色。然而笔者认为，这尽管在形式上避开了可能出现两个"核心角色"无从定罪的弊端，但什么是"核心角色"依旧并不明朗。总之，在这个本已混乱不堪的问题上再引入一个更为难解的概念实为得不偿失。更何况作为"核心角色说"之借鉴依据的"犯罪事实支配论"也问题重重。因此，"核心角色说"并不为我们所采纳。

想象竞合犯说试图将各共犯人的行为进行统一考虑，认为各共犯人的行为从主观的意思联络到客观的行为分工配合，已经形成一个整体，因此可以作为一个人实施行为看待。由于一行为触犯了数个罪名因此应当认为构成想象竞合犯。这种观点注意到了共同犯罪行为的整体性而忽视了各行为人之间行为主观和客观上的差异，尤其忽略了各行为人基于自身的行为在承担刑事责任方面的不同。如果按照想象竞合说，基本上这种混合身份实施犯罪时都会按照较重的罪名认定——贪污罪和职务侵占罪相混同时定职务侵占罪，受贿罪和非国家人员受贿罪并存时定受贿罪，这显然没有考虑到不同行为人在整个共犯行为中的角色和作用，把复杂问题简单化了。

义务重要者正犯说跳出了如上对问题的处理思路，而创造性地从各共犯人的义务违反角度来解决此时的定罪问题，似乎很有新意，但是该说也不无问题。首先，义务重要者正犯说面临着一个最主要和核心的问题就是如何判断各行为人间所承担的义务重要与否？论者也尝试提出了六个参考标准[①]：（1）刑法中大量存在"不严格的不法身份或特定关系"，有特殊身份者（如国家工作人员）和这些"不严格"的身份犯共同犯罪时，特殊身份者的义务重要；（2）根据法益重要性确定义务重要性程度；（3）行为人都有身份，但某一特殊身份者的行为直接指向法益者的，其义务重要；（4）不同身份者都利用了职权，但直接利用职权者对法益

---

① 周光权：《论身份犯的竞合》，载《政法论坛》2012 年第 5 期，第 137 ~ 139 页。

的积极保护义务比间接利用职权者重要；（5）基于一个身份，可能侵害多个法益的，与基于一个身份实施危害行为，仅侵害一个法益的情形相比，前者的法益保护义务通常比后者重要；（6）两个有身份者的行为之间具有牵连关系时，从规范判断上来看，通常是能够实施结果行为（通常也是重行为的人）所具有的积极地保护法益的义务，比实施手段行为（通常也是轻行为）所具有的义务重要。且不说这种列举式地罗列"义务重要"的情形是否会挂一漏万，即使反观这些标准本身是否都科学和明确也有待商榷，似乎只有第二个标准即法益重要性程度可以通过法定刑的轻重判断，除此以外的标准都有些模棱两可，似是而非。其次，义务重要者正犯说认为只有义务次要者可能既构成轻罪的正犯又构成重罪的共犯，按照想象竞合犯原理处理；而义务重要者只能构成重罪的正犯，无论如何不能构成轻罪的共犯，即只承认单方的想象竞合问题。笔者认为，这种观点也不成立，为什么所谓的"义务重要者"就不能构成轻罪的共犯呢？论者语焉不详，相反，从共同犯罪的原理来看，义务重要者的行为的确为义务次要者完成轻罪提供了一定的帮助和条件，主观上也具备相关的犯罪故意，理应按照共犯的原理解决，在认定为共犯后进而依据想象竞合犯原理来处理并没有什么不妥。义务之有无是一个决定性的问题，而义务之大小（重要者与次要者）则是一个程度或者数量的问题。因此，按照义务是重要还是次要这个标准作为界定是否构成对方的共犯的根据，是存在疑问的。① 最后，义务重要者只解决了义务犯的共犯问题，并不能解决整个身份犯（如不存在义务违反的自

---

① 陈兴良：《身份犯之共犯：以比较法为视角的考察》，载《法律科学》2013年第4期，第87页。

然身份犯）的共同犯罪问题①，使得该理论的价值大打折扣。

二、本书的主张及其根据

（一）认识前提上的统一

之所以在这个问题上学者间的观点五花八门，一个很重要的原因是在探讨问题的时候前提性认识并不一致：有的仅仅将视角局限于不同身份者相互勾结、各自利用职务之便实施犯罪的情况（如主犯决定说），而有的学者探讨的问题既包括身份者与无身份者共同犯罪也包括不同身份者共同犯罪的情形（如共同犯罪构成要件符合说）。

因此，我们只有在对所探讨的问题域进行澄清之后才能为问题的解决提供一个大家共许的平台，否则只能自说自话而永远达不成共识。

笔者认为，无身份者与有身份者共同实施纯正身份犯至少包括这样几种情形：其一，无身份者与有身份者共同实施某一犯罪行为而无身份者所实施的行为事实并不单独成罪，例如非国家工作人员与国家工作人员共同收受贿赂的情形；其二，无身份者与有身份者共同实施某一犯罪行为而无身份者所实施的行为事实可能构成另一犯罪，例如非国家工作人员利用国家工作人员的职务之便窃取公共财物的情形；其三，不同身份者（此时如果具有甲身份者没有利用自己职务仅利用乙身份者职务可参照前面一、二种情形处理）各自利用职务之便相互勾结而实施犯罪（有些不同身份者各自实施的犯罪在构成上无须利用职务之便，但是二者相互勾结完成犯罪的也以该情形的处罚原则处断），例如公

---

① 主张该说的论者也认为，只有在某一项义务决定正犯性时，才可能成立义务犯，有一些身份并不产生"积极义务"，因而和义务之间没有多少联系。这说明身份犯和义务犯是采用不同区分标准才能确定的概念，二者之间有交叉关系，但没有义务犯范畴涵括身份犯的问题。参见周光权：《论身份犯的竞合》，载《政法论坛》2012年第5期，第130页下注。

司、企业人员与委派到公司、企业的国家工作人员各自利用职务之便窃取公司财物的情形。所以，我们在研究对无身份者与有身份者共同实施纯正身份犯之定罪量刑原则的时候应当将这三种情形均作考虑。

（二）部分犯罪共同说之肯认

正如上述"共犯否定说"论者所主张的那样，我们并不能想当然地认为，此时无身份者与有身份者构成共同犯罪，继而判断该"共同犯罪"的性质如何。而是首先需要探讨无身份者与有身份者共同实施纯正身份犯时能否构成共同犯罪，如果二者根本无法成立共同犯罪则探讨所谓"共同犯罪的性质"便毫无意义。这就涉及一个共同犯罪的基本问题：什么要素"共同"才可能成立共同犯罪或者说在成立共同犯罪的基础上是否一定要求对各共同犯罪人认定同一个罪名。对于这个问题犯罪共同说与行为共同说的观点并不一致。①

犯罪共同说又分为完全的犯罪共同说（以下所称犯罪共同说仅指完全的犯罪共同说）和部分犯罪共同说两种。犯罪共同说认为，共同犯罪必须是数人共同实行特定的犯罪，或者说二人以上只能就完全相同的犯罪成立共同犯罪。犯罪共同说缺陷在于：首先，过于限制了共同犯罪成立的范围，无法满足处理共同犯罪司法实践的客观要求，例如甲和乙两个行为人分别以杀人和伤害的故意向被害人丙开枪，导致被害人死亡，但是无法证明是谁的子弹命中。按照该说两人仅成立同时犯且仅承担杀人未遂和伤害未遂的刑事责任，这显然会轻纵犯罪分子；其次，这种学说也可能导致对行为人适用的罪名与法定刑相分离，有悖于罪刑关系中的罪刑不可分原则：例如甲教唆乙盗窃而乙抢劫的，该说主张认定甲为抢劫罪的教唆犯，但又主张在盗窃罪的法定刑之内处

---

① 关于犯罪共同说和行为共同说的具体论述以及理论分歧等相关问题请参见张明楷：《刑法的基本立场》，中国法制出版社2002年版，第253～264页；陈家林：《共同正犯研究》，武汉大学出版社2004年版，第60～79页。

刑。结果是罪名为抢劫罪而适用的是盗窃罪的法定刑。① 基于此，便出现了对犯罪共同说进行修正的部分犯罪共同说，该说认为，二人以上虽然共同实施了不同的犯罪，但当这些不同的犯罪之间具有重合性质时，则在重合的限度内成立共同犯罪。例如甲以杀人的故意，乙以伤害的故意共同加害于丙时，只在故意伤害罪的范围内成立共犯。但由于甲具有杀人的故意与行为，对其应认定为故意杀人罪。可见在部分犯罪共同说看来，尽管行为人成立共同犯罪但是也可以分别定罪。

行为共同说认为，共同犯罪的成立不需要以同样的构成要件为前提，只要二人以上具有"共同行为"，在此基础上共同完成犯罪即属共同犯罪，不要求各共犯人的行为符合同一犯罪的构成要件。根据行为共同说的观点，共同犯罪在主观上也需要行为人的意思联络，但不一定是犯罪故意，过失也被视为共犯的意思；在客观上，只要行为人的危害行为与某种危害结果之间，具有因果关系，就是共同行为。由于行为共同说立足于主观主义行为征表说的立场之上，导致界定共同犯罪的范围较宽，表明征表主义扩大打击范围的倾向。② 因此，行为共同说也备受诟病。

基于此，笔者赞同部分犯罪共同说③的主张，并以部分犯罪共同说来解决本部分所探讨的无身份者与有身份者共同实施纯正

---

① 肖中华：《犯罪构成及其关系论》，中国人民大学出版社 2000 年版，第 305~306 页；张明楷：《刑法的基本立场》，中国法制出版社 2002 年版，第 261~262 页。

② 姜伟：《犯罪形态通论》，法律出版社 1994 年版，第 208 页。

③ 我国学者张明楷教授旗帜鲜明地主张部分犯罪共同说，并阐述了部分犯罪共同说的赞同理由、该说与我国立法之衔接、在我国刑法理论中如何贯彻以及实务中如何把握等。参见张明楷：《部分犯罪共同说之提倡》，载《清华大学学报》2001 年第 1 期，第 37~43 页。

身份犯时的定性问题。① 具体而言：首先，对于前述第一种情形，作为无身份者的非国家工作人员，尽管实施了收受财物的行为，但是不能构成受贿罪的共同正犯，其所实施的收受财物行为对于国家工作人员受贿罪的完成起到了帮助作用，而应当作为帮助犯处理（这里强调的是非国家工作人员与国家工作人员共同实施收受财物的情形。如果是国家工作人员利用非国家工作人员收受财物，则国家工作人员构成受贿罪的间接正犯，非国家工作人员构成该间接正犯的帮助犯）。这种情形较为简单，而且对部分犯罪共同说体现的也不明显；其次，前述第二种和第三种情形有别于第一种情形，因为后两种情形下有身份者与无身份者可能分别触犯了相异罪名。这就涉及实行行为的相对性特质或者说实行行为与共犯行为的相互转化问题：实行行为、教唆行为、帮助行为都具有相对性，即某种行为相对于此罪而言是帮助行为，但相对于彼罪而言可能是实行行为；或者某种行为相对于此罪而言是教唆行为，但相对于彼罪而言则是实行行为，如此等等。例如，提供虚假证明文件的行为，相对于提供虚假证明文件罪而言，属于实行行为；但如果行为人明知他人实施保险诈骗行为而为其提供虚假证明文件时，该行为则是保险诈骗罪的帮助行

---

① 有学者反对在对不同身份者共同实施身份犯定性时采用部分犯罪共同说，认为虽然各行为人的具体故意内容有所不同，但各行为人通过意思沟通最终形成了一个整体的共同故意。虽然各行为人的具体行为表现有所不同，但各行为人的各自行为之间具有相互补充、相互加功的关系，从而合力为一个整体的共同行为。也就是说，不同身份者共同实施身份犯时，各行为人既有共同的故意也有共同的行为，并不符合部分犯罪共同说所要解决的是各行为人的故意和行为均不相同（但具有重合性质）的情形，故不能以部分犯罪共同说作为不同身份者共同实施身份犯时分别定罪的理论依据。参见古加锦：《不同身份者共同实施身份犯的定性探析》，载《山西警官高等专科学校学报》2013 年第 2 期，第 33 页。这里论者只关注了共同犯罪行为的整体特征，而忽略了各行为人行为的差异。其实从各行为人的行为来看，其犯罪故意具体内容、身份要素、侵犯的客体等均不相同，只有考虑这种构成要素上的差别，进而对照各自的犯罪构成进行认定，才能做到罪责刑相适应。

为。① 具体到本书提出的两种情形：就情形二来说，以非国家工作人员某甲利用国家工作人员某乙的职务之便窃取公共财物为例，从某甲的角度来看，其所实施的行为是盗窃罪的实行行为可以构成盗窃罪（实行犯），但是该盗窃行为对于某乙的贪污行为之完成起到了帮助的加功作用（因为二者是相互配合下完成犯罪的），因而可以将某甲作为贪污罪的帮助犯对待，此时某甲的行为构成盗窃罪（实行犯）与贪污罪（帮助犯）的想象竞合犯，按照想象竞合犯的处断原则从一重处罚；相反，从某乙所实施的行为来看，其所实施的行为是贪污罪的实行行为可以构成贪污罪（实行犯），但是该贪污行为（利用职务之便窃取财物的行为）对于某甲的盗窃行为之完成也起到了帮助的加功作用，因而可以将某乙又作为盗窃罪的帮助犯对待，此时某乙的行为构成贪污罪（实行犯）与盗窃罪（帮助犯）的想象竞合犯，按照想象竞合犯的处断原则处罚。笔者将这种情形概括为"双向"想象竞合犯说。同理，通过这种分析方法可以对情形三进行认定，也可以得出"双向"的想象竞合犯的结论，以企业人员某甲与委派到公司、企业的国家工作人员某乙，各自利用职务之便窃取公司财物为例，某甲构成职务侵占罪（实行犯）与贪污罪（帮助犯），某乙构成贪污罪（实行犯）与职务侵占罪（帮助犯），分别依照想象竞合犯的原理处断。

第五节　不纯正身份犯的共同正犯问题

所谓不纯正身份犯的共同正犯实际上欲解决的是无身份者与有身份者共同实施不纯正身份犯如何定罪量刑的问题。不同国家或地区理论以及实务界对待这一问题态度并不相同：以日本为代

---

① 张明楷：《刑法分则的解释原理》，中国人民大学出版社 2004 年版，第124 页。

表的大陆法系国家或地区对这一问题的探讨尤为激烈甚至观点针锋相对；而在我国刑法学界此一问题似乎较受冷遇而且基本达成"共识"。

有学者经过比较总结到："我国刑法对不纯正身份犯之共犯的解决原则表现为'同罪异罚'，而在大陆法系国家和我国台湾地区'刑法'中体现的原则主要是'异罪异罚'，这是由各国和地区不同的立法方式和人们的思维习惯等因素所决定的。相比之下，大陆法系国家的刑事立法比较细密，而我国刑事立法较为简单，往往一个罪名可以涵盖许多种犯罪行为，因而在定罪量刑问题上争议不大。"① 事实果真如此吗？为什么在大陆法系等国家或地区分歧甚大的问题到我国就变得"争议不大"了呢？如果本来就应当是"争议不大"的问题而大陆法系刑法国家或地区的学者却偏要百般"纠缠"，那么他们岂不是自讨苦吃且白费力气吗？笔者认为，不同国家在刑法领域中所面临问题都是共通的，这种共通性并不要求各国间订立完全一样的刑法，也不苛求刑法研究中的毫无差异。但是至少在同一问题上应当有对应性的规定和研究。

具体到不纯正身份犯的共同正犯问题上，之所以会遭受"热捧"和"冷遇"的差别对待，至少存在两个原因：其一，不可否认相比较大陆法系国家刑法，我国刑法在有些问题上的规定较为粗疏，例如在大陆法系国家刑法中一般都有"共犯与身份"的规定，而我国刑法中则无。尽管有时立法的粗疏会包容个别问题的出现，但问题终究是问题，绝不是单凭粗疏的立法所能搪塞和掩盖。基于此，出现了第二个原因。其二，我国学者实际上将大陆法系学者所研究的不纯正身份犯的共同正犯问题分解为两个部分：一是身份不影响定罪仅决定刑罚轻重的不纯正身份犯

---

① 赵秉志：《共犯与身份问题研究——以职务犯罪为视角》，载《中国法学》2004年第1期，第126页；杜国强：《身份犯研究》，武汉大学出版社2005年版，第265页。

（即"同罪异罚"型），无身份者与有身份者共同实施并不涉及罪名的确定直接按照《刑法》相关规定进行或重或轻的处罚即可，"争议不大"可以理解。当然，如前文所述，大陆法系学者所称的不纯正身份犯并不包括我国学者所指总则之身份；二是对于身份既影响定罪也影响量刑的不纯正身份犯（即"异罪异罚"型），我国学者一般将之放到对不同身份者共同实施纯正身份犯的理论中进行研究。但是由于纯正身份犯与不纯正身份犯在构成上的差异性，因此这种"异地"研究并不可取。

在现有的立法框架下，对于无身份者与有身份者共同实施"同罪异罚"型不纯正身份犯的认定问题较为简单，在同一罪名之下按照刑法规定进行量刑即可。而存在问题的就是无身份者与有身份者共同实施"异罪异罚"型不纯正身份犯如何定罪和量刑。对于这一问题，以日本和我国台湾地区为代表的大陆法系刑法理论上争论较大。争论的缘起就在于其刑法中关于"共犯与身份"的相关章节均规定了"对于无身份者科以通常之刑"。[①]

综观日本以及我国台湾地区刑法理论对于无身份者与有身份者共同实施不纯正身份犯的定罪与量刑问题大致存在两种不同的观点：其一，分别定罪科刑说。该说认为无身份者与有身份者共同实施不纯正身份犯，无身份者按照普通犯罪定罪量刑，有身份者按照该不纯正身份犯定罪量刑。这是日本和我国台湾地区刑法理论界的通说。例如日本学者大谷实教授即认为，关于不真正身份犯，在没有身份的人影响有身份的人的行为时，根据第 65 条第 2 款，对没有身份的人科处通常的刑罚。关于"科处通常的刑罚"的意义，其认为应当理解为成立通常的犯罪并科处该罪的刑罚。他认为关于不真正身份犯，刑法规定各个共犯人在各自

---

① 例如日本刑法第 65 条第 2 款规定："因身分而特别加重或者减轻刑罚时，对于没有这种身分的人，判处通常的刑罚。"修订的我国台湾地区"刑法"第 31 条第 2 款也规定："因身分或者其他特定关系致刑有轻重或免除者，其无特定关系之人，科以通常之刑。"正因为立法对于此时有身份者的科刑原则作了规定，但是如何定罪仍是问题，基于此，学者们便展开了大规模的讨论。

的行为上所成立的犯罪是不同的，所以，有身份的人成立身份犯的共同正犯，而没有身份的人成立通常的犯罪的共同正犯。因此大谷教授的结论是，即便是在犯罪的成立上，也应当将没有身份的人从有身份的人中独立出来的。罪名应该和刑罚是一致的，有身份的人和没有身份的人共同实施共同正犯的场合，只有有身份的人才成立不真正身份犯的共同正犯，而没有身份的人成立通常犯罪的共同正犯。① 我国台湾地区也有学者认为："对于不纯正身分犯而言，由于加减身分仅对身分犯具有作用，故犯罪之成立系将不具身分者与具身分者分别处理，而罪名与科刑亦应一致。因此，在共同正犯中，若有不具身分者加功于具身分者之情形，仅对有身分者成立不纯正身分犯。例如，常习赌博犯甲与非常习赌博犯乙为共同赌博行为时，成立赌博罪之共同正犯，但甲负常习赌博罪之罪责，而乙则负赌博罪之罪责。"② 其二，共同定罪分别科刑说。该说认为此时无身份者与有身份者共同按照不纯正身份犯定罪，但是无身份者按照无身份者行为构成之罪科刑，有身份者按照不纯正身份犯科刑。该说在日本也颇有市场。例如大塚仁教授通过对日本刑法第 65 条第 1 款和第 2 款之间的关系进行说明而得出共同定罪分别科刑的结论，认为："关于不真正身份犯，首先要根据第 65 条第 1 项承认共犯的成立，其次要适用第 2 项，对非身份者科以通常之刑。"③ 由于第二种观点存在定罪与量刑分离的弊端因此备受学界诟病，但是这也并不当然成为支持第一种观点的理由。我们应当对不纯正身份犯的内部构成进行准确把握，这样才能很好地解决对有身份者和无身份者如何定罪量刑的问题。

　　而就我国目前的理论研究来看至少也存在两种观点：第一种

---

　　① 　［日］大谷实：《刑法总论》，黎宏译，法律出版社 2003 年版，第 340 ~ 341 页。

　　② 　甘添贵等：《共犯与身分》，学林文化事业有限公司 2001 年版，第 80 ~ 81 页。

　　③ 　［日］大塚仁：《刑法概说（总论）》（第三版），冯军译，中国人民大学出版社 2003 年版，第 287 页。

观点为分别定罪科刑说。这同日本等国刑法学者的主张基本一致。例如有学者在探讨身份影响犯罪的性质、同时影响刑罚的轻重的犯罪时，认为如果无身份者与有身份者一起共同实施犯罪，应当按照无身份的犯罪和有身份的犯罪分别定罪。如普通公民某甲与现役军人某乙一起共同盗窃武器弹药，则普通公民某甲构成盗窃武器弹药罪（这里指旧刑法，笔者注，下同），现役军人某乙则构成（军人）盗窃武器装备罪。在处罚上普通公民甲按照盗窃枪支弹药罪的法定刑处罚，现役军人乙则按照（军人）盗窃武器装备罪的法定刑处罚。① 第二种观点为区别对待说。该说认为无身份者与有身份者共同实施不真正身份犯的情况，应根据无身份者是否参与有身份者利用职务之便的行为区别对待：如果无身份者参与有身份者利用职务之便的行为，无身份者与有身份者构成不真正身份犯的共同实行犯，对有身份者按照不真正身份犯之刑处罚，对无身份者从轻处罚。例如，普通公民甲勾结邮政工作人员乙，一起将乙保管的一批邮件私自开拆、隐匿和毁弃。由于甲利用乙邮政工作之便共同实施犯罪，甲、乙均应以私自开拆、隐匿、毁弃邮件电报罪的共同实行犯论处，乙因有邮政工作人员身份可以较甲从重处罚。如果无身份者并未利用有身份者的职务之便，共同实施某种不真正身份犯的行为，无身份者按照无身份者行为构成的犯罪定罪和科刑，有身份者按照有身份者行为构成的犯罪定罪和科刑。②

经过对区别对待说进行分析，就本书的立场来看，其所谓的第一种情形实际上是对纯正身份犯的认定，因为正如前文所述，不纯正身份犯应当是一种"存在型"身份犯，而论者所言的以是否利用了身份者的职务之便为标准，显然已经超出了这种

---

① 李光灿、马克昌、罗平：《论共同犯罪》，中国政法大学出版社1987年版，第153～154页；高铭暄、马克昌主编：《刑法学》（上册），中国法制出版社1999年版，第319页。
② 马克昌主编：《犯罪通论》，武汉大学出版社1999年版，第590～591页。

"存在型"身份犯的范围，实则是另一个纯正身份犯了（况且如前文所述，邮政工作人员所构成的私自开拆、隐匿、毁弃邮件、电报罪并非需要利用职务之便来完成）。其实论者在探讨对行为人如何定罪量刑的同时无非也是对其所认识的不同身份者共同实施纯正身份犯的认定标准的运用。而区别对待说的第二种情形是对不纯正身份犯的分析，结论上等同于分别定罪科刑说，较为妥适。

　　总而言之，笔者赞同分别定罪科刑说，认为无身份者同有身份者共同实施不纯正身份犯时二者构成共同正犯，在此基础之上对无身份者按照无身份之罪定罪和科刑；对有身份者按照该不纯正身份犯定罪科刑。理由在于：其一，不纯正身份犯之内在构造使然。前文已经述及，不纯正身份犯在构成上有其独特性：一般都有与其相对应的基本犯罪构成的存在，相对于该基本犯罪构成而言不纯正身份犯在构成上具备主体身份的超出要素。作为这种"存在型"身份犯，该不纯正身份犯同与之相对应的普通犯罪之间存在构成要件上的重合性——二者共用一个实行行为。因此，在无身份者和有身份者共同实施不纯正身份犯时行为人在与该不纯正身份犯相对应之基本构成要件之上是共同的，二者实际上构成的是该对应之基本构成要件之罪的共同正犯，但是由于有身份者的身份之存在并结合该对应犯罪的实行行为又符合了不纯正身份犯的构成要求，故而对有身份者应当认定为不纯正身份犯。其二，部分犯罪共同说的贯彻。正如理由一所言，二者在与该不纯正身份犯相对应的基本构成要件之罪上具有完全的重合性，因此，根据部分犯罪共同说的相关理论，二者在该重合的范围内构成共同正犯；在此之上考虑有身份者的身份使其另外成立不纯正身份犯，这正是部分犯罪共同说的结论。

第五章 身份犯的共犯[①]

第一节 纯正身份犯之共犯问题

一、无身份者能否构成纯正身份犯的共犯

无身份者教唆或者帮助有身份者实施纯正身份犯的时候，是否当然能够构成该纯正身份犯的共犯？这是在探讨纯正身份犯的共犯之前应当首要明确的。

对于这个问题，由于大陆法系国家（或地区）刑事立法上的明确表态，因此理论上似乎争议不大。例如日本刑法第65条第1款规定："对于因犯罪人身份而构成的犯罪行为进行加功的人，虽不具有这种身份也是共犯。"这里的"加功"一词在日本刑法中是指"有助于实现犯罪的一切行为"，其内容至少包括教唆行为、帮助行为。因此，在日本，无论刑法理论与实践都认为，没有身份的非公务员、非仲裁员教唆或者帮助具有身份的公务员、仲裁员而收受贿赂的，没有身份的非公务员、非仲裁员可以构成受贿罪的共犯。[②] 与之形成鲜明对比的则是在我国刑法学者中对于该问题的探讨可谓如火如荼。究其原因既有我国刑法总

---

① 本章讨论的共犯指狭义的共犯，即教唆犯和帮助犯。

② 李邦友：《评"非国家工作人员不能构成受贿罪的共犯"》，载《法学评论》2002年第3期，第139页。另外在《德国刑法典》第28条、《韩国刑法典》第33条以及我国台湾地区新修订的"刑法"第31条均有类似于《日本刑法典》第65条之规定。

则并无"身份犯的共犯"之一般规定而将相关身份犯的共犯问题委诸分则个罪或者相关司法解释的单打独斗；也有学者对共同犯罪一些基本理论的理解出现少许偏差所致。其中第一种原因导致有学者主张"无身份者构成受贿罪的共犯"已被取消的结论，笔者将之称为受贿罪共犯否定说；第二种原因导致个别学者通过对纯正身份犯以及共同犯罪一般理论的不同理解，认为无身份者无法构成任何纯正身份犯的共犯，笔者称之为全然否定论。无论是受贿罪共犯否定说还是全然否定论都不无商榷之处，以下通过对两种否定观点所持理由的批驳性认识进行说明。

（一）受贿罪共犯否定说及其否定

受贿罪共犯否定说之所以会出现，归根结底是由于 1988 年全国人大常委会通过的《关于惩治贪污贿赂罪的补充规定》（以下简称《补充规定》）。《补充规定》第 1、4 条分别有与国家工作人员等从事公务的人员伙同贪污、受贿以贪污罪、受贿罪共犯论处的规定。即"与国家工作人员、集体经济组织人员或者其他经手管理公共财物的人员勾结，伙同贪污的，以共犯论处"、"与国家工作人员、集体经济组织人员或者其他从事公务的人员勾结，伙同受贿的以共犯论处"。97 刑法典在继承旧刑法典的规定并整合单行刑法和附属刑法的基础上，对贪污罪和受贿罪分别作了规定。就贪污罪而言，97 刑法典保留了《补充规定》第 1 条的内容，在刑法典第 382 条第 3 款规定："与前两款所列人员勾结，伙同贪污的，以共犯论处。"但其并未在受贿罪法条中作同样类似的保留性规定，即 97 刑法典并未明确规定与国家工作人员勾结，伙同受贿的，以受贿罪共犯论处。正因为此，有学者就提出 97 刑法典取消了内外勾结的受贿罪的共犯的观点，这便是受贿罪共犯否定说产生之缘起。

受贿罪共犯否定说主张的具体理由有：第一，从法条用语本身以及法律的延用解释角度进行理解，认为新刑法在附则中已经明确规定类似于该《补充规定》的相关法律文件在新刑法施行之日起"已纳入本法（即刑法典——笔者注）或者已不适用"。

据此，可以得出以下结论：（1）如果《补充规定》的某一条款仍然适用，那么无疑应在刑法修订时纳入新刑法中来，例如贪污罪的共犯之规定；（2）如果某一条款没有被新刑法纳入或者沿用，就属于"已不适用"的范围。因此，新刑法删除《补充规定》第4条第2款，说明该条款已不适用，这应当说是立法上已经明确了的问题。法律既然已经明确废止了的规定，显然不能再作为司法依据。① 第二，从共同犯罪理论进行分析，受贿罪主体是特殊主体，必须由国家工作人员构成，这种主体的特殊性不仅体现在单独犯罪上，而且对于共同犯罪也不例外，并不能因为是共同犯罪就可以放宽要求。刑法总则关于共犯规定的适用前提必须是共同犯罪人的行为均符合犯罪构成四要件，缺一不可。即主体、客体、主观方面、客观方面这四个要件对每一个共同犯罪人缺一不可。共犯在共同犯罪中不仅要有共同的故意，实施了共同的行为，侵犯了同一客体，而且首先要符合共同触犯的罪名主体要件。特殊主体犯罪，共犯人必须都是特殊主体，一个人连犯罪的主体资格都不具备，何谈共同犯罪呢？如果刑法总则关于共犯规定的适用，只要求二人以上有共同故意，实施了共同行为，而不管是否都符合主体要件，那么未达到刑事责任年龄的人和符合主体资格的人共同实施犯罪行为，是否也可以以共犯追究未达到刑事责任年龄人的刑事责任呢？显然不行。第三，刑法保留贪污共犯的规定而取消受贿共犯的规定，是因为两罪侵犯的客体有别。贪污罪的客体着重于公共财物所有权，受贿罪客体着重于国家机关和其他国有单位的正常工作秩序。非国家工作人员虽然无职务便利可以利用，但在贪污罪中，却能勾结国家工作人员完成贪污行为，侵犯公共财物所有权；在伙同受贿中，非国家工作人员虽然得到一定财物，但要构成对国有单位正常工作秩序的侵犯，还得靠国家工作人员的行为来完成，而这里的非国家工作人

---

① 邓祥瑞：《非国家工作人员不构成受贿罪共犯——兼谈新刑法废除受贿罪共犯条款的立法理由》，载《湖南师范大学社会科学学报》2000年第3期，第66页。

员实施的收受财物行为本身并没侵犯受贿罪的客体（因为财物并非受贿罪所保护之客体）。[1]

如何认识第一点理由呢？ 97 刑法在进行修订的时候对曾经明确出现在《补充规定》中的贪污罪共犯与受贿罪共犯之规定持有不同态度：保留前者而取消后者。这是事实，必须承认。但是如果就此而得出在 97 刑法之内无身份者就不可能构成受贿罪共犯的结论，则仅是一种纯粹形式逻辑的推理过程，并无甚实质意义，"其只看到法律规定的表面现象，而没有考察作出如此规定的精神实质。"[2] 因此，我们似乎更应该从规范自身来理解和把握规范。我国学者张明楷教授通过对刑法规范之属性为"注意规定"抑或"法律拟制"的不同进行说明，实为必要。注意规定是指在刑法已经作出基本规定的前提下，提示司法工作人员注意、以免司法工作人员忽略的规定。其设置并不改变基本规定的内容，只是对相关规定内容的重申；即使不设置注意规定，也存在相应的法律适用根据（按基本规定处理）。另外该注意规定只具有提示性，其表述的内容与基本规定的内容完全相同，因而不会导致将原本不符合相关基本规定的行为也按基本规定论处。而法律拟制可谓是一种特别规定，其特别之处在于，即使某种行为原本不符合刑法的相关规定，但在刑法明文规定的特殊条件下也必须按相关规定论处。对法律拟制性质的规定只能以刑法之明确规定为前提。[3] 将某一规范理解为注意规定还是法律拟制意义重大：如果其仅是一种提示性的注意规定，则意味着即使没有该规范的出现也应当如此处理，换句话说，有了该注意规定的存在也不否定与该规范相同构造的其他情形照此对待；反之，如果其

---

①　王发强：《内外勾结的受贿罪共犯是否已被取消》，载《人民司法》1998 年第 9 期，第 26 页。

②　赵秉志、许成磊：《贿赂罪共同犯罪问题研究》，载《国家检察官学院学报》2002 年第 1 期，第 38 页。

③　张明楷：《刑法分则的解释原理》，中国人民大学出版社 2004 年版，第 247 ~ 255 页。

属于法律拟制的情形，则意味着该规定以及处理方式具有特例性并不能"推而广之"，尽管可能出现与该法律拟制完全相同的情形也不得作此处理。基于此，刑法关于贪污罪共犯的法律条文之规范属性系注意规定还是法律拟制的判断就尤为重要了，如果该条款仅为注意规定，则其存在并不妨碍在 97 刑法将《补充规定》中曾经出现的受贿罪共犯款项不再规定的前提下把无身份者认定为受贿罪共犯；而如果系法律拟制，那么作为这种法律明确规定之外的其他类似情形也无理由做出与该规定相同的对待——以受贿罪为例，无身份者尽管参与了受贿罪的实施也不能做出类似于贪污罪共犯的相关认定。笔者赞同现在理论上的通论观点——对贪污罪共犯之条款系注意规定的判断，也不否认学者主张的该注意规定之出现理由——因为贪污罪中包含了利用职务之便的盗窃、骗取、侵占等行为，而一般主体与国家工作人员相勾结、伙同贪污时，一般主体的行为也符合盗窃罪、诈骗罪、侵占罪的构成要件，刑法关于贪污罪共犯条款的注意规定正是为了防止司法机关将贪污共犯认定为盗窃、诈骗、侵占等罪，而受贿罪共犯基本上不存在可能认定为其他犯罪的问题。[①] 不过，所有持通论观点的学者几乎都赞同一个共同的前提，那就是无身份者可能构成贪污罪的共犯这并没有超出刑法的基本规定——共同犯罪的基本原理。然而这一前提也绝非是必然存在且无须论证的，后文所述的全然否定论观点的出现就是明证。因此我们还应当从纯正身份犯的内在规定性以及共犯的处罚根据两个方面进行认识。

身份犯否定说所主张的第二点理由也不乏纰漏。首先，刑法理论所承认的犯罪构成四个方面的要件，仅仅是相对于分则个罪的实行犯之成立而言，对于共同犯罪并不要求在构成上完全等同于实行犯的四个方面要件，既无此必要更无可能，否则共犯（教唆犯、帮助犯）也是实行犯了。其次，即使承认无身份者可

---

① 张明楷：《受贿罪的共犯》，载《法学研究》2002 年第 1 期，第 37 页。

以构成受贿罪的共犯也并不是说无身份者此时通过与有身份者勾结而具有了国家工作人员的身份，这是主张身份犯否定说的学者在其所认为的共犯之成立需具备四个方面要件的前提下一厢情愿而强加给通论观点的"罪名"；最后，该否定论者将无身份者是否可以构成受贿罪的共犯与未达刑事责任年龄者是否能成为共同犯罪人进行类比，并不可取。后文将要探及的全然否定论主张理由之一也是此点，故将一并进行检讨，此不赘述。

身份犯否定说提出的第三点理由同样站不住脚。第一，一般而言，贪污罪的客体是复杂客体，以国家工作人员职务行为的廉洁性作为本罪的主要客体，并非论者所言以公共财物所有权为主要客体。第二，论者的逻辑是非国家工作人员勾结国家工作人员并利用其职务之便实施"盗窃、诈骗或者侵占"这些直接针对公共财物的行为，正是该行为侵犯了公共财物所有权这一客体，所以构成贪污罪的共犯。但是依刑法基本理论，共犯一般包括教唆犯和帮助犯，那些仅实施了教唆国家工作人员实施贪污行为的非国家工作人员是否构成贪污罪共犯呢？如果构成则其也没有理由否定非国家工作人员可以构成受贿罪的教唆共犯；而如果不能构成则并不符合理论上对"共犯"应当包括教唆犯的认识。显然论者陷入了二律悖反之境地，无法自圆其说。

（二）全然否定论及其批判

我国学者杨兴培教授是全然否定论的积极倡导者。[1] 论者从否认非国家工作人员可以构成贪污罪进而推衍到非身份者不能构成所有纯正身份犯的共犯。其论证步骤有三：其一，以刑事责任年龄问题作为类比。认为年龄作为一种身份资格，表明行为人未到法定年龄，就意味着在法律上不承认其具有实施犯罪的能力。

① 杨兴培、何萍：《非特殊身份人员能否构成贪污罪的共犯》，载《法学》2001年第12期，第36～39页；杨兴培：《再论身份犯与非身份犯的共同受贿问题》，载《华东政法学院学报》2005年第5期，第32～39页；杨兴培：《犯罪构成原论》，中国检察出版社2004年版，第371～385页。

从刑事法律关系的犯罪主体本源来说，行为人不具备法定年龄的身份资格，说明其还没有从国家那里获得一张可以自由进入刑事法律关系领域的"入场券"，从而必然地被排除在刑事法律关系领域之外。在任何法律领域中，要确定一个人的行为是否具有法律意义，必须首先确认这个人是否具有这样的行为主体资格。没有这种行为主体的资格，法律对这种行为的评价就没有价值意义。在刑法中，一个具有普通主体资格的行为人，其普通主体资格的获取是以其具有刑事责任能力为必要条件的。所以普通主体资格是行为人获得的、由法律规定并由国家颁发的、可以自由进入刑事法律关系领域的"入场券"。没有这张"入场券"，行为人就不可能构成刑事法律规定的任何一种单独犯罪，进而也不可能与他人构成任何一种共同犯罪。其二，以刑事责任年龄这一一般主体资格是犯罪（包括单独犯罪和共同犯罪）成立的基础进行推理，认为刑法中的一般主体是特殊主体的基础，特殊主体是指行为人除了具备一般主体具有的刑事责任年龄和刑事责任能力这两个基本条件的资格以外，还必须是具备一定的社会身份条件的犯罪行为人。与一般主体具有的资格条件在一般犯罪中的基础作用一样，特殊主体具有的社会身份条件对于特殊犯罪来说，同样具有基础作用。在法律规定的条件下，处在不同社会地位的人，总是有着不同的权利和义务规定，权利与义务在法治的条件下，又总是要向着一致的方向靠拢。于是在刑法中，特殊主体的身份资格从一般主体的无特别要求的身份资格中裂变出来。特殊主体享有的权利，社会的普通成员不能享用；反之特殊主体应当承担的义务，社会的普通成员也不能承担。在特殊主体为基础的共同犯罪中，缺少特殊主体的身份条件也可以构成只有特殊主体才能构成的犯罪，那么意味着这种特殊主体的身份条件已变得毫无意义。剩下的只是刑法需要禁止和惩罚某种行为，而不是需要禁止和惩罚利用某种身份条件而实施的某种行为。国家工作人员的近亲属并不等于国家工作人员本身，他们本身并没有领取到只有国家工作人员才能进入特定区域的"入场券"，因此在法律的层面上，国家工作人员与非国家工作人员的近亲属是不可同日而语的。其三，从个人自由和社会秩序这一更深层次上进行反思，有身份犯与无身份犯能否构成只有特殊主体资格才能构成的共同犯罪，实际上是一个如何协调社会秩序与个人自由相互关系的问题。我国刑法中某些犯罪规定只能由特殊主体才能构成，意味着刑法对特殊主体以外的其他社会成员个人自由的承认。但允许普通主体可以与特殊主体构成共同犯罪，又意味着向社会秩序价值方向的倾斜。

笔者认为，该全然否定论的理由至少存在三个方面的误读：首先，类比推理前提的误读。作为未达到刑事责任年龄的人，既无法构成单独犯罪也不能成立共同犯罪，就此而言其并不具备进入犯罪领域的"入场券"；同理身份犯仅是对具有身份者所实施行为的规定，就此而论无身份者也无法取得构成纯正身份犯的"入场券"。但是这样的两张"入场券"之发生机理或者说来源并不相同因而不具有可比性。未达到刑事责任年龄者并不具有法律所要求的控制和辨认自己行为性质的能力，因而无论其实施何种行为都不应当作为犯罪处理，这是刑事责任理论的当然延伸；而对于具备完全的辨认与控制能力的无身份者而言，他对于自己所实施的唆使有身份者实施身份犯罪的教唆行为，或者使得有身份者所实施的身份犯罪更容易完成的帮助行为具有当然的分辨和控制能力，这就存在对该无身份者追究刑事责任的前提，这也是刑事责任理论的应有之义。其次，对单独犯罪与共同犯罪之间关系的误读。作为特殊身份主体的权利和义务当然具有针对性和人身依附性，无身份者无法"分得一杯羹"。但这仅就单独犯罪而言，如果将其应用到共同犯罪的判断显然并不合适。其无非又是犯了将单独犯罪的构成要件直接套用到共同犯罪当中的逻辑错误。最后，个人自由与社会秩序的误读。认为无身份者可以构成纯正身份犯的共犯并非是轻视个人自由而偏重社会秩序的保护。无身份者的"个人自由"在于无论其单独实施何种纯正身份犯的"客观行为"都不可能以纯正身份犯论处，例如无身份者毫无理由地向他人索取或者收受财物都无法构成受贿罪，这是其刑法规定之内的"自由"；但是这并不意味着无身份者可以恣意唆使一个本无犯意的有身份者去实施纯正身份犯或者帮助有身份者顺利实施纯正身份犯。

（三）本书的主张及其根据

我国刑法通论观点认为：刑法规定构成某些犯罪的主体必须是特殊主体，这一规定对于共同犯罪来说，只适用于直接实施犯罪构成所规定行为的共犯者（即实行犯），至于其他不直接实施犯罪构成所规定行为的共犯者（如帮助犯、教唆犯、组织犯）可以是特殊主体，也可以不是特殊主体。① 但这只是结论性意见，通论观点在持该结论的同时并未对其理由进行过多阐述，这就不得不导致各种否定论观点的出现。

笔者认为，欲对否定论的观点进行彻底的批判应当围绕两个基本点进行，即（纯正）身份犯的内在规定性之把握和共犯的处罚根据之理解：

如前文所言，特殊身份的存在是对纯正身份犯实行行为的规制和决定，这是身份之于纯正身份犯的存在意义。至于特殊身份是否对于纯正身份犯的共犯行为仍旧有此规制和决定，至少从纯正身份犯本身并不能得此结论。还应当委诸共犯的处罚根据理论进行探讨。刑法为什么处罚狭义的共犯，其根据何在，这就是共犯的处罚根据问题。② 所谓共犯的处罚根据实际上也是探讨共犯为何要承担刑事责任的问题。对共犯的处罚根据问题理论上出现过各种主张，③ 我国学者马克昌教授认为：共犯的处罚根据，应当依据主客观统一的原则来寻求。共犯在客观上教唆或者帮助正

---

① 林文肯、茅彭年：《共同犯罪理论与司法实践》，中国政法大学出版社1987年版，第44页。

② 张明楷：《外国刑法纲要》，清华大学出版社1999年版，第298页。

③ 马克昌：《比较刑法原理——外国刑法学总论》，武汉大学出版社2002年版，第701~706页。

犯，共同引起正犯的犯罪事实或犯罪结果，具有社会危害性；同时共犯在主观上希望或放任自己的教唆行为或帮助行为，促使或便于正犯的犯罪事实或犯罪结果发生，具有人身危险性。可见要求共犯对自己的参与行为负责的根据，绝不应当等同于正犯以其该当了构成要件之行为而负责，否则共犯也是正犯了。如果基于这样一种处罚根据理论，那么让无身份者承担参与纯正身份犯共犯之责就理所当然——客观上无身份者实施了教唆或者帮助行为，导致其与有身份者的实行行为共同引起了犯罪事实或结果，具有社会危害性；主观上无身份者希望或者放任自己的参与行为会促成或便于有身份者纯正身份犯的犯罪事实或犯罪结果之发生，具有人身危险性。故此，从这样一种共犯处罚根据理论出发，承认无身份者可以构成纯正身份犯的共犯实属当然。

二、无（有）身份者教唆、帮助有（无）身份者实施纯正身份犯

通过前一部分的探讨可知，一般情况下，无身份者教唆或者帮助有身份者实施纯正身份犯的，可以构成该纯正身份犯的共犯（教唆犯和帮助犯），是谓"不能构成直接正犯者，只能构成共犯"。这既符合身份犯的相关原理也是共同犯罪理论的当然适用。然而，这仅是"无（有）身份者教唆、帮助有（无）身份者实施纯正身份犯"问题的一种常规表现形式。除此以外，尚且有两种情形值得注意：

首先，如果无身份者所教唆或者帮助的有身份者由于不具备刑事责任能力而不承担刑事责任的，例如妇女甲教唆、帮助无刑事责任能力的某男乙完成奸淫被害妇女行为的情形即是。此时，由于被教唆或者帮助的有身份者并无刑事责任能力，因此无法追究其所实施危害行为的刑事责任；但是应当由刑法加以保护的被害人性的不可侵犯法益已经受到侵害，如何做到对之加以有效保护，应当引入间接正犯的相关原理，作为利用人的无身份者构成该纯正身份犯的间接正犯。当然，正如前文所述，并非所有的纯

正身份犯都能构成这种情形的间接正犯，应当注意对纯正身份犯进行"能力犯"与"义务犯"的区分。

其次，有身份者教唆、帮助无身份者实施纯正身份犯的如何认定行为人的刑事责任呢？这种情形就是前文所述的"利用有故意而无身份者"形式的间接正犯问题。援引前文得出的结论便是，此时以某一身份犯罪的客观要件行为是否应当由有身份者亲自完成为标准（也即对单向亲手性的判定）判断何时能够构成该纯正身份犯的间接正犯、何时不可，而不应当只从身份为自然抑或法律的角度进行甄别（具体参见第三章第二节相关论述）。这里欲对相关学者的否定观点再进行否定，以求对前文所得出结论的进一步论证和深化。有学者否认间接正犯存在利用有故意的工具之类型。如果妻子有犯意，一般构成共同犯罪，不需要考虑间接正犯；如果妻子不知道是贿赂而收受的，则妻子缺乏犯意，怎么有故意呢？因此，利用故意工具构成间接正犯之说似乎难以想象。① 还有学者认为，间接正犯只有在不成立共犯的情况下才可能存在。从规范的角度上看，在间接正犯的情况下，间接正犯者是单独地实现构成要件该当事实。这表明间接正犯与直接正犯一样是单独犯意义上的犯罪形态。因此，一方面肯定间接正犯的成立，另一方面则承认间接正犯的从犯（帮助犯），这在理论上是很难自圆其说的。在有身份者教唆或者帮助无身份者实施真正身份犯的情况下，不如直接承认有身份者成立正犯，而无身份者成立有身份者的帮助犯或者胁从犯更为可取。② 这两种观点所得出的结论相差无几，但是其论证过程却不尽人意。前一种观点否认存在"利用有故意而无身份"的间接正犯类型，而直接认为此时"如果妻子有犯意，一般构成共同犯罪"，那么这里的共同犯罪之内部构造如何呢？如果认为无身份者的妻子是

---

① 童德华：《正犯的基本问题》，载《中国法学》2004年第4期，第146页。

② 江溯：《共犯与身份——大陆法系与我国之比较研究》，载陈兴良主编：《刑事法评论》（第15卷），中国政法大学出版社2004年版，第232~233页。

"正犯"而有身份者是教唆或帮助犯显然不符合纯正身份犯的无身份者不能实施实行行为的相关原理；而如果认为有身份者是正犯无身份者为帮助犯那么该有身份者似乎并未实施该纯正身份犯的"正犯"行为，其实施的仅仅是教唆和帮助行为，这便犯了与后一学者相同的错误。因此，这里的两种否定观点都没能准确把握和理解共同犯罪、身份犯以及正犯的相关原理，是谓其缺憾之处。

总之，作为有身份者或者无身份者相互参与完成纯正身份犯的情况下，应当注意对纯正身份犯以及间接正犯相关原理的准确把握和适当运用，唯其如此，方能更好地解决不同行为人的刑事责任，而做到不枉不纵。

三、消极身份犯的共犯特例

如前所述，消极身份犯作为纯正身份犯的一种，是指刑法分则个罪中有消极身份者并不构成犯罪的情形，换句话说，是指不具有消极身份者才能成为犯罪主体的一种犯罪。因此，在理解消极身份犯同其构成主体的身份时要有一个思维转换问题，而区别于一般纯正身份犯，即一般纯正身份犯是犯罪主体需要具有身份要素，而消极身份犯则是无（消极）身份者才能构成犯罪。这是本部分之所以强调消极身份犯的"特例"之一。

另外，称作消极身份犯的共犯特例而更为重要的一点是，由于消极身份犯的特殊构成使得在讨论其无身份者与有身份者，[①]共同参与该消极身份犯的共犯问题上不完全同于一般的纯正身份犯。下面区分两种情形并结合不同观点及其对之的评介进行论述。

---

① 这里的无身份者与有身份者的共犯参与问题是按照一般纯正身份犯的思维方式进行的表述。因此此处的无身份者实际指的是有消极身份者，而有身份者则指无消极身份者。另外，这里仅探讨消极身份犯的狭义共犯（教唆犯和帮助犯）问题，其共同正犯问题仍旧参照纯正身份犯的共同正犯章节。

情形一：有消极身份者教唆、帮助无消极身份者实施消极身份犯[①]

此时如何认定该有消极身份者同无消极身份者各自的行为责任呢？学者们对于无消极身份者由于实施了刑法分则所规定的犯罪行为，构成该消极身份犯的实行犯并无异议，但是对于该有消极身份者的教唆或帮助行为如何评价持有不同观点，具体而言有共犯肯定说和共犯否定说两种主张：第一，共犯肯定说学者认为此时有消极身份者与无消极身份者，共同构成该消极身份犯的共同犯罪，进而将其作为消极身份犯的教唆犯、帮助犯定罪量刑。例如我国学者认为："具有医生执业资格的人教唆或者帮助未取得医生执业资格的人非法行医的，仍然可能成立非法行医罪的共犯。"[②] 日本学者大塚仁教授也认为："在所谓的消极的身份犯中，即在规定不具有某身份的人的行为成立该罪的犯罪中，具有该身份的人加功了不具有身份的人的行为时，又应该如何处理呢？例如驾驶许可者和医生参加了无许可驾驶罪和无许可医业罪等即是。判例和一部分学说认为是共同正犯。但是，因为身份者的行为不相当于实行行为，所以不成立共同正犯，应该认为只是教唆犯或者从犯。"[③] 另外，我国台湾地区实务见解也持该说，台湾高等法院花莲分院七十三年度上更三字第四九号判决有谓："……有合法医师资格者，帮助或掩护未取得合法医师资格者，擅自执行医疗业务，仍应成立共犯，与其有无合法医师资格无关。况且未取得合法医师资格，而执行医疗业务，其性质不失为广义的特定关系之一种。故有合法医师资格之人，在独自执行医疗业务之场合，固不成立犯罪，但如与无合法医师资格之人成

---

① 以非法行医罪为例，此时的情形就是取得医生执业资格的人教唆、帮助未取得医生执业资格的人实施非法行医的行为。下文情形二则作相反理解即可。
② 张明楷：《刑法学》（第二版），法律出版社 2003 年版，第 204 页。
③ ［日］大塚仁：《刑法概说（总论）》（第三版），冯军译，中国人民大学出版社 2003 年版，第 286 页。

正犯之场合，自仍不失为共犯关系之一种……"① 第二，共犯否定说认为有消极身份者的行为不构成犯罪因而也就无法与无消极身份者构成消极身份犯的共同犯罪。由于在我国现有构成要件理论之下，上述具有消极身份（包括违法、责任和刑罚阻却身份，其中只有违法阻却身份系本书所指的消极身份犯情形——笔者注）的人的行为本身不构成犯罪。因此，除了所谓的责任阻却身份中欠缺责任能力的情况以外，在有身份者教唆或者帮助无身份者实施犯罪的情况下，二者不成立共犯关系，只有无身份者成立被教唆或者被帮助之罪；在无身份者教唆或者帮助有身份者的情况下，二者均不构成犯罪。②

笔者赞同共犯肯定说的结论，认为在这种情形下将有消极身份者作为该消极身份犯的教唆犯或帮助犯这一共犯形态对待既有理论渊源更不乏实践根基：首先，的确有消极身份者实施该消极身份犯的客观行为并不构成犯罪，以非法行医罪为例，取得医生执业资格的人即使超出《执业医师法》规定的执业地点、类别或范围行医的也不能构成非法行医罪，③ 这是对罪刑法定原则下犯罪构成理论的尊重；但是分则非法行医罪所规定的构成要件仅仅是对单独犯罪的构成特征的要求，并不能将其作为消极身份犯的共犯成立之当然规定；欲判断该有消极身份者的行为是否承担共犯之刑责还应当从共犯理论自身出发来考察共犯承担刑事责任的根据（也即共犯的处罚根据）问题。其次，如前文所述，共

① 甘添贵等：《共犯与身分》，学林文化事业有限公司 2001 年版，第 176 页。

② 江溯：《共犯与身份——大陆法系与我国之比较研究》，载陈兴良主编：《刑事法评论》（第 15 卷），中国政法大学出版社 2004 年版，第 242 页。

③ 《中华人民共和国执业医师法》对医师的执业地点、类别和范围等都作出了相应规定，取得医生资格的人应当按照其规定进行执业。如果超出《执业医师法》之规定而"非法"行医的，该法第 39 条规定："未经批准擅自开办医疗机构行医或者非医师行医的，由县级以上人民政府卫生行政部门予以取缔，没收其违法所得及其药品、器械，并处十万元以下的罚款；对医师吊销其执业证书；给患者造成损害的，依法承担赔偿责任；构成犯罪的，依法追究刑事责任。"这里的追究刑事责任绝非对取得医生执业资格的人追究非法行医罪的责任，否则就是违背罪刑法定的原则。

犯的处罚根据应当依据主客观统一的原则来寻求。共犯在客观上教唆或者帮助正犯，共同引起正犯的犯罪事实或犯罪结果，具有社会危害性；同时共犯在主观上希望或放任自己的教唆行为或帮助行为促使或便于正犯的犯罪事实或犯罪结果发生，具有人身危险性。那么，依据这种对共犯承担刑责之根据的思路来考察有消极身份者的行为性质可知，此时该有消极身份者在客观上实施了教唆、帮助的行为；主观上也对该教唆或帮助行为会促使或便于正犯（无消极身份者）的犯罪事实或犯罪结果的发生存在故意，这完全符合共犯承担刑事责任的逻辑过程，因此于理论上并不存在将该有消极身份者认定为共犯的障碍。最后，从实践需求出发，以非法行医罪为例，随着非法行医的愈演愈烈，以及很多拥有执业执照的医生的参与，非法行医已不再仅是江湖游医的"专利"，它以更多元化和更隐匿的形式泛滥。[①] 实践中的确存在很多有消极身份者自己不去实施犯罪、教唆或帮助无消极身份者完成消极身份犯从中牟利的情形，为了更为有效地防止和打击有消极身份者的类似参与行为，理应对之追究刑事责任。

情形二：无消极身份者教唆、帮助有消极身份者实施消极身份犯

这种情形实际上与一般纯正身份犯共犯中所讨论的"有身份者教唆、帮助无身份者实施纯正身份犯"问题相对应。因此，处理方法上也可以援引适用，即基本原则是"以某一身份犯罪的客观要件行为是否应当由身份者亲自完成为标准（也即对'单向亲手性'的判定）判断何时能够构成该纯正身份犯的间接正犯、何时不可"。寻着此一基本思路，还应当对消极身份犯本身的构成特征进行考察。

消极身份犯作为纯正身份犯的一种，其主体身份的具备与否决定着犯罪的是否成立，因此，有消极身份者实施该行为不构成消极身份犯当无疑义；同时，作为消极身份犯内容之一的"消

---

① 载《南方周末》2006 年 8 月 24 日，A6 民生版。

极身份"又是一种违法阻却身份，即具有消极身份的人实施该行为阻却其刑事违法性的产生，进一步而言，这种违法性阻却的根源在于并不存在需要刑法进行保护的法益。以非法行医罪为例，该罪是危害公共卫生的犯罪，具体而言，是危害不特定患者或者多数患者生命、健康的犯罪。[①] 而取得医生执业资格的人超越《执业医师法》所规定的执业地点、类别或范围行医的当然也属"非法"，但是这种"非法"仅仅是对《执业医师法》的违背，按照该法应当承担相应的行政责任（当然如果行医行为造成人员伤亡的重大损失的可能构成医疗事故罪），而绝不能直接追究其非法行医罪的刑事责任。理由在于作为已经合法取得医生执业资格的人相较于未取得医生执业资格的人具备医疗专业知识，前者的违规行医与后者的非法行医之社会危害性明显不同，后者在并无任何资质的情况下以医生名义的行医行为，对不特定患者显然构成生命、健康上的威胁（当然，可能很多时候未取得医生执业资格的人行医并没有真正造成就诊患者死亡或其他损失，但是这种威胁是始终存在的，毕竟其缺少专业知识），而就已经取得医生执业资格的人而言这种威胁并不存在。[②]

由此判断，消极身份犯在构成特征上决定了作为犯罪客观要件的行为，只能由无消极身份者亲自实施方才存在刑罚处罚该行

---

① 张明楷：《刑法学》（第二版），法律出版社 2003 年版，第 853 页。

② 当然，取得医生执业资格的人违规行医也可能造成就诊患者死亡或者重大损害，这可以通过医疗事故罪追究其刑事责任。这里还涉及非法行医罪和医疗事故罪的成罪标准问题。非法行医罪是情节严重的才能构成。一般而言，情节严重是指：（1）非法行医时间较长；（2）非法行医获利较多；（3）经行政处罚后不思悔改，仍从事诊疗活动的；（4）在非法行医过程中调戏、侮辱、猥亵妇女、儿童的；（5）使用假药、劣药蒙骗患者的；（6）从事危险程度较高的治疗活动的，等等（参见周光权：《刑法各论讲义》，清华大学出版社 2003 年版，第 463 页）。而医疗事故罪则是"造成就诊人死亡或者严重损害就诊人身体健康"的才能构成。显然，作为取得医生执业资格的人违规行医只能在少数情况下可以通过医疗事故罪追究其刑事责任，大部分针对未取得医生执业资格的人构成非法行医罪的情形对于取得医生执业资格的人并不存在值得刑法介入的可能。

为的根据，因此并不存在消极身份犯的间接正犯问题；同时有消极身份者所实施的行为并不是刑法所禁止的行为，无消极身份者也无法同有消极身份者构成共同犯罪。总而言之，在消极身份犯之内，无消极身份者教唆、帮助有消极身份者的时候不发生共犯与身份问题，无消极身份者与有消极身份者都不构成犯罪（消极身份犯之罪）。①

第二节　不纯正身份犯之共犯问题

与纯正身份犯的共犯问题相同，不纯正身份犯在实施过程中也存在有身份者与无身份者相互参与而完成犯罪的情形。同时由于理论上对不纯正身份犯自身的一些基本问题，例如概念、存在范围等都没有统一认识，所以不纯正身份犯的共犯问题更为复杂。

值得一提的是，在我国传统刑法理论中，认为不纯正身份犯仅仅是指身份的存在影响刑罚轻重而不决定罪名的情形，如未成年人犯罪、聋哑人犯罪等。如果这样把握不纯正身份犯则似乎单独探讨不纯正身份犯的共犯问题并无实益，直接将有身份者同无身份者认定为同一罪名、在量刑上区别对待即可。但是，正如前文所述，传统理论的观点是对不纯正身份犯概念的曲解，不足采纳。按照本书的理解，不纯正身份犯包括同罪异罚型和异罪异罚型两种，而作为同罪异罚型不纯正身份犯，在出现有身份者同无身份者相互参与实施该不纯正身份犯时并不涉及罪名认定上的困难，例如国家机关工作人员教唆或者帮助非国家机关工作人员实施诬告陷害行为的，二者均认定为诬告陷害罪，而对于国家机关

---

① 同样结论参见赵秉志主编：《外国刑法原理（大陆法系）》，中国人民大学出版社 2000 年版，第 220 页；马克昌：《比较刑法原理——外国刑法学总论》，武汉大学出版社 2002 年版，第 731 页。

工作人员要区别于非国家机关工作人员从重处罚。

　　基于此，作为不纯正身份犯共犯问题的复杂性，就体现在异罪异罚型不纯正身份犯之中了，因为涉及对有身份者同无身份者的罪名确定问题。综观大陆法系刑法理论，对不纯正身份犯共犯问题的尖锐对立正在于此。① 需要强调一点，对于异罪异罚型不纯正身份犯的共犯问题，传统观点尽管不在不纯正身份犯理论中进行探讨，但是却将之挪移到纯正身份犯的相关问题研讨中，当然这种挪移并不科学。

一、无身份者教唆、帮助有身份者实施不纯正身份犯

　　对于无身份者教唆、帮助有身份者实施不纯正身份犯的情形，如何解决无身份者和有身份者的各自罪名和刑罚问题，大体上存在两种观点：②

　　（一）　共同定罪说及其介评

　　该说主张此时无身份者与有身份者共同按照不纯正身份犯定

---

　　①　需要指出，在日本刑法理论中，对于有身份者同无身份者共同参与完成犯罪如何处理的问题上，学者间的争议尤甚：其中一部分原因在于对此类不纯正身份犯共犯的认定涉及两个罪名如何取舍的难题（本书的探讨即在对此进行论证）；同时更大一部分原因还在于刑法典本身的含混规定，日本刑法第 65 条是身份犯的共犯条款，第 1 款规定："对于因犯罪人身份而构成的犯罪行为进行加功的人，虽不具有这种身份的，也是共犯。"第 2 款规定："因身份而特别加重或者减轻刑罚时，对于没有这种身份的人，判处通常的刑罚。"正是基于法条的如此规定，学者们又对该条第 1 款和第 2 款之间的关系等问题纠缠不清：有学者认为第 1 款规定了构成的身份的连带作用，而第 2 款则规定了加减身份的个别作用；也有学者认为第 1 款是对由所有的身份犯所构成的共犯（纯正和不纯正身份犯）作了规定，而第 2 款则是对加减的身份犯的处刑作了特别的规定；此外还有通过违法身份和责任身份等概念进行说明法条的主张。其实，笔者认为对于后一问题的争论完全是由于法条的含混规定所引发的歧义解释，这种争论的实质还是为了如何更好地解决有身份者同无身份者各自的刑事责任问题（包括定罪和量刑），这才是研究该问题的核心和根本。本部分笔者就意图从理论上论证这一问题的解决方式，同时认为如果首先在理论上将这一问题解决了，那么如何用法律条文进行表述则仅仅是立法技巧而已。
　　②　马克昌主编：《犯罪通论》，武汉大学出版社 1999 年版，第 590 页。

罪，但是如何对无身份者和有身份者进行科刑则有不同主张：

1. 无身份者按照无身份者构成之罪科刑，有身份者按照不纯正身份犯科刑。例如日本学者团藤重光教授认为："……身份犯分为两种：没有身份不构成犯罪（真正身份犯）和没有身份构成法定刑比较重或轻的犯罪（不真正身份犯）……无论哪一种都是行为者具备身份之后才开始构成犯罪的，这一点是不变的。第 65 条第 1 款是关于真正身份犯，第 2 款是关于不真正身份犯的规定，这是一般的见解。如果按以上的看法来看的话，恐怕是不合理的。我认为第 1 款是通过两者规定共犯的成立问题；第 2 款是特别针对不真正身份犯，规定其量刑的问题。"日本学者大塚仁教授也认为："第 1 款中的'以共犯论'，如文字所言，是规定共犯的成立，第 2 款的所谓'量刑'只能是表示量刑基准的规定了。第 1 款中的'因身份而成立的犯罪'中毫无疑问是应该包括真正身份犯的。因为不真正身份犯也是'因身份而成立的犯罪'，所以没有特别排除不真正身份犯的理由。对不真正身份犯来说和真正身份犯一样，首先必须考虑它的成立问题，在第 1 款中寻求根据是十分合理的。并且，第 2 款中'因身份致刑有轻重时'，很明显这是指出不真正身份犯的主旨。"此外，日本学者植松正、福田平等人也支持该说。

该说最主要的根据便是对共犯从属性和犯罪共同说的坚持，① 站在共犯从属性以及犯罪共同说的立场上，认为共犯应成立同一罪名。日本学者植松正教授即站在共犯从属性立场上指

---

① 笼统地说，"共犯从属性、共犯独立性"和"犯罪共同说、行为共同说"这两对概念都可以统一于"共犯的本质"项下进行研究。但是两对概念所探讨的问题点是不同的：前者意在探讨共犯（教唆犯和帮助犯）究竟本身应独立于正犯之主行为而具有单独存在之性质？抑或是必须要从属于正犯之主行为而存在；后者则是研究二人以上"共同"实施了犯罪在什么要素"共同"时才可能成立共同犯罪。一句话可以概括为：前者是有关共犯（教唆犯和帮助犯）成立的理论；而后者则是有关共同犯罪成立的理论。关于两对概念的理论基础、相关争议请参见张明楷：《刑法的基本立场》，中国法制出版社 2002 年版，第 253～331 页。

出："对第 65 条第 2 款的适用应该注意的是，其适用是必须以第
1 款为前提的。根据第 1 款被认定为共犯之后，才决定适用第 2
款有区别地进行处刑。虽然第 2 款的适用应该以第 1 款的适用为
前提，但是忘记这种事实的议论却时常有……第 1 款适用之后非
身份者才有可能成为共犯，如果不适用第 1 款而直接适用第 2
款，不是共犯则没有理由适用共犯例。"[①] 尽管严格来说，共犯
从属性理论一般不涉及罪名问题（一般而言，犯罪从属性理论
重在研究从属性的有无以及程度问题，而罪名是否从属抑或独立
则委诸犯罪共同说与行为共同说的对立研究）和犯罪共同说理
论所研究的侧重点有所不同，但是二者在对待处理不纯正身份犯
的这一共犯问题时却殊途同归（至少该观点的主张者这么认
为）———一致认为无身份者应当同有身份者统一定罪，而认定
为不纯正身份犯。

　　应当说该主张的理论前提并非没有疑义，例如对共犯从属性
理论的认识偏差以及（完全）犯罪共同说的弊端等，因此基于
这种理由之上的结论更为站不住脚。更何况该说面临着导致定罪
与科刑相分离而违背罪刑不可分之原则的致命批判，故而并不
可取。

　　2. 有身份者和无身份者都按照不纯正身份犯之法定刑进行
科处，在此基础上对无身份者比照有身份者区别对待，而进行或
重或轻处罚。这种观点主要存在于我国学者中。例如有学者认
为："无身份者教唆、帮助有身份者实施某种犯罪行为，无身份
者依身份犯的教唆犯或从犯定罪。但其无身份的情况在量刑时应
当作为从轻或减轻处罚的情节予以考虑。例如普通公民某甲教唆
或者帮助现役军人某乙盗窃武器弹药的，普通公民甲应依（军
人）盗窃武器装备罪的教唆犯或从犯论罪处刑；但应考虑其非
军人身份的情况在量刑时予以从轻或减轻处罚。这样处理比较合
理，比较公平。同理，侵犯公民通信自由罪与邮政工作人员实施

---

　　① 杜国强：《身份犯研究》，武汉大学出版社 2005 年版，第 259~260 页。

的开拆他人信件等罪也应如此对待。"① 至于该种观点出现的理由学者并未过多着墨，似乎是一种当然之论。有学者认为："犯罪共同说的支持者一般主张罪名从属性说，承认共犯（狭义的共犯）对正犯之罪名的从属，因此认为上述情况下（无身份者教唆、帮助有身份者实施不纯正身份犯——笔者注），共犯的罪名必须从属于正犯的罪名；行为共同说的支持者则一般主张罪名独立性说，否定共犯（狭义的共犯）对正犯之罪名的从属，因此认为在上述情况下，共犯的罪名可以独立于正犯的罪名。……在我国刑法上，原则上共犯（教唆犯或者帮助犯）的罪名应当从属于正犯（实行犯）的罪名，这表明我国刑法赞同罪名从属性说的观点。在不真正身份犯的情况下，没有理由不坚持这种罪名从属性说的观点。"② 事实上：首先，正如论者本人所言，犯罪共同说、行为共同说和罪名从属性说、罪名独立性说并非纯粹一一对应之关系。完全的犯罪共同说强调罪名的一致，但是作为完善其理论而出现的部分犯罪共同说则并不一定要求共同犯罪人罪名的完全相同；其次，我国传统刑法中对犯罪共同说等相关理论缺少系统、深入的研究，因此对共同犯罪人的罪名问题也几乎无探讨，一直认为共同犯罪的性质由实行行为决定，这便潜移默

---

① 李光灿、马克昌、罗平：《论共同犯罪》，中国政法大学出版社 1987 年版，第 153 ~ 154 页。

② 江溯：《共犯与身份——大陆法系与我国之比较研究》，载陈兴良主编：《刑事法评论》（第 15 卷），中国政法大学出版社 2004 年版，第 239 页。

化地接受了完全犯罪共同说的相关主张。① 事实上，"传统未必正确"，因此以传统观点为理论支撑主张这种罪名从属性的观点并不可取。最后，该种观点认为对无身份者认定为不纯正身份犯的教唆犯、帮助犯，在量刑上按照有身份者所构成的不纯正身份犯之法定刑从重或者从轻处罚，这至少存在两个问题：其一，这种将无身份者参照有身份者的刑罚从轻或者从重处罚并无法律依据而且轻重的幅度无法把握。例如学者认为"无身份的情况在量刑时应当作为从轻或减轻处罚的情节予以考虑"，而何时应当从轻抑或减轻处罚并无相关根据；其二，也不符合不纯正身份犯的构成机理——对有身份者处罚特殊性的关照。

（二）分别定罪说及其认识

该说认为此种情形下，对无身份者与有身份者应当分别定罪量刑：无身份者按照非身份犯定罪量刑，有身份者按照该不纯正身份犯定罪量刑。这是日本以及我国台湾地区理论界的通说，判例也基本持此立场。例如日本学者西原春夫教授认为："关于不真正身份犯，无身份者加功于有身份者时，根据刑法第 65 条第 2 款，无身份者科以通常之刑。例如，甲、乙共同遗弃甲的父母的场合，两人虽然成立共同正犯，但甲负保护责任者遗弃的责任，乙负单纯遗弃的责任。乙教唆甲遗弃甲的父母的场合，甲负

---

① 我国传统刑法观点对共同犯罪的成立条件限制极其严格，尤其体现在对共同犯罪成立要件之一的"共同犯罪的主观要件"的限制方面：（1）二人以上共同过失犯罪，不构成共同犯罪；（2）二人以上共同实施危害社会的行为，彼此罪过形式不同的，不构成共同犯罪；（3）二人以上实施犯罪时故意内容不同的，不构成共同犯罪；（4）二人以上在同一或者极为接近的时间、场所，对同一犯罪对象实施同种犯罪，主观上没有犯意联系的（即同时犯），不构成共同犯罪；（5）超出共同故意范围的犯罪，不构成共同犯罪（参见高铭暄、马克昌主编：《刑法学》（上册），中国法制出版社 1999 年版，第 293～294 页）。这种限制个别情形是适当的，如同时犯不应作为共同犯罪等。但是有些限制性条件并非没有疑义，例如共同过失犯罪、故意内容不同是否构成共同犯罪等问题已经引起学界重视。大致来说，要求共同犯罪故意内容相同才能构成共同犯罪与完全的犯罪共同说殊途同归，都可能导致共同犯罪处罚上的漏洞。

保护责任者遗弃的实行正犯的责任，乙负单纯遗弃的教唆犯的责任。"① 此外，日本学者木村龟二、中山研一和前田雅英等均持此说。在我国台湾地区刑法理论界，学者们也普遍认为，无身份者加功于有身份者实施不纯正身份犯的，无身份者以普通犯罪论，有身份者以身份犯论。台湾地区"刑法"对身份犯的共犯问题也作了与日本刑法相同的规定，即其第31条第2款规定"对无身份者科以通常之刑"，据此，学者们的解释为：非仅无身份或其他特定关系之人定刑之标准，即论罪亦应包括在内，不能将其分离为二，此为罪刑不可分之原则。故人犯中科以通常之刑者，即应论以通常之罪名。例如教唆或帮助他人杀害其直系血亲尊亲属者，该教唆或帮助之人，仍应依普通杀人之教唆犯或从犯论罪处刑也。②

对这种分别定罪说也存在批判意见：第一，该说是一种共犯独立性说和行为共同说的产物，由于共犯独立性说和行为共同说本身弊端重重，因此建立之上的分别定罪观点也站不住脚。其实这一批判是对分别定罪说的误解，也是对共同犯罪相关问题的误读。因为如前文所述，共犯具有独立性还是从属性是共犯成立问题，一般不涉及罪名的是否同一；另外将共同犯罪人认定为不同罪名并非"行为共同说"的专利，部分犯罪共同说也在一定意义上赞同分别定罪。第二，认为该种观点仅仅是切合法条所作的常识性解释，并未超出对法条的单纯形式解释的范畴，也不能明确说明身份的作用为何因构成身份与加减身份而有所不同。并且仅仅只是说"法条就是如此规定的"，还不能认为是有说服力的解释论。而且，从某种意义上讲，加减身份犯也是由于有身份而成立该种犯罪，由于可以视为"因犯人的身份而构成的犯罪行为"，所以，仅仅作形式上的解释，就会对区别对待构成身份犯

---

① ［日］西原春夫：《刑法总论》，成文堂1978年版，第360页；转引自马克昌主编：《犯罪通论》，武汉大学出版社1999年版，第590页。

② 张灏主编：《中国刑法理论及实用》，三民书局1980年版，第257页。

与加减身份犯本身产生疑问。① 这一批判观点的不足之处，在于没有准确把握不纯正身份犯的概念，以至于将不纯正身份犯等同于"因犯人的身份而构成的犯罪行为"这一对纯正身份犯的概念表述，因此是不正确的。第三，认为就具体案件来看，无身份者的教唆并无唆使有身份者实施普通犯罪的内容，认定其行为构成普通犯罪，显然不合实际。② 实际上作为不纯正身份犯和与之相对应的普通犯罪而言，二者的行为方式是完全一样的（实行行为的共用），无身份者的教唆和帮助的故意内容就是对这种客观行为的认识，因此，以共犯故意的内容是否包括普通犯罪之认识来反对分别定罪说并不合适。

（三）补充说明——不纯正身份犯构成机理之重申

基于如上分析论证，笔者赞同分别定罪说，即无身份者教唆、帮助有身份者实施不纯正身份犯的情形下，对无身份者按照非身份犯（也即与该不纯正身份犯相对应之普通犯罪）定罪量刑，有身份者按照该不纯正身份犯定罪量刑。这一结论的得出是对不纯正身份犯构成机理的妥适运用，也是对相关共同犯罪问题的准确把握：

1. 前文述及不纯正身份犯主体身份的"主体超过要素"特性（参见第二章第一节）决定了不纯正身份犯在构成上的身份黏着性和行为依附性。所谓身份黏着性是指不纯正身份犯的特殊身份与犯罪主体须臾不可分离，这既是因为这种身份的存在决定了对犯罪所保护法益侵害的程度区别于普通犯罪；同时也是为了达到对有身份者处罚个别化的需要，如果使得无身份者也承担该不纯正身份犯的刑责（包括共犯责任），那么这种黏着性无法实现。

---

① ［日］山口厚：《日本刑法中的"共犯与身份"》，载马克昌、莫洪宪主编：《中日共同犯罪比较研究》，武汉大学出版社 2003 年版，第 139 页。

② 何鹏主编：《现代日本刑法专题研究》，吉林大学出版社 1994 年版，第 109 页。

而强调不纯正身份犯的行为依附性质，是从不纯正身份犯和与之相对应的普通犯罪在实行行为构成方面的一致性角度而言的：因为作为不纯正身份犯和与之相对应的普通犯罪二者共用一个实行行为（在此方有"主体超过要素"的存在），因此，作为有身份的被教唆者所完成的实行行为同样是与之相对应的普通犯罪的实行行为。台湾地区学者林山田教授关于变体构成要件的论述较能说明问题，他认为"由于变体构成要件的适用，系以基本构成要件的该当为前提。在不纯正特别犯中，无特定资格之人与具有特定资格之人共同实施犯罪，或无特定资格之人教唆或帮助有特定资格之人犯罪，形成参与犯的结构，应该是建立在基本构成要件之上，而非建立在适用该特定资格之人的变体构成要件之上，故应成立基本构成要件的参与犯，而后再针对具有特定资格之人，适用变体构成要件处断。"①

2. 对有身份者同无身份者分别定罪非但不是对共同犯罪相关原理的悖反，相反更是这些原理在身份犯理论中的具体贯彻：首先，这种处理绝非是对共犯独立性理论的坚持而违背共犯从属性理论，② 其实，将共犯独立性说和共犯从属性说拿到论证"分别定罪说"是否成立的研究中并不一定合适，共犯从属性理论重点在于探讨共犯（教唆犯、帮助犯）是否需要正犯行为已经实施而存在，至于共犯与正犯的罪名应否完全一致已不是从属性或者独立性研究之着力点（当然共犯独立性说更容易得出分别

---

① 林山田：《对共犯刑章之刑法修正的检讨》，载《月旦法学杂志》，元照出版有限公司2006年8月第135期，第170页。

② 一般认为共犯从属性和共犯独立性理论二者在理论基础、价值取向以及所得结论等方面都存在较大差别，笼统而言，共犯从属性是客观主义、注重法益侵害的当然结论；而共犯独立性则是主观主义、强调犯罪征表的应有之义。因此，共犯从属性更具有合理性。从基本立场上说，是因为从属性说一般将法益侵害视为犯罪的本质，而且认为只有当法益侵害的危险达到一定程度时，才能认定为犯罪。而独立性说则基本上是征表说的体现，故不利于保障人权。关于共犯独立性说和共犯从属性说的相关论述请参见张明楷：《刑法的基本立场》，中国法制出版社2002年版，第294~305页。

定罪的结论，但不必然）。其次，分别定罪说也是对部分犯罪共同说的遵从。部分犯罪共同说并不否认共犯与正犯在一定程度上可以存在罪名的不同，其重点考察的是两个罪名之间是否，以及在多大程度上具有重合的性质。而分别定罪说所认定的不纯正身份犯和与之对应的普通犯罪之间在实行行为上是重合（共用）的，因此在此重合范围之内，既有普通犯罪的实行行为（也就是有身份者完成的不纯正身份犯实行行为），同时无身份者又实施了对该行为的教唆或者帮助行为，将之认定为普通犯罪之教唆犯、帮助犯理所当然。

二、有身份者教唆、帮助无身份者实施不纯正身份犯

与前一个问题一样，在讨论有身份者教唆、帮助无身份者实施不纯正身份犯时如何处理行为人各自的刑事责任问题上，学者间仍存在不同见解。

（一）日本刑法中观点之纷争

对此问题日本学者是围绕着有身份者加功于无身份者实施不纯正身份犯是否适用刑法第 65 条第 2 款之规定来展开的。大致存在两种不同观点：

一种观点认为，此时无身份者构成非身份犯的正犯，而有身份者则构成不纯正身份犯的共犯。这是日本理论界的通说，日本学者小野清一郎、平野龙一、中山研一、大谷实等都主张此说。同时该说也为日本判例所肯认。在日本，"关于这一点，判例以前采积极说，常习赌博者帮助非常习者的他人赌博的场合，负单纯赌博罪的从犯的罪责。然而，其后改变态度转而采消极说，对同种事件，负常习赌博罪的从犯的罪责。从而，例如儿子教唆他人杀害其父母的场合，他人虽是普通杀人的实行犯，但儿子应负杀尊亲属的教唆犯的责任。"[①]

---

① ［日］西原春夫：《刑法总论》，成文堂 1978 年版，第 360 页；转引自马克昌主编：《犯罪通论》，武汉大学出版社 1999 年版，第 591 页。

尽管为理论上的通说且为判例所承认，但是该说也受到指摘：要构成共犯，就必须认定正犯具有符合构成要件的违法行为，这在日本学界是通说的观点。明明不能认定作为无身份者的正犯具有身份犯的构成要件符合性，那么，有身份者又为何可以构成身份犯的共犯呢（但是，在由于具有身份而得以减轻刑罚的身份犯的场合，由于可以认为作为无身份者的正犯所具有的非身份犯的构成要件，其中含有相对较轻的身份犯的构成要件的符合性，所以，认定有身份者构成身份犯的共犯也并不存在障碍）?①

另一种观点认为，无身份者构成非身份犯的正犯，而有身份者与无身份者构成该非身份犯的共犯。例如儿子教唆他人杀死自己的父亲的场合，第 65 条第 1 款是不适用的，因此，第 2 款也是不适用的。作为教唆者的儿子，根据第 61 条的规定，只停留于一般杀人罪的教唆犯，因此该儿子当然不是杀害尊亲属罪，而应根据普通杀人罪来处刑。这种场合对儿子适用第 65 条第 2 款，肯定杀害尊亲属罪的成立，是采用共犯独立说的立场，这是不妥当的。②

日本刑法中所存在的两种观点争议的焦点就是对有身份者罪名的认定问题：前一种观点认为有身份者应当认定为不纯正身份犯的共犯（以下简称赞成说）；后一种观点则认为应当认定为无身份者所构成的非身份犯之共犯（以下简称批判说）。那么如何对二者进行评价呢？笔者认为赞成说较为适当，理由在于：

1. 从驳论的立场来看，对赞成说的相关指摘并不成立：（1）指摘之一，认为此时认定有身份者为身份犯的共犯则由于缺乏身份犯正犯的存在便使得该"共犯"成了无源之水、无本

---

① ［日］山口厚：《日本刑法中的"共犯与身份"》，载马克昌、莫洪宪主编：《中日共同犯罪比较研究》，武汉大学出版社 2003 年版，第 143～144 页。

② ［日］团藤重光：《刑法纲要总论》（改订版），创文社 1979 年版，第 325 页；转引自杜国强：《身份犯研究》，武汉大学出版社 2005 年版，第 263～264 页。

之木。这显然是没有对不纯正身份犯和与之对应的普通犯罪在构成上的勾连关系准确把握，因为从不纯正身份犯实行行为的依附性特质而言，该无身份者所完成的普通犯罪之实行行为，同时也可以看成不纯正身份犯的构成要件行为，这便是作为身份者构成共犯的前提。另外，指摘者在有此疑义的同时却承认在"由于具有身份而得以减轻刑罚的减轻身份犯的场合下可以认为有身份者构成共犯"，进而承认此时无身份者所实施的非身份犯的构成要件符合性中，包含身份犯的构成要件符合性，这显然又是矛盾的。（2）指摘之二，赞成说导致分别定罪是一种共犯独立性说的立场。显然，这同前一问题在探讨分别定罪说所面临的质问相同，实为混淆理论及其功能所致，不足为取（具体理由见本章第二节一）。

2. 批判说的结论本身也不无问题。首先，批判说的理论前提是对完全的犯罪共同说之坚持，即共同犯罪人认定罪名的完全同一，而这种完全的犯罪共同说本身就是站不住脚的；其次，批判说认为此时的有身份者直接认定为普通犯罪的共犯即可，没有体现有身份者的身份之存在，不符合不纯正身份犯由于身份而致刑罚有轻重的刑法规定；最后，作为不纯正身份犯既包括身份的存在而异于普通犯罪加重处罚的情形，也包括减轻处罚的规定。对于可能导致减轻处罚类型的不纯正身份犯这种批判说无法做到协调。因为对于身份的存在而减轻处罚的不纯正身份犯如果有身份者单独实施该不纯正身份犯要按照该罪的法定刑论处；而按照批判说该有身份者教唆、帮助无身份者实施非身份犯时却要承担比自己单独实施更重的法定刑（此时的非身份犯法定刑重于该不纯正身份犯），这种结论显然是论者也不愿看到的。

3. 从立论的角度看，赞成说的结论是成立的。正如日本学者大谷实教授对日本刑法第 65 条第 2 款之论证理由："因为第 65 条第 2 款应理解为基于不真正身份犯的共犯，承认有身份者成立适应身份的犯罪而处罚的旨趣的规定，所以（1）说（即赞成说——笔者注）是妥当的。又因为这种场合也以共犯从属于符合构成要件的违法行为为当然的前提，所以应当认为违反共犯从属性这一来自（2）说（即批判说——笔者注）的批判并不恰当。"① 因此，赞成说的主张既符合不纯正身份犯的构成特征也是对共同犯罪相关原理的运用：在不纯正身份犯的有身份者参与到犯罪中时，对有身份者要区别于无身份者来对待，该加重时加重，该减轻时减轻，这符合"身份不决定犯罪是否成立而仅影响刑罚轻重"这一不纯正身份犯的存在本意。

（二）我国学者观点评说

我国刑法学者对于这一问题也有所探讨，但是由于我国刑法总则并无类似于日本刑法第65条有关身份犯的共犯问题之规定，所以对于该种情形下行为人刑事责任的认定只能在理论上进行探讨，当然，这种探讨涉及行为人罪名以及刑罚的确定，其实践意义重大。

大致说来我国刑法学者对于有身份者教唆、帮助无身份者实施不纯正身份犯②的问题存在如下几种观点：第一种观点认为，有身份者教唆、帮助无身份者实施某种犯罪行为，只能构成无身份者的犯罪的教唆者或帮助者，他的身份在量刑时可以作为从重情节来考虑。③ 这是传统刑法理论所主张的观点，是刑法理论对共同犯罪性质认定上采取完全犯罪共同说以及实行行为决定说的当然结论。不足之处前文已经述及，此不赘述。

---

① ［日］大谷实：《刑法讲义总论》（第四版），成文堂1994年版，第471、472页；转引自马克昌：《比较刑法原理——外国刑法学总论》，武汉大学出版社2002年版，第730页。

② 由于我国刑法理论中对不纯正身份犯的存在范围问题意见不一，所以个别学者在探讨此问题时可能并不寓于不纯正身份犯项下进行，但是无论如何有身份者和无身份者各自刑责的认定问题尚存在不同见解。另外从对其不同主张的认识也可以在一定程度上反衬出相关学者对不纯正身份犯与纯正身份犯之概念以及区别的主张是否得当。

③ 李光灿、马克昌、罗平：《论共同犯罪》，中国政法大学出版社1987年版，第154～155页；马克昌主编：《犯罪通论》，武汉大学出版社1999年版，第591～592页。

第二种观点认为，如果教唆者有身份，被教唆者无身份，被教唆者的行为不能构成本罪，但可以构成与本罪性质基本相同的另外一种罪。比如，甲是邮电工作人员，有身份，乙不是邮电工作人员，无身份。甲教唆乙私自毁弃了某些邮件，情节严重。在这种情况下，甲应成立教唆妨害邮电通信罪，乙则构成破坏通信自由罪。① 这是一种分别定罪说的观点，笔者赞同此说（理由同本节一之相关论述）。

除如上两种类似日本刑法中所出现的观点而外，我国学者中还存在其他认识：

第三种观点，我国学者陈兴良教授认为上述两种观点都不妥。在具有特定身份的人教唆、帮助没有特定身份的人实施法律要求犯罪主体具有特定身份的犯罪，而两者可以构成不同的犯罪的情况下，教唆犯、帮助犯以什么犯罪论处可以分为两种情况：第一种情况是，具有特定身份的人利用了本人身份，例如国家工作人员教唆、帮助非国家工作人员去盗窃自己保管的公共财物。教唆者、帮助者构成身份犯的间接实行犯和非身份犯的教唆犯、帮助犯，二者作为想象竞合犯对待；而被教唆、帮助的无身份者构成非身份犯的实行犯。第二种情况是，具有特定身份的人没有利用本人身份，例如国家工作人员教唆、帮助非国家工作人员去盗窃其他国家工作人员保管的公共财物。此时，非国家工作人员当然构成盗窃罪，而国家工作人员则应以盗窃罪的教唆犯、帮助犯论处。② 这种区别对待的观点形式上与前两种观点对立，实则不然。因为，该区别对待说讨论的只是对于犯罪的成立需要利用身份者职务便利的情形（依本书的划分其应当属于纯正身份犯），而并没有考虑只需身份的具备而无须利用之即可构成的（不纯正）身份犯情形，例如私自开拆、隐匿、毁弃邮件、电报罪的构成，并不需要邮政工作人员利用其职务之便为之，那么如

---

①　吴振兴：《论教唆犯》，吉林人民出版社 1986 年版，第 167 页。
②　陈兴良：《共同犯罪论》，中国社会科学出版社 1992 年版，第 361～362 页。

果邮政工作人员教唆、帮助非邮政工作人员隐匿或毁弃他人邮件、电报的情况下，如何认定呢，该种区别对待说并不能解释。其实上面的第一种和第二种观点正是针对这种不纯正身份犯而言的，因此区别对待说（实则是对纯正身份犯的探讨）与前两种观点所探讨的并非同一问题。

综上所述，笔者认为，对于有身份者教唆、帮助无身份者实施不纯正身份犯的情况下，应当由无身份者承担与该不纯正身份犯相对应的非身份犯正犯之责，而由该有身份者承担不纯正身份犯的教唆犯、帮助犯的刑事责任。

结　语

　　身份犯理论的研究不应当局限于刑法各论一个个具体身份犯罪这一微观领域，不是对某个罪名的单打独斗式分析；它也不是严格意义上刑法总论中对那些具有指导意义理论（如犯罪构成理论等）的宏观探讨，其应当是介于各论和总论这样两个微观与宏观领域之间的中观范畴——该理论将各论的身份犯个罪与总论中的相关理论紧密地衔接，既有利于各论中身份犯个罪的把握，也有利于总论相关理论的深化；既有利于刑法理论的丰盈与深入，也有利于司法实践的准确开展。当然，将身份犯作为对某一类犯罪进行类型化研究的理论，并不能够取代和弱化对各论中具体个罪的探讨，正确做法应当是把身份犯理论研究的相关结论贯穿到具体个罪的研析中，并用以指导司法实践和立法完善，如此才是身份犯理论研究的价值所在和最终归宿。因此应当加强对身份犯理论的研究，这一点在我国目前对身份犯理论的研究现状之下尤为重要。

　　按照对犯罪形态进行研究的传统思路，通常是使某一犯罪形态结合刑法总论中的诸理论进行依次套用式研究：从构成要件、停止形态、共犯形态直至相关刑罚制度等方面顺次进行说明。本书并未如此。原因在于作为身份犯理论之核心问题无非就是身份犯的共同犯罪问题，而其共同犯罪问题的探讨又与实行行为和间接正犯等理论紧密联结。所有这些又是建立在对身份犯的定位、定义以及本质等诸多前提性问题的澄清之上。本书就是针对如上问题进行了阐述。这种论述绝非断章取义式的研究，而恰恰是一种系统化的论证。除此之外，身份犯理论面临的其他问题可同于一般犯对待，并无特殊之处。

本书依据这样一种思维套路对身份犯理论的相关问题展开研究，在对身份犯进行系统把握的基础上，既有个别全新的观点和结论，也有对现存观点的论证和注解。当然，所有这些结论的得出理应保证相互之间的协调和不相冲突，因为它们都统一于"身份犯"这一概念项下。

参考文献

一、著作类

1. 高铭暄、马克昌主编：《刑法学》（上册），中国法制出版社 1999 年版。

2. 高铭暄、马克昌主编：《刑法学》，北京大学出版社、高等教育出版社 2000 年版。

3. 何秉松主编：《刑法教科书》，中国法制出版社 1997 年版。

4. 高铭暄主编：《刑法学原理》（第一卷），中国人民大学出版社 1993 年版。

5. 马克昌主编：《犯罪通论》，武汉大学出版社 1999 年版。

6. 马克昌：《比较刑法原理——外国刑法学总论》，武汉大学出版社 2002 年版。

7. 叶高峰主编：《共同犯罪理论及其应用》，河南人民出版社 1990 年版。

8. 林文肯、茅彭年：《共同犯罪理论与司法实践》，中国政法大学出版社 1987 年版。

9. 李光灿、马克昌、罗平：《论共同犯罪》，中国政法大学出版社 1987 年版。

10. 甘雨沛、何鹏：《外国刑法学》（上册），北京大学出版社 1984 年版。

11. 甘雨沛主编：《刑法学专论》，北京大学出版社 1989 年版。

12. 何鹏主编：《现代日本刑法专题研究》，吉林大学出版社 1994 年版。

13. 高铭暄、马克昌主编：《中国刑法解释》（下卷），中国社会科学出版社 2005 年版。

14. 杨春洗等主编：《刑事法学大辞书》，南京大学出版社 1990 年版。

15. 孙膺杰、吴振兴主编：《刑事法学大辞典》，延边大学出版社 1989 年版。

16. 张明楷：《刑法学》（第二版），法律出版社 2003 年版。

17. 张明楷：《法益初论》，中国政法大学出版社 2000 年版。

18. 张明楷：《刑法分则的解释原理》，中国人民大学出版社 2004 年版。

19. 张明楷：《外国刑法纲要》，清华大学出版社 1999 年版。

20. 张明楷：《刑法格言的展开》（第二版），法律出版社 2003 年版。

21. 张明楷：《刑法的基本立场》，中国法制出版社 2002 年版。

22. 张明楷：《诈骗罪与金融诈骗罪研究》，清华大学出版社 2006 年版。

23. 陈兴良：《共同犯罪论》，中国社会科学出版社 1992 年版。

24. 陈兴良：《刑法疏议》，中国人民公安大学出版社 1997 年版。

25. 陈兴良主编：《刑事司法研究——情节判例解释裁量》，中国方正出版社 1996 年版。

26. 陈兴良、周光权：《刑法学的现代展开》，中国人民大学出版社 2006 年版。

27. 赵秉志：《侵犯财产罪》，中国人民公安大学出版社 1999 年版。

28. 赵秉志主编：《外国刑法原理（大陆法系）》，中国人民大学出版社 2000 年版。

29. 赵秉志主编：《刑法争议问题研究》（上卷），河南人民出版社 1996 年版。

30. 孙谦：《检察：理念、制度与改革》，法律出版社 2004 年版。

31. 孙谦主编：《国家工作人员职务犯罪研究》，法律出版社 1998 年版。

32. 李洁：《罪与刑立法规定模式》，北京大学出版社 2008 年版。

33. 吴振兴：《论教唆犯》，吉林人民出版社 1986 年版。

34. 吴振兴主编：《犯罪形态研究精要 I》，法律出版社 2005 年版。

35. 李海东：《刑法原理入门（犯罪论基础)》，法律出版社 1998 年版。

36. 周光权：《刑法学的向度》，中国政法大学出版社 2004 年版。

37. 周光权：《刑法各论讲义》，清华大学出版社 2003 年版。

38. 周光权：《法治视野中的刑法客观主义》，清华大学出版社 2002 年版。

39. 齐文远、夏勇主编：《现代刑事法研究》，北京大学出版社 2004 年版。

40. 刘艳红：《罪名研究》，中国方正出版社 2000 年版。

41. 刘明祥：《财产罪比较研究》，中国政法大学出版社 2001 年版。

42. 黎宏：《刑法学》，法律出版社 2012 年版。

43. 邓子滨：《中国实质刑法观批判》，法律出版社 2009 年版。

44. 江溯：《犯罪参与体系研究——以单一正犯体系为视角》，中国人民公安大学出版社 2010 年版。

45. 王作富主编：《刑法分则实务研究》（上），中国方正出版社 2003 年版。

46. 熊选国：《刑法中行为论》，人民法院出版社 1992 年版。

47. 林维：《间接正犯研究》，中国政法大学出版社 1998 年版。

48. 姜伟：《犯罪形态通论》，法律出版社 1994 年版。

49. 李海东主编：《日本刑事法学者》（上），法律出版社、成文堂出版社 1995 年版。

50. 高铭暄主编：《新型经济犯罪研究》，中国方正出版社 2000 年版。

51. 杨兴培：《犯罪构成原论》，中国检察出版社 2004 年版。

52. 童伟华：《犯罪构成原理》，知识产权出版社 2006 年版。

53. 杜国强：《身份犯研究》，武汉大学出版社 2005 年版。

54. 赵微：《俄罗斯联邦刑法》，法律出版社 2003 年版。

55. 马克昌、莫洪宪主编：《中日共同犯罪比较研究》，武汉大学出版社 2003 年版。

56. 肖中华：《犯罪构成及其关系论》，中国人民大学出版社 2000 年版。

57. 刘凌梅：《帮助犯研究》，武汉大学出版社 2003 年版。

58. 范德繁：《犯罪实行行为论》，中国检察出版社 2005 年版。

59. 陈家林：《共同正犯研究》，武汉大学出版社 2004 年版。

60. 狄世深：《刑法中身份论》，北京大学出版社 2005 年版。

61. 林山田：《刑法通论（增订七版)》（上册），台湾台大法学院图书部 2001 版。

62. 蔡墩铭：《中国刑法精义》（第三版），汉林出版社 1982 年版。

63. 蔡墩铭：《刑法基本理论研究》，汉林出版社 1970 年版。

64. 蔡墩铭：《刑法精义》，翰芦图书出版有限公司 1999 年版。

65. 蔡墩铭：《刑法总则争议问题研究》，台湾五南图书出版公司 1988 年版。

66. 甘添贵等：《共犯与身分》，学林文化事业有限公司 2001 年版。

67. 柯耀程：《变动中的刑法思想》，中国政法大学出版社 2003 年版。

68. 陈朴生、洪福增：《刑法总则》，台湾五南图书出版公司1982年版。

69. 褚剑鸿：《刑法总则论》，台湾有盈印刷有限公司1984年版。

70. 韩忠谟：《刑法原理》，中国政法大学出版社2002年版。

71. 张灏主编：《中国刑法理论及实用》，三民书局1980年版。

72. 梁恒昌主编：《刑法实例研究》，台湾五南图书出版公司1990年版。

73. 林山田：《刑法通论》（第二版），三民书局1986年版。

74. ［俄］н. ф. 库兹涅佐娃、и. м. 佳日科娃主编：《俄罗斯刑法教程》，黄道秀译，中国法制出版社2002年版。

75. ［意］杜里奥·帕多瓦尼：《意大利刑法学原理》，陈忠林译，法律出版社1998年版。

76. ［韩］李在祥：《韩国刑法总论》，韩相敦译，中国人民大学出版社2005年版。

77. ［德］克劳斯·罗克辛：《德国刑法学总论》（第1卷），王世洲译，法律出版社2005年版。

78. ［德］冈特·施特拉腾韦特、洛塔尔·库伦：《刑法总论Ⅰ——犯罪论》，杨萌译，法律出版社2006年版。

79. ［德］弗兰茨·冯·李斯特：《德国刑法教科书》，徐久生译，法律出版社2000年版。

80. ［德］汉斯·海因里希·耶赛克、托马斯·魏根特：《德国刑法教科书》，徐久生译，中国法制出版社2001年版。

81. ［日］木村龟二：《刑法学词典》，顾肖荣等译，上海翻译公司1991年版。

82. ［日］野村稔：《刑法总论》，全理其、何力译，法律出版社2001年版。

83. ［日］大谷实：《刑法总论》，黎宏译，法律出版社2003年版。

84. ［日］大谷实：《刑法各论》，黎宏译，法律出版社2003年版。

85. ［日］大塚仁：《刑法概说（总论）》（第三版），冯军译，中国人民大学出版社2003年版。

86. ［日］大塚仁：《犯罪论的基本问题》，冯军译，中国政法大学出版社1993年版。

87. ［日］曾根威彦：《刑法学基础》，黎宏译，法律出版社2005年版。

88. ［日］川端博：《刑法总论二十五讲》，余振华译，中国政法大学出版社2003年版。

89. ［日］福田平、大塚仁：《日本刑法总论讲义》，李乔等译，辽宁人民出版社1986年版。

90. ［日］小野清一郎：《犯罪构成要件理论》，王泰译，中国人民公安大学出版社1991年版。

91. ［日］大越义久：《刑法解释之展开》，日本信山出版株式会社1992年版。

92. ［日］西田典之：《新版共犯与身份》，成文堂2003年版。

93. ［日］西原春夫：《犯罪实行行为论》，成文堂1998年版。

94. ［日］西田典之：《共犯与身份》，成文堂1982年版。

二、论文类

1. 李洁：《中国有权刑法司法解释模式评判》，载《当代法学》2004年第1期。

2. 李洁：《三大法系犯罪构成论体系性特征比较研究》，载陈兴良主编：《刑事法评论》（第2卷），中国政法大学出版社1998年版。

3. 李洁：《法律的犯罪构成与犯罪构成理论》，载《法学研究》1999年第5期。

4. 李洁：《中日共犯问题比较研究概说》，载《现代法学》

2005 年第 3 期。

5. 陈兴良：《论身分在定罪量刑中的意义》，载《法学研究》1986 年第 6 期。

6. 陈兴良：《论我国刑法中的共同正犯》，载《法学研究》1987 年第 4 期。

7. 陈兴良：《间接正犯：以中国的立法与司法为视角》，载《法制与社会发展》2002 年第 5 期。

8. 陈兴良：《目的犯的法理探究》，载《法学研究》2004 年第 3 期。

9. 陈兴良：《非家庭成员间遗弃行为之定性研究——王益民等遗弃案之分析》，载《法学评论》2005 年第 4 期。

10. 陈兴良：《身份犯之共犯：以比较法为视角的考察》，载《法律科学》2013 年第 4 期。

11. 张明楷：《教唆犯不是共犯人中的独立种类》，载《法学研究》1986 年第 3 期。

12. 张明楷：《非法行医罪研究》，载陈兴良主编：《刑事法判解》（第 2 卷），法律出版社 2000 年版。

13. 张明楷：《保险诈骗罪的基本问题探究》，载《法学》2001 年第 1 期。

14. 张明楷：《部分犯罪共同说之提倡》，载《清华大学学报》2001 年第 1 期。

15. 张明楷：《受贿罪的共犯》，载《法学研究》2002 年第 1 期。

16. 张明楷：《论身份犯的间接正犯——以保险诈骗罪为中心》，载《法学评论》2012 年第 6 期。

17. 张明楷：《事后抢劫罪的成立条件》，载《法学家》2013 年第 5 期。

18. 赵秉志：《共犯与身份问题研究——以职务犯罪为视角》，载《中国法学》2004 年第 1 期。

19. 赵秉志、许成磊：《贿赂罪共同犯罪问题研究》，载《国家检察官学院学报》2002 年第 1 期。

20. 刘明祥：《主犯正犯化质疑》，载《法学研究》2013 年第 5 期。

21. 刘明祥：《论中国特色的犯罪参与体系》，载《中国法学》2013 年第 6 期。

22. 周光权：《论正犯的观念》，载《人民检察》2010 年第 7 期。

23. 周光权：《论身份犯的竞合》，载《政法论坛》2012 年第 5 期。

24. 刘艳红：《论正犯理论的客观实质化》，载《中国法学》2011 年第 4 期。

25. 刘艳红：《共谋共同正犯论》，载《中国法学》2012 年第 6 期。

26. 林维：《真正身份犯之共犯问题展开——实行行为决定论的贯彻》，载《法学家》2013 年第 6 期。

27. 孙万怀：《保险诈骗共同犯罪的实践难题及合理解决》，载《法学家》2012 年第 6 期。

28. 杨兴培、何萍：《非特殊身份人员能否构成贪污罪的共犯》，载《法学》2001 年第 12 期。

29. 杨兴培：《再论身份犯与非身份犯的共同受贿问题》，载《华东政法学院学报》2005 年第 5 期。

30. 杨兴培：《论共同犯罪人的分类依据与立法完善》，载《法律科学》1996 年第 5 期。

31. 林亚刚：《共谋共同正犯研究》，载《法学评论》2001 年第 4 期。

32. 林亚刚：《共同正犯相关问题研究》，载《法律科学》2000 年第 2 期。

33. 林亚刚：《身份与共同犯罪关系散论》，载《法学家》2003 年第 3 期。

34. 邓宇琼：《共同犯罪与身份若干问题研究》，载《中国刑事法杂志》2003 年第 2 期。

35. 康均心：《刑法中身份散论》，载《现代法学》1995 年第 4 期。

36. 杨辉忠：《身份犯研究》，吉林大学 2006 年博士学位论文。

37. 杨辉忠：《身份犯类型的学理探讨》，载《法制与社会发展》2003 年第 3 期。

38. 阎二鹏：《身份犯之共犯问题研究》，吉林大学 2006 年博士学位论文。

39. 阎二鹏：《区分制共犯设立模式之前提》，载《国家检察官学院学报》2008 年第 5 期。

40. 阎二鹏：《扩张正犯概念体系的建构——兼评对限制正犯概念的反思性检讨》，载《中国法学》2009 年第 3 期。

41. 钱叶六：《双层区分制下正犯与共犯的区分》，载《法学研究》2012 年第 1 期。

42. 赵廷光：《论犯罪构成与罪名确定》，载《法学》1999 年第 5 期。

43. 刘明祥：《事后抢劫问题比较研究》，载《中国刑事法杂志》2001 年第 3 期。

44. 肖中华：《论抢劫罪适用中的几个问题》，载《法律科学》1998 年第 5 期。

45. 苏彩霞：《遗弃罪之新诠释》，载《法律科学》2001 年第 1 期。

46. 王充：《论构成要件理论的行为类型说》，载《当代法学》2006 年第 4 期。

47. 董玉庭：《论实行行为》，载《环球法律评论》2004 年夏季号。

48. 于宏、范德繁：《事后受贿的认定》，载《国家检察官学院学报》2003 年第 1 期。

49. 肖中华：《片面共犯与间接正犯观念之破与立》，载《云南法学》2000 年第 13 期。

　　50. 郑军男：《论受贿罪的共同犯罪》，载高铭暄、马克昌主编：《刑法热点疑难问题探讨》，中国人民公安大学出版社 2002 年版。

　　51. 江溯：《共犯与身份——大陆法系与我国之比较研究》，载陈兴良主编：《刑事法评论》（第 15 卷），中国政法大学出版社 2004 年版。

　　52. 孙运梁：《论大陆法及我国法上的亲手犯》，载陈兴良主编：《刑事法评论》（第 15 卷），中国政法大学出版社 2004 年版。

　　53. 陈家林：《析共同正犯的几个问题》，载《法律科学》2006 年第 1 期。

　　54. 肖介清：《论"内外勾结"犯罪以特定身份者的行为定性》，载《河北法学》1993 年第 2 期。

　　55. 徐留成：《混合主体共同犯罪定罪问题研究》，载《人民检察》2001 年第 9 期。

　　56. 邓宇琼：《共同犯罪与身份若干问题研究》，载《中国刑事法杂志》2003 年第 2 期。

　　57. 李邦友：《评"非国家工作人员不能构成受贿罪的共犯"》，载《法学评论》2002 年第 3 期。

　　58. 邓祥瑞：《非国家工作人员不构成受贿罪共犯——兼谈新刑法废除受贿罪共犯条款的立法理由》，载《湖南师范大学社会科学学报》2000 年第 3 期。

　　59. 王发强：《内外勾结的受贿罪共犯是否已被取消》，载《人民司法》1998 年第 9 期。

　　60. 童德华：《正犯的基本问题》，载《中国法学》2004 年第 4 期。

　　61. 任海涛：《统一正犯体系之评估》，载《国家检察官学院学报》2010 年第 3 期。

　　62. 陈山：《刑法身份的功能建构——以"共犯与身份"问

题为中心》，载《贵州警官职业学院学报》2013 年第 4 期。

63. 陈山：《比较法视野下的"共犯与消极身份"》，载《政治与法律》2010 年第 2 期。

64. 古加锦：《不同身份者共同实施身份犯的定性探析——兼评犯罪共同说与行为共同说》，载《山西警官高等专科学校学报》2013 年第 4 期。

65. 徐振华：《身分犯略论》，载中国人民大学法学院刑法专业组织编写：《刑事法专论》（上卷），中国方正出版社 1998 年版。

66. 许玉秀：《检视刑法共犯章修正草案》，载《月旦法学杂志》，元照出版有限公司 2003 年 1 月第 92 期。

67. 陈子平：《准强盗罪论》，载甘添贵等：《刑法七十年之回顾与展望纪念论文集（二）》，元照出版有限公司 2001 年元照版。

68. 陈子平：《新刑法总则之理论基础——正犯与共犯》，载《月旦法学杂志》，元照出版有限公司 2006 年 8 月第 135 期。

69. 柯耀程：《论行为主体于构成要件定位问题》，载《刑事法学之理想与探索［第一卷刑法总论］》，学林文化事业有限公司 2002 年版。

70. 林山田：《对'共犯'刑章之刑法修正的检讨》，载《月旦法学杂志》，元照出版有限公司 2006 年 8 月第 135 期。

71. 华满堂：《几种特殊身分犯罪之共犯问题》，载《刑事法杂志》，刑事法杂志社编印 1995 年版第 39 卷第 2 期。

72. 周冶平：《共谋共同正犯引论》，载蔡墩铭主编：《刑法总则论文选辑》（下），五南图书出版有限公司 1984 年版。

73. ［日］吉川经夫：《共犯与身份》，载《日本刑法判例评释选集》，洪福增译，汉林出版社 1977 年版。

74. ［日］大谷实：《日本刑法中正犯与共犯的区别》，载《法学评论》2002 年第 6 期（总第 116 期）。

后　记

　　人生不乏太多的"第一"次，呈现在读者面前的这本书是我的"第一"本专著，无论我想怎样克制，但还是难掩自己的兴奋、忐忑，还有无尽的感激。

　　身份犯理论非但算不上前沿命题，反倒略显"陈旧"。然而，对身份犯理论中的一些基本问题，以及如何运用身份犯原理对刑法分则个别罪名进行准确地理解与适用，刑法理论和司法实务中仍旧众说纷纭。本书并不想推陈出新或者定分止争，只是想从笔者的视角和逻辑进路对个别问题发表一点浅见，有些观点还不甚成熟，权作引玉之砖吧。

　　在吉林大学从本科、硕士直至博士经历了十年的寒窗苦读，毕业后又只身来到北京工作，这么多年来的学习和工作离不开太多人的默默支持与无私奉献。

　　感谢我的博士生导师孙谦教授。读博期间，老师尽管实务工作繁忙，但是不仅自己笔耕不辍，经常有佳作面世，而且还不忘时常关注我的学业和生活，向我推荐阅读书目，敦促我的学习和研究。毕业后，有幸来到国家检察官学院就职，工作中增加了与老师的联系和交流，让我有更多机会聆听老师的教诲，感受老师的坦荡、谦和与豁达。所有这些都无不让学生敬佩而且值得终生学习。尤其在本书出版之际，我向老师提出邀其作序的想法后，老师毫不犹豫地应允，令我倍感荣幸并深怀感激。

　　感谢我的硕士生导师李洁教授。从本科入学时起就聆听李老师精彩的刑法课程，可以说李老师是我学习刑法的领路人，而且在十年的吉大时光，李老师一直无微不至地关心我的学习和生活，毕业后李老师还时常叮嘱我的工作和研究，让我既领略了老师严谨的治学风范也享受到了来自长辈的殷殷关爱。感谢吉林大学法学院的张旭教授、李韧夫教授、闵春雷教授、徐岱教授等诸位老师对我多年来的教诲和关照，你们不但教给我无价的知识，更传授给我很多做人的道理。

感谢我的博士后合作导师赵秉志教授。2011年我有幸申请进入北京师范大学刑事法律科学研究院从事博士后研究工作，并投身赵老师门下。赵老师在学习和工作上都给予我很多提携、指导和帮助。也感谢刑科院的诸位老师和同事，有幸与诸君共事两年是我莫大的财富。

感谢国家检察官学院的各位领导与同事，走出大学校园后我就来到了学院，是你们的包容、理解和支持，让我能快乐地工作和成长。感谢中国检察出版社阮丹生社长和周密编辑等诸位领导同仁，是你们的鼎力支持和辛苦付出才有了本书的面世。

感谢所有帮助过我的人们，祝你们永远幸福！

吴飞飞

2014年3月于京西永乐